FRANZ FURGER

EINFÜHRUNG IN DIE MORALTHEOLOGIE

DIE THEOLOGIE

Einführungen in Gegenstand, Methoden und Ergebnisse
ihrer Disziplinen und Nachbarwissenschaften

WISSENSCHAFTLICHE BUCHGESELLSCHAFT
DARMSTADT

FRANZ FURGER

EINFÜHRUNG IN DIE MORALTHEOLOGIE

WISSENSCHAFTLICHE BUCHGESELLSCHAFT
DARMSTADT

Einbandgestaltung: Neil McBeath, Stuttgart.

1. Auflage 1988

Die Deutsche Bibliothek – CIP-Einheitsaufnahme

Furger, Franz:
Einführung in die Moraltheologie / Franz Furger. –
2., bibliogr. erg. und um ein Nachw. erw. Aufl. –
Darmstadt: Wiss. Buchges., 1997
(Die Theologie)
ISBN 3-534-13720-5

Bestellnummer 13720-5

2., bibliographisch ergänzte und um ein Nachwort erweiterte Auflage

Gedruckt auf säurefreiem und alterungsbeständigem Offsetpapier
Satz: Setzerei Gutowski, Weiterstadt
Druck und Einband: VDD – Darmstadt
Printed in Germany
Schrift: Linotype Garamond, 10/11

ISSN 0174-1063
ISBN 3-534-13720-5

INHALTSVERZEICHNIS

VORWORT

Eine Einführung in die allgemeine oder „fundamentale" Moraltheologie soll nicht bloß epochal in der geistesgeschichtlich aktuellen Auseinandersetzung vordringliche oder den Verfasser besonders beschäftigende Schwerpunkte aufzeigen, sondern einen Überblick über diese unter dem besonderen Gesichtspunkt christlicher Gläubigkeit unternommene Reflexion des menschlichen Tuns und Lassens, also seines Entscheidens und Verhaltens zu bieten versuchen.[1] Es geht somit um eine ethische Überlegung unter christlichem Vorzeichen, um eine christlich-theologische Ethik. Ihr Ausgangspunkt ist damit die in den biblischen Schriften bezeugte Heilsgeschichte, die in Leben und Botschaft Jesu ihren erfüllenden Mittelpunkt hat und im Lebensvollzug der kirchlichen Glaubensgemeinschaft ihre geschichtliche, weltweite Entfaltung findet.

Obwohl diese Heilsbotschaft zunächst vom Verhältnis Gottes zum Menschen handelt und diesem für seine begrenzte irdische Existenz Sinn und Hoffnung verkündet, indem sie ihm Gottes liebendes Wohlwollen erschließt und mitteilt, kann die gläubige Annahme dieser Heilswirklichkeit für das menschliche Verhalten dennoch nicht ohne Folgen bleiben. Das heißt: Obwohl die biblische Verkündigung also keine ethische, sondern eine Heilsbotschaft sein will, muß sie doch aus innerer Konsequenz auf das Tun und Lassen des Menschen ihre Auswirkung zeitigen: Die Heils-Gabe Gottes wird notwendigerweise zur Auf-Gabe für den Menschen. Moraltheologie ist letztlich nichts anderes als die systematische Reflexion dieses Tatbestandes, in welcher der Mensch als Christ versucht, sich Klarheit zu verschaffen über die Konsequenzen seines Glaubens für sein Handeln.

Insofern dieses reflexive Bemühen um ein besseres Verständnis des inneren Zusammenhangs von Glauben und Leben nicht zu jeder Zeit dieselben geistigen Schwerpunkte setzt und etwa zu seinem Be-

[1] Für verschiedene neuere Darstellungen einer sog. „Fundamentalmoral" bzw. von Teilaspekten, vorab der Normbegründungsproblematik, die zeitweilig in den 1970er Jahren die unmittelbar vorher dominierende Gewissensfrage fast verdrängte, vgl. Literaturverzeichnis S. 197 ff.

ginn eher punktuell einzelne Problemfelder aufgreift und sie erst später zu einem systematischen Ganzen zusammenzudenken versucht, insofern also gerade auch die Moraltheologie ihre Geschichte hat, wird eine Einführung in diese theologische Ethik gut daran tun, sich zunächst über die geschichtliche Entwicklung dieser denkerischen Auseinandersetzung einige Kenntnis zu verschaffen, um dann von da aus sich über ihr methodisches Vorgehen klarzuwerden. Dabei zeigt sich deutlich, worum christliche Glaubenshaltung freilich implizit immer schon wußte, nämlich daß es in der Heilszusage Gottes wie in der Heilsantwort des Menschen letztlich um dessen schöpfungsgemäße Entfaltung und Erfüllung geht. Deshalb wird die Moraltheologie, wie übrigens jede Ethik, auszugehen haben von einer kritischen Selbsterkenntnis der eigenen Existenz, die hier wiederum theologisch, also im Licht des Glaubens zu verstehen ist, um dann das aus freiem Entscheiden eigengestalterisch vollzogene Leben des Menschen als Person in mitmenschlicher Gemeinschaft zu reflektieren. Entscheidungsfähigkeit und Entscheidungsvollzug im Gewissen, dessen Entwicklung und Bildung sowie die diese Entscheidungsprozesse richtungweisend und klärend unterstützenden Normen sind dann die direkt ethischen Themen dieser systematischen moraltheologischen Reflexion.

Obwohl die Moraltheologie sich somit ganz der christlichen Glaubenswirklichkeit bzw. deren Auswirkungen auf den Lebensvollzug des Menschen verpflichtet weiß, macht es doch gerade die Eigenart der Theologie aus, daß sie als „fides quaerens intellectum" (Anselm von Canterbury † 1103), also als Glaube, der sein Verstehen sucht, nicht bei der autoritativen Aussage der biblischen Offenbarung stehenbleibt, sondern deren Klärung auch im argumentativen Überdenken sucht. Dazu muß sie notwendigerweise mit Logik und Argumenten aus humanwissenschaftlicher Erkenntnis und philosophischer Ethik umgehen, und zwar nicht nur um der Klärung der eigenen Haltung willen, sondern auch um diese glaubwürdig gegenüber Dritten bezeugen zu können. Wenn der christliche Glaube all seiner Tradition nach kein *sacrificium intellectus*, also kein Aufgeben der eigenen Vernunft bedingt, dann müssen auch die moraltheologischen Aussagen zwar nicht einfach als bewiesene eingesehen werden können, wohl aber als sinnvoll denkbare auch vor ihr bestehen können. Damit aber steht die Moraltheologie stets auch in einem geistesgeschichtlich dialogischen Zusammenhang bzw. in einer bestimmten Denktradition. In dieser Einführung ist dies diejenige der westlich abendländischen katholischen Tradition, die sich aber nicht als geschlossene, sondern als bereicherungsfähige und daher als kritisch dialogoffene verstehen will und sich in einer von interkulturellem Austausch mit entsprechendem Meinungspluralismus geprägten Welt auch gar nicht mehr anders verstehen kann.

Für die Betreuung der Drucklegung und die Erstellung von Bibliographie und Register schuldet der Verfasser Dank seinen Assistenten Dr. Peter Schmid, Luzern, und Dipl.-Theol. Andreas Lienkamp, Münster i. W., für die hilfreiche Zusammenarbeit bei der Herstellung dieser Einführung dem Verlag der Wissenschaftlichen Buchgesellschaft, der sie anregte und begleitete.

A. EINLEITUNG

I. Zielsetzungen einer christlichen Ethik als Moraltheologie

Die spontane Reaktion heutiger Menschen auf das Stichwort „Moraltheologie" ist zwiespältig. Die einen sehen in ihr trotz aller Veränderungen und Entwicklungen, die sich gerade in dieser theologischen Disziplin in den letzten Jahrzehnten feststellen lassen, noch immer in erster Linie ein den spontanen Schwung von Leben und Glauben in kleinlicher Ängstlichkeit einschränkendes Regelwerk, das unterschwellig oft genug auch ungerechtfertigte Privilegien der Mächtigen sichern helfe und die Botschaft Jesu Christi zur Religion als „Opium des Volkes" (K. Marx † 1883) entarten lasse. Der der bekannten Chansonsängerin Edith Piaf zugeschriebene Ausspruch: „Moral ist, wenn man so lebt, daß es gar keinen Spaß macht, so zu leben", dürfte diese Haltung zwar überspitzt, aber dennoch treffend umschreiben. In schroffem Gegensatz dazu betont die andere Seite dagegen, in einer zur rein diesseitigen Interessen- und Triebbefriedigung neigenden Konsumgesellschaft versäume es die gegenwärtige Moraltheologie in fälschlicher Anpassung an den Zeitgeist, die unumstößlichen Normen einer christlichen Sittlichkeit deutlich herauszustellen, und zwar so sehr, daß man im Gegensatz zu früheren, glaubensfesteren Zeiten überhaupt nicht mehr wisse, was eigentlich gelte.

Daß der Mensch als endliches Wesen in seiner leibgeistigen Konstitution wie in seiner wesentlichen mitmenschlichen Verfaßtheit grundsätzlich begrenzt, also auf seine die eigene Existenz sichernden und daher bei aller schöpferischen Spontaneität und allem individuellen Entfaltungsdrang zu beachtenden Grenzen verwiesen ist, wird dabei von der einen Seite ebensowenig beachtet, wie die andere Seite bei der richtigen Warnung vor einer letztlich zerstörerischen Beliebigkeit und Willkür übersieht, daß die durch den technischen wie den sozialen Wandel eingetretenen Umwälzungen in der modernen Gesellschaft ethische Probleme aufwerfen, denen die Normierungen der Vergangenheit nicht mehr gewachsen sind. So gefaßt müßte christliche Ethik erstarren und in einem vielleicht sogar bewundernswert geschlossenen System in die praktische Bedeutungslosigkeit abgleiten. Gerade um den eigentlichen zeitübergreifenden Zielsetzungen des Evangeliums treu zu bleiben, darf daher die Moraltheologie nicht zu einem festen, überzeitlichen Regelwerk erstarren. Vielmehr muß sie selbst an der geschichtlichen Entwicklung mitgestaltend teilhaben, um dabei zu helfen, die eine Herausforderung der Botschaft Jesu vom schon angebrochenen Gottesreich und von dessen durch das Gebot der unbedingten Nächstenliebe geprägten Ordnung in die jeweiligen Erfordernisse der Zeit umzusetzen.

So unerläßlich dazu aber immer wieder auch der Hinweis auf zu beachtende Grenzen sein wird, Moraltheologie als christliche Ethik[2] wird sich darauf niemals beschränken, ja nicht einmal darauf das Schwergewicht ihrer Überlegung legen dürfen. Denn die frohe Botschaft des Evangeliums vermittelt ja über alle Verkrampftheit in Überheblichkeit und Selbstsucht hinaus in erster Linie eine im Glauben an Jesus als den von Gott gesandten Christus gründende neue Ermöglichung zu voller Menschlichkeit in wahrer Mitmenschlichkeit. Daß es dabei Begrenzungen zu beachten gilt, versteht sich; vor allem aber gilt es, in persönlich verantwortetem, schöpferischem Entscheiden und Handeln solche Menschlichkeit in die Wirklichkeit umzusetzen. Welt- und Lebensgestaltung aus selbstverantwortetem Entscheid aus dem Impuls des Glaubens an die von Jesus verkündete Ordnung umfassender Liebe durch die kritische Überlegung zu klären und so voranzubringen ist daher das Ziel christlicher Ethik als einer systematisch aufgebauten Moraltheologie.

Allerdings wurde die christliche Sittenlehre weder von Anfang an so gefaßt, noch wurde sie zu jeder Zeit gleich verstanden. Wie alle Theologie, die als „fides quaerens intellectum" (Anselm von Canterbury † 1109) stets vom Glauben her die Begegnung mit der geschichtlich sich entwickelnden menschlichen Vernunft sucht, hat auch die Moraltheologie selbst ihre eigene geschichtliche Entwick-

[2] Der der katholischen Lehrtradition vertraute Begriff der „Moraltheologie", die im Unterschied zu einer allgemeinen philosophischen „Ethik" die geistige Auseinandersetzung mit den Belangen der Sittlichkeit unter dem Vorzeichen des Glaubens unternimmt, wird hier gleichbedeutend verwendet mit dem im ökumenischen Sprachgebrauch üblicheren Ausdruck „christliche Ethik" (bzw. christliche Sittenlehre). Da Moraltheologie, besonders auch in der unpräzisen Kurzformel „Moral", leicht mit einer verrechtlichten, kasuistischen Form von Moraltheologie assoziert wird, wird im heutigen Sprachgebrauch „christliche Ethik" als Bezeichnung oft bevorzugt.

lung,[3] die zumindest in den großen Zügen zu kennen zum Verständnis der heutigen Problematik und der verschiedenen neuen Ansätze daher unerläßlich scheint.

II. Entstehung und Entfaltung einer christlichen Ethik als systematische Moraltheologie[4]

1. Die neutestamentlichen Ansätze

Sosehr sich Moraltheologie als christliche Ethik auf die Botschaft Jesu als ihre verbindliche Quelle stützt, sowenig bieten die neutestamentlichen Schriften als solche eine systematische Darlegung einer Sittenlehre. Obwohl es im geistesgeschichtlichen Umfeld der hellenistischen Kultur von Aristoteles her wie bei den Stoikern durchaus ausgearbeitete Ethik gab und diese wenigstens einigen neutestamentlichen Schriftstellern wie etwa Paulus sicher zumindest in den großen Zügen bekannt war, verfolgen doch weder die Evangelienberichte noch die neutestamentlichen Briefe an die Gemeinden direkt ethische Zielsetzungen. Sie wollen vielmehr die Heilsbotschaft von dem dem sündigen Menschen im Gottessohn Jesus Christus neu zugesagten Erbarmen Gottes und den damit verbundenen Aufruf zur Umkehr als gnadenhafte Chance zu einem neuen Leben im zwar in seiner Erfüllung noch ausstehenden und zu erwartenden, aber eben doch schon angebrochenen Gottesreich verkünden und bezeugen. Dabei wird freilich bei aller Kritik an einer rigiden, in ihrer Buchstabentreue letztlich unmenschlichen und damit zum ursprünglichen Gotteswillen widersprüchlichen Gesetzesethik keineswegs unterschlagen, daß diese Umkehr bzw. dieser Glaube an Jesus den Christus

[3] Obwohl diese Geschichtlichkeit grundsätzlich nicht nur diachron auf der Zeitachse der abendländischen Entwicklung, sondern auch synchron in den kulturellen Unterschieden zu bedenken wäre, kann von einer wirklich in anderen Traditionen inkulturierten Moraltheologie erst in allerersten Ansätzen die Rede sein (vgl. dazu F. Furger, Inkulturation – eine Herausforderung an die Moraltheologie, in: NZM 40 [1984], 177–193 u. 241–258), so daß eine nähere Entfaltung dieser Dimension hier unterbleiben muß.

[4] Vgl. dazu die Übersicht von K. H. Kleber, Einführung in die Geschichte der Moraltheologie, Passau 1985, sowie S. T. Pinckaers, Les sources de la morale chrétienne, sa méthode, son contenu, son histoire, Fribourg 1985.

und seine Botschaft der umfassenden Gottes- und Nächstenliebe gerade auch für das mitmenschliche Verhalten seine Wirkung zeitigen muß und sich im alltäglichen Tun und Lassen zu bewähren hat. Wo diese innere Konsequenz der Heilsbotschaft vernachlässigt wird, zögert die apostolische Ermahnung keineswegs mit der deutlichen Zurechtweisung: „Wer seinen Bruder nicht liebt, den er sieht, kann Gott nicht lieben, den er nicht sieht", mahnt in diesem Sinn der erste Johannesbrief, während der Jakobusbrief schlicht festhält, daß ein Glaube, der keine Werke der Mitmenschlichkeit vorzuweisen habe, für sich allein „tot sei"[5].

Entsprechend finden sich ethische Gehalte in den neutestamentlichen Schriften vor allem in der Form der Ermahnung oder der Aufmunterung, d.h. im Sprachspiel der „Paränese", das von demjenigen einer argumentativ begründeten Ethik zu unterscheiden ist. Folglich redet man denn auch besser von einem biblischen Ethos, aus dem heraus erst die nachfolgende theologische Reflexion allmählich eine Ethik als systematische Auseinandersetzung mit dem dem christlichen Glauben angemessenen Verhalten zu entwickeln vermochte.[6]

2. *Die patristische Entfaltung*

Allerdings brachte auch die sich anschließende Theologie der Kirchenväter trotz ihrer engeren Kontakte zur philosophischen Ethik der alten Griechen wie zum ethisch hochstehenden römischen Rechtsdenken nur erste partielle Ansätze zu einer größeren Systematisierung. Neben der besonders in der ersten Zeit der Urkirche weiterhin aktuellen Paränese – man denke nur etwa an die Briefe der frühen apostolischen Väter wie Clemens von Rom († 101) oder Ignatius von Antiochien († 118) – wurde so vor allem das schon im Neuen Testament einsetzende Bemühen um den Aufbau von aus dem Glauben bestimmten Lebenshaltungen als Tugenden weiter ausgebaut. Oft unter Einbezug der alttestamentlichen, vor allem auch der dekalogischen Weisung wurden zudem einzelne aktuelle

[5] Vgl. 1 Joh 4, 20, bzw. Jak 2, 17.

[6] So auch K.H. Schelkle, Theologie des Neuen Testaments III: Ethos, Düsseldorf 1970, sowie K. Kertelge (Hrsg.), Ethik im Neuen Testament, Freiburg 1984 (dort bes. die Beiträge von F. Furger und R. Schnackenburg) und R. Schnackenburg, Die sittliche Botschaft des Neuen Testaments, Freiburg, I: ^{3}1986, II: 1988 (angekündigt).

und konkrete Problemkreise, wie etwa die Teilnahme von Christen am Kaiserkult, am Waffendienst u. ä., aufgearbeitet.

Mit der zunehmenden öffentlichen Anerkennung und dem damit verbundenen großen Wachstum der Kirche, besonders nach der Konstantinischen Wende (313), nahm dann das Bedürfnis nach solchen Direktiven für die Gestaltung des alltäglichen Lebens natürlich weiter zu. Dennoch führte diese Verbreiterung der Thematik noch immer nicht zu Versuchen einer umfassenden ethischen Systematik unter christlichem Vorzeichen, obwohl der Einfluß der ethischen Lehren aus der antiken Philosophie durchaus spürbar ist. So finden sich etwa Spuren des Neuplatonismus bei Origenes († 254) wie solche der Stoa bei Clemens von Alexandrien († 215), während das systematische römische Rechtsdenken schon bei Ambrosius († 397) und vor allem bei Gregor dem Großen († 604) prägend wirkte. Dabei machten sich übrigens auch schon – und zwar sogar dort, wo man, wie beispielsweise Augustinus († 430), seine kritische Distanz zu den antiken Quellen hielt – dem ursprünglichen biblischen Denken fremde ethische Tendenzen wie der stoische Rigorismus oder die platonische Leibfeindlichkeit sowie eine gewisse Verrechtlichung der christlichen Ethik unterschwellig bemerkbar. In den direkten Aussagen aber blieb es weitgehend bei einer Art breit angelegter, teilweise kasuistischer Paränese aus theologischer Begründung. Sosehr diese Begründung der ethischen Forderung aus dem sich in Schöpfung und Erlösung manifestierenden, gnadenhaften Willen Gottes viele später dann auch weiter entfaltete Ansätze zu einer umfassenden moraltheologischen Systematik anbot, die Zeit war offenbar noch nicht reif dafür,[7] und die anschließenden tiefgreifenden sozialen Umwälzungen der Völkerwanderung waren solchen Unterfangen erst recht nicht gewogen.

3. Die kasuistische Verengung durch die „libri poenitentiales"

Die weitere Entwicklung folgte denn auch eher pragmatisch nicht dem Weg in Richtung auf mehr systematische Kohärenz, sondern ergänzte immer weiter verfeinernd die schon vorhandenen kasuistischen Ansätze. Dies geschah vor allem durch die in den Klöstern auf den Britischen Inseln die Disziplin der Mönche

[7] Eine solche Synthese bietet nicht einmal die Sammlung der 35 Bücher der sog. ›Moralia‹ Gregors des Großen.

einer noch immer verbreiteten platonischen Sicht mit ihrem in den unveränderlichen Ideen gründenden und so über der konkreten Welt ewig geltenden Gesetzesverständnis und den damit vermittelten, klaren Handlungsgewißheiten mußte schon der thomasische Verweis auf Ratio und Prudentia des Menschen verunsichernd wirken. Bedeutsamer aber war, daß gerade dieses platonisierende, völlig ungeschichtliche Festschreiben von unverrückbaren Wesensgesetzen gewissen einflußreichen Kreisen in Kirche und Gesellschaft dazu diente, ihre Positionen und Privilegien zu sichern. Entsprechend kritisch begegneten die ebenfalls im 13. Jahrhundert entstehenden kirchlichen Reformbewegungen dieser platonisierenden Auffassung. Die so andere, für die konkreten Forderungen auf die geschichtliche Erfahrung statt auf *a priori* vorgegebene Ideen bezogene Sicht des Thomas wurde dabei nicht gebührend abgehoben und gewürdigt. Trotz der Skepsis, auf die sie in den konservativ etablierten Kreisen stieß, galt sie vielen fälschlicherweise ebenfalls als Teil der verhärteten Wesensethik. Aber gerade nicht eine unveränderliche Wesensnatur und auch nicht ein die Welt in ihren Strukturen tragender Schöpfungsplan oder der reine Liebeswille Gottes – so noch Johannes Duns Scotus († 1308) –, sondern allein das dem allmächtigen Willen Gottes entspringende Gesetz sollte nach diesem neuen, vorab von Wilhelm von Ockham († 1349) eingeleiteten Verständnis dem menschlichen Handeln verbindliche Verpflichtung sein. Nicht die im Sein der Schöpfung gründende, sondern die aus göttlicher Setzung bestimmte Ordnung galt somit als Fundament der Ethik. Gottes Gesetze als von der ontologischen Struktur prinzipiell unabhängige, „allein durch den sich offenbarenden Willen Gottes bestimmte" (daher „Voluntarismus") sog. *nomina* (daher „Nominalismus") bestimmten damit die sittliche Ordnung. Daß dadurch eine Dichotomie zwischen Gott als Schöpfer und Gott als dem allmächtigen Gesetzgeber aufbrechen konnte, ja sogar willkürliche Herrschaftsstrukturen, sofern sie sich im kirchlichen wie im weltlichen Bereich als von „Gottes Gnaden" eingesetzte zu legitimieren vermochten, für die Sittlichkeit bestimmend werden konnten, wurde als Tendenz offenbar zu wenig gesehen. Vielmehr bestimmte dieser letztlich für eine systematische, d.h. intellektuell kohärente Moraltheologie gefährliche Ansatz zunehmend vor allem die deutsche Theologie, nicht zuletzt auch manche Lehren Martin Luthers († 1546).

Gepaart mit dessen Selbstverständnis vom durch die Sünde in seinem ganzen Wesen verdorbenen Menschen konnte so die Luther existenziell bedrängende Frage „Wie kriege ich einen gnädigen Gott?“ nur noch im Verweis auf den Glauben an den reinen Begnadigungswillen Gottes, unter Ausschluß jeden menschlichen Verdienstes im sittlichen Tun beantwortet werden. Dies bedeutet zwar nicht, daß dadurch jede ethische Überlegung schon sinnlos würde; in den rein weltlichen Belangen wird das für das menschliche Zusammenleben vor allem in den Bereichen von Ehe, Eigentum und Staat unerläßliche Ethos durchaus gefordert und seine Durchsetzung besonders auch den Fürsten als der politischen Autorität zur Pflicht gemacht.[9] Aber von moraltheologischer Relevanz sind diese Ansätze so wenig, daß die christliche Ethik sich in der reformierten Theologie, von Ausnahmen vorab im Bereich der nichtlutherischen Theologie und unter dem Einfluß der Aufklärung abgesehen, als eigene theologische Reflexion nur sehr zaghaft und in breiterem Maß eigentlich erst in der zweiten Hälfte des 20. Jahrhunderts durchzusetzen vermochte.

6. Die Reformansätze des Trienter Konzils (1545–1563)

Angesichts der Mißstände in der kirchlichen Disziplin wie aus der Frontstellung gegen die Reformation steht zu erwarten, daß dieses katholische Reformkonzil und die daraus hervorgehende Erneuerungsbewegung den sittlichen Belangen und ihrer theologischen Aufarbeitung hohe Bedeutung zumessen würde. Insbesondere über die nun diszipliniert organisierte Ausbildung der Seelsorger war dies denn auch tatsächlich der Fall. Insofern aber dabei das Schwergewicht nicht auf einer theoretischen Reflexion im Sinn der mittelalterlichen Summen lag (und umständehalber wohl auch nicht liegen konnte), sondern die praktische Befähigung zur breitangelegten Beichtpastoral im Vordergrund stand, mußten sich grundsätzliche Überlegungen etwa im Sinn der Synthese des Thomas von Aquin auf eine meist knappe Einleitung *de principiis* zurücknehmen, während sich die Hauptanstrengung auf eine immer feiner sich verästelnde Kasuistik im Stil der alten Bußbücher beschränkte.

Zwar fand unter dem im 16. Jahrhundert einsetzenden philoso-

[9] Eine gute Übersicht zu diesem theoretischen Konzept der sog. „Zweireichelehre“ aus heutiger protestantisch-theologischer Sicht bietet M. Honecker, Zweireichelehre und Sozialethik: Sozialethik zwischen Tradition und Vernunft, Tübingen 1977, 175 – 278.

phischen Rationalismus und den damals aktuellen Bedürfnissen der Rechtsbegründung zuerst durch die Thomaskommentare Cajetans († 1534) und dann vor allem durch das Werk von F. de Suárez († 1617) eine Rückbesinnung und damit auch eine Erneuerung der Naturrechtslehre statt. Aber einerseits war dieses juristische Sonderinteresse einer Beeinflussung der Moraltheologie wenig zuträglich und andererseits blieben der stark erfahrungsbezogene sog. völkerrechtliche Ansatz[10] und die damit verbundenen dynamischen Momente zurück hinter einem klar systematischen, essentialistisch-rationalistischen Verständnis, nach welchem man glaubte, die sittlich relevante Natur des Menschen mit den Kräften der Ratio *a priori* klar und deutlich erkennen zu können. Eine stark verrechtlichte, weitgehend statische Kasuistik, die über die allgemein verbreiteten Handbücher nicht nur auf die Moraltheologie selbst, sondern über diese auch auf Pastoral und Leben einen prägenden Einfluß ausübte, war die Folge dieser Entwicklung.[11]

Sie wurde noch dadurch verstärkt, daß die spirituelle Theologie gleichzeitig aus dem allgemeinverbindlichen Fächerkanon der Theologenausbildung ausgeblendet wurde.[12] Dies ließ die Ethik ohne ihre asketisch-mystische Dimension immer mehr in eine ausgrenzende Sündenmoral abgleiten, in welcher Probleme wie Berufung zu persönlicher Nachfolge Christi, Normfindung und -erneuerung als kritischer Prozeß aus dem Anspruch des Liebesgebotes u. ä. kaum mehr angesprochen zu werden vermochten. Die verschiedenen sog. „Moralsysteme", welche im Fall von Gewissenszweifeln über den konkreten Anspruch einer Gesetzesnorm ein Modell zur Lösung anbieten sollten, vermochten allenfalls über den

[10] Zu denken ist dabei vor allem an die Dominikaner F. de Vitoria († 1546), aber auch an seinen Schüler M. Cano († 1560) und den Indianer-Bischof B. de Las Casas († 1566); ferner an Jesuiten wie L. de Molina († 1600) oder G. Vasquez († 1604), deren menschenrechtliche Auffassung für das damalige Kolonialrecht von erheblicher Bedeutung war; vgl. J. Höffner, Kolonialismus und Evangelium, Trier ^{2}1969.

[11] Durch die 1599 durch die Studienordnung der Jesuiten eingeführten eigenen Professuren für „Gewissensfälle" wurde die Entwicklung für die Moraltheologie noch zusätzlich festgeschrieben; Näheres zu dieser im einzelnen recht komplexen Entwicklung s.: J. Theiner, Die Entwicklung der Moraltheologie zur eigenständigen Disziplin, Regensburg 1970.

[12] Als Spezialdisziplin blieb sie zwar vorab für die höheren Ausbildungsstufen erhalten, verlor aber so dennoch den Bezug zur allgemeinen Moraltheologie.

gerade deshalb oft genug als Laxismus abqualifizierten sog. Probabilismus einer Spur von fantasievoller Liebesdynamik die Tür zu öffnen, während der sog. Äquiprobabilismus und vor allem der gestrenge Gesetzes-Tutiorismus der Verhärtung in einem Gesetzesdenken noch weiter Vorschub leisteten.[13]

Immer mehr verlor damit die Moraltheologie nicht nur die dynamische Kraft aus dem Impuls des Evangeliums und seines Liebesgebotes, sondern auch den Kontakt zu den aktuellen Problemen der beginnenden Neuzeit und ihren philosophischen, gerade auch ethischen Herausforderungen. Die Auseinandersetzung mit den Strömungen der Aufklärung, vorab auch mit der Ethik Kants blieb marginal und, abgesehen von Ausnahmen in Deutschland, kaum konstruktiv, wenn nicht sogar eindeutig ablehnend. Aber auch eigenständige, aus den biblischen Quellen schöpfende Entwürfe wie diejenigen eines J. M. Sailer († 1832), J. B. Hirscher († 1865) oder auch eines F. X. Linsenmann († 1898) vermochten zwar das, was man später in der ersten Hälfte des 20. Jahrhunderts den systematisch geschlosseneren „deutschen Typ des Moralhandbuchs" nannte, vorzubereiten, einen eigentlichen Durchbruch brachten aber auch sie nicht, zumal eine neue Welle neuscholastischer Philosophie und Theologie mit dem Ende des 19. Jahrhunderts das kirchliche Denken entscheidend[14] zu bestimmen begann. Die Erschütterung des II. Weltkrieges und die dahinterstehenden Ideologien, die mit all ihren Greueln vom einst christlichen Abendland ausgingen und dem die kasuistische Moraltheologie letztlich keine überzeugende Gegensystematik entgegenzustellen vermocht hatte, brachte das Ungenügen dieser Schulmoral schließlich mit einer derartigen Deutlichkeit ins allgemeine Bewußtsein der Gläubigen, daß das Wort von der „Krise der Moraltheologie" zur kaum mehr bezweifelten Umschreibung der Situation werden konnte.[15] Eine Erneuerung drängte sich damit dringend auf.

[13] Näheres dazu vgl. F. Furger, Was Ethik begründet, Zürich 1984, 38ff., sowie Kleber a. a. O., 66ff.

[14] Dafür war nicht nur die das I. Vatikanische Konzil (1870) prägende sog. römische Schule der Theologie oder die Thomas von Aquins Denken fördernde Enzyklika ›Aeterni Patris‹ Leos XIII. von 1879, die sich übrigens wohl eine andere Art von Erneuerung gedacht hatte, ausschlaggebend, sondern vor allem der durch die Enzyklika ›Pascendi‹ Pius' X. von 1907 einsetzende scharf restaurative Antimodernismus.

[15] Der Ausdruck wird von F. Böckle geradezu als Gemeinplatz bezeichnet (vgl. Bestrebungen in der Moraltheologie heute: F. Böckle, J. Feiner,

7. Das II. Vatikanische Konzil (1962–65) als Ferment moraltheologischer Erneuerung

Zwar hat dieses Konzil sich nicht ausdrücklich mit der moraltheologischen Systematik befaßt. Eine in der Vorbereitung noch vorgesehene, ganz der klassischen Schultradition verpflichtete Vorlage ›De ordine morali christiano‹ hatte die Aufnahme in die Tagesordnung nicht geschafft. Dafür wurde im Dekret zur Ausbildung der kirchlichen Dienstträger eine an der Bibel sich orientierende wissenschaftliche Darlegung der Moraltheologie gefordert, für welche die Pastoralkonstitution dieses Konzils über „die Kirche in der Welt von heute" auch eine Berücksichtigung der autonomen Gesetze und Werte dieser Welt stipuliert.[16] Diese Impulse lösten in der Folge eine vielfältige Erneuerung aus, deren Schwerpunkte den heutigen Stand christlicher Ethik noch immer prägen und sich wie folgt zusammenfassen lassen[17]:

Neben einer grundsätzlichen Kritik an einem aprioristischen Naturrechtsdenken in kasuistischer Anwendung, welchem zudem noch der Bezug zum zunehmend menschheitsweiten Menschenrechtsethos abging, steht eine in ökumenischer Auseinandersetzung gewachsene dynamische und persönliche Entscheidungslogik aus Glaube und Einsicht im Vordergrund des Interesses. Eine solche christlich-persönliche Entscheidung wird aber nicht im Sinn einer letztlich stets in Beliebigkeit und Willkür abgleitenden Situationsethik verstanden, sondern als eine in der Rahmenordnung eben dieser wesentlich zur Schöpfungsordnung Gottes gehörenden Men-

J. Trütsch [Hrsg.], Fragen der Theologie heute, Einsiedeln 1957, 425), während sich die Grundstimmung ebenso in H. Bölls Erzählungen ›Wanderer kommst du nach Spa...‹ von 1950 spiegelt wie in der Eingabe, welche der Weltbund weiblicher katholischer Jugend 1952 an Papst Pius XII. richtete: „Indem die jungen Menschen das Christentum mit einem Kodex von Vorschriften verwechselten, haben sie das Gefühl, im Klima einer Befehlsmoral zu ersticken, und es ist nicht nur eine verschwindende Minderheit, die diesen hinderlichen Ballast über Bord wirft" (vgl. AAS 44 [1952], 413).

[16] Vgl. Optatam totius 16, bzw. Gaudium et spes 36, sowie zum Ganzen, F. Furger, Autonom und christlich?, in: Stud Mor 24 (1986), 71–92.

[17] Für eine ausführliche Darstellung dieser Entwicklung vgl. F. Furger, Zur Begründung eines christlichen Ethos, Forschungstendenzen in der katholischen Moraltheologie, Theol. Berichte 4, Zürich 1974, 11–87, bzw. ders., Von der Moraltheologie zur christlichen Ethik, in: Theol. d. Ggw. 22 (1979), 147–159 u. 203–214.

schenrechte zu gebende Antwort auf die Herausforderung zur persönlich verantworteten Nachfolge Christi. Entsprechend können dann die menschenrechtlich begründeten Normen keinesfalls als von außen auferlegter, heteronomer Zwang verstanden werden, sondern als menschlich sachgerechte Weisung zu gottgewollter gemeinschaftlicher Selbstverwirklichung.

Für die Begründung solcher Normen – und dies ist neben der Klärung der Strukturen des Gewissensentscheides der zweite Schwerpunkt dieser moraltheologischen Erneuerung – bedeutet dies dann, daß sie je neu aus der geschichtlich immer wieder anderen Erfahrung aufgebaut und im Hinblick auf die sittlichen Zielsetzungen des Evangeliums, d.h. auf Gerechtigkeit und Liebe (und zwar auch hinsichtlich aller ihrer möglichen Folgen) überprüft werden müssen. Methodologisch hat sich dazu eine sog. teleologische Methode als angemessen erwiesen, die anders als ein auf apriorisch festgelegten (*in praxi* aber dann noch nie voll durchgehaltenen) Pflichten aufbauendes, sog. deontologisches Vorgehen, aber auch anders als ein bloßer sog. konsequenzialistischer Sozialeudaimonismus oder Utilitarismus wohlverstandener Eigeninteressen die einzelnen Normstrukturen auf die unbedingten und letzten Zielsetzungen des Glaubens hin bemißt. Dabei ist diese Zielsetzung selbst aber auch die innere, selbst die Kreuzesdimension nicht ausklammernde Motivation unbedingter Treue, die das spezifisch christliche Moment christlicher Ethik ausmacht, während die sittlich-inhaltlichen Sachaussagen der einzelnen Normen durchaus mit den Mitteln der Vernunft kritisch autonom einsichtig zu machen sind. Daß dazu dann die Erkenntnisse der Humanwissenschaften wie der analytischen Sprachphilosophie zu berücksichtigen sind, versteht sich, weil ja die erkennende Vernunft so gut wie die zu erkennende menschlich-ethische Wertwirklichkeit ihren letzten Grund im Schöpfungswillen Gottes hat und eben darum an sich wie im Einsatz all ihrer Erkenntnismöglichkeiten keineswegs eine willkürliche Überheblichkeit des Geschöpfes darzustellen braucht. Das in Christus erlöste Ebenbild Gottes ist im Gegenteil sogar vom Glauben her zum bestmöglichen Einsatz all seiner Kräfte und Talente (Mt 25, 14–30) verpflichtet.

Da es zudem nur von diesem sog. autonomen und teleologischen Ansatz her möglich scheint, christlich motivierte ethische Inhalte glaubwürdig in einer weltanschaulich pluralistischen Gesellschaft zu vertreten, empfiehlt es sich, daß eine grundlegende moraltheologische Überlegung ebenfalls diesen Einstieg wählt und ihn, der

senschaftlichen Erkenntnisse über psychologische wie soziologische Bedingungen menschlichen Verhaltens immer wieder einstellen, als eine urtümliche, zur menschlichen Existenz als solcher gehörende Dimension. Auch auf der gemeinschaftlichen Ebene rechnet jeder mit solchen sittlichen Verpflichtungen, die als zu beachtende gegeben und deren Übertretung nur mit angemessenen Gründen entschuldigt werden kann. Ein im weitesten Sinn des Wortes menschenrechtlicher ethischer Grundbestand scheint zudem unabhängig von allen kulturellen Unterschieden diese Verpflichtung weltweit und kulturübergreifend[20] auch konkret zu umschreiben. All diese Feststellungen bestätigen so die von I. Kant († 1804) als „Faktum der praktischen Vernunft" bezeichnete sittliche Grundherausforderung des Menschen, die sich der Einsicht seiner selbst immer neu und letztlich unausweichlich erschließt und Freiheit und Sinnhaftigkeit menschlicher Existenz als ihre notwendigen Voraussetzungen miteinschließt.

2. Sittliches Sollen in „theonomer Autonomie": das Liebesgebot als Maß

Trotz dieser Einsicht eines existenziell unausweichlichen sittlichen Anspruchs drängt sich diese Pflicht in keiner Weise als etwas Fremdes oder von außen Kommendes auf. Vielmehr ist sie, wie schon Kant in seiner ›Kritik der praktischen Vernunft‹ festhielt,[21] ein „Gesetz, welches von selbst im Gemüt Eingang findet und ... Verehrung erwirbt", „die unnachläßliche Bedingung jenes Wertes, den sich allein Menschen selbst geben können". Der Mensch erfährt sich als ein aus sich selbst in seinem innersten Besten in Pflicht Genommener; er selbst ist aus seinem eigensten Wesen sich selbst Gesetz seines Handelns, d.h., er ist „autonom". Daß ein solches Verständnis von Autonomie in keiner Weise etwas mit eigenmächtiger Willkür zu tun hat, versteht sich dann eigentlich und entgegen allen immer wieder dagegen vorgebrachten Mißverständnissen von

[20] Eine im Auftrag der UNESCO auf breiter Basis durchgeführte Erhebung scheint dies zu bestätigen; vgl. J. Hersch, Le droit d'être un homme, Lausanne/Paris 1968.

[21] So im 3. Hauptstück, wo unter dem Titel „Von den Triebfedern der reinen praktischen Vernunft" von der Pflicht allgemein die Rede ist (vgl. Akademieausgabe, A 154).

selbst.[22] Denn der Mensch erfährt die ihm innewohnende Sollensforderung ebensosehr als etwas Eigenes, mit seiner mitmenschlichen Abhängigkeit wie mit seiner aus Endlichkeit und Sterblichkeit gegebenen Seins- und Sinnverwiesenheit auf ein letztes und absolutes Gegebenes wie als ein von diesem Letzten her Einforderndes: Wie er selbst, so ist auch seine Autonomie eine bedingte, gerade auch in ihrer Eigenständigkeit auf ein Absolutes verwiesene. Bei dieser aus dem Innersten des Menschen fordernden, ihm wesenhaft eigenen sittlichen Pflicht geht es also stets um eine „theonome Autonomie“[23], wie sie auch vom biblischen Verständnis des Menschen her als einem „Ebenbild Gottes“ begriffen werden muß, bzw. wie sie einer systematischen Moraltheologie im Sinn des Thomas ebenso vertraut war,[24] wie sie zum philosophischen Ansatz Kants gehört, der sich ohne das Gottes-Postulat eine kohärente Ethik der autonomen praktischen Vernunft ebenfalls nicht denken konnte[25]. Schöpfungstheologisch wie heilsgeschichtlich betrachtet, versucht daher dieser Ansatz einer in theonomer Autonomie begründeten Sollensforderung als Ausgangspunkt einer systematischen Moraltheologie die Glaubensaussage vom Menschen als dem Ebenbild Gottes, das trotz aller Verfallenheit an die Sünde in der Erlösung Jesu Christi grundsätzlich in dieser Würde wiederhergestellt ist, christlich-ethisch ernst zu nehmen. Denn Gottes Gebot ist ja schon aus der alttestamentlichen Sicht des Deuteronomiums „nicht fern

[22] Vgl. dazu A. Auer, Autonome Moral und christlicher Glaube, Düsseldorf ^{2}1984, das im Licht einer Moraltheologie die Denkansätze der Ethik der Philosophie des deutschen Idealismus aufarbeitete und in der 2. Aufl. im Nachtrag „Die umstrittene Rezeption der Autonomie-Vorstellung in der katholisch theologischen Ethik“ die durch die erste Veröffentlichung von 1971 ausgelöste Diskussion aufarbeitet (vgl. dort auch die einschlägige Literatur). Für die Bedeutsamkeit von Autonomie (bzw. Freiheit) für den ethischen Ansatz überhaupt vgl. A. Pieper, Ethik und Moral – eine Einführung in die praktische Philosophie, München 1985.

[23] So erstmals F. Böckle, Theonome Autonomie, Zur Aufgabenstellung einer fundamentalen Moraltheologie, in: J. Gründel, F. Rauh, V. Eid (Hrsg.), Humanum (Festschrift R. Egenter), Düsseldorf 1972, 17–46.

[24] Vgl. dazu die sorgfältige Untersuchung von K. W. Merks, Theologische Grundlegung der sittlichen Autonomie-Strukturmomente eines ‘autonomen’ Normbegründungsverständnisses im lex-Traktat der ›Summa theologiae‹ des Thomas von Aquin, Düsseldorf 1978.

[25] Vgl. F. Furger, Gibt es eine Ethik ohne Gott – oder: Wie stellt Ethik die Gottesfrage, Theol. Berichte 12, Zürich 1983, 63–93.

vom Menschen", sondern „ganz nahe bei ihm, in seinem Mund und seinem Herzen"[26], eine Aussage, die sich im Liebesgebot des Evangeliums als dem Ordnungsprinzip des angebrochenen Gottesreiches noch zuspitzt zu einer wirklich aus der innersten Wesenheit des Menschen entspringenden Verpflichtungsdynamik mit dem Ziel einer radikal zu erfüllenden Mitmenschlichkeit.

Diese dem Menschen eigene Verpflichtung in theonomer Autonomie meint somit nicht eine letztlich irgendwie leere Selbstverwirklichung in Freiheit, sondern die in seinem sozialen Wesen gründende Verpflichtung zur Mitmenschlichkeit, die sich als endliche darin zugleich in einer letzten Dimension des Absoluten erfüllend eingefordert weiß. Denn was im kategorischen Imperativ unbedingter Achtung der mitmenschlichen Würde sich der philosophisch-ethischen Einsicht, also „autonom" erhellt, erweist sich im zentralen Gebot der Gottes- und Nächstenliebe als deren angemessene Erfüllung aus dem Glauben an die Reich-Gottes-Botschaft Christi.

Liebe in diesem umfassenden Sinn der Gottes- und Nächstenliebe ist damit als Schlüsselbegriff der Botschaft Jesu auch das Gestaltungsprinzip eines Lebens in seinem Geist: Vorbildhaft archetypisch bis hin zur Kreuzeshingabe durchgehalten von Jesus selbst, richtet es auch das Leben jener, die sich im Glauben auf seine Nachfolge einlassen. Gerade weil aber diese Liebesverpflichtung nicht ein von außen auferlegtes Gebot ist, weil ihr als autonom zum Menschen Gehörigem und Eingesehenem jede Heteronomie fremd ist, kann diese Liebe, so sehr sie für den Menschen in ihrer Vollkommenheit noch nicht erreicht ist und daher aus sich selbst heraus nach Steigerung ruft, über alle zeitlichen und kulturellen Unterschiede hinweg zum Grundmaß oder Formalprinzip für alles Handeln werden.

Denn so abstrakt und allgemein dieser sittliche Grundanspruch in seiner begrifflichen Formulierung tönt und so leer er an konkreten Inhalten ist,[27] als Mensch, der (wie alle menschliche Erfah-

[26] Vgl. Dtn 30, 11–14. – Zur sittlichen Verpflichtung des Menschen aus biblischer Sicht vgl. allgemein E. Würthwein und O. Merk, Verantwortung, Stuttgart 1982, wobei Würthwein den alttestamentlichen, Merk den neutestamentlichen Teil darstellt.

[27] Diese Abstraktheit sollte aber nicht dazu verleiten, von einer dann für die Ethik unbedeutenden „Leerformel" zu reden, weil der abstrakte Begriff als solcher, implizit, aber umfassend offen, gerade auf die Fülle hinweisen will.

rung und alle humanwissenschaftliche Erkenntnis belegen) ja immer nur dank mitmenschlicher Sorge und Zuneigung schon seit seiner vorgeburtlichen Existenz sich überhaupt zu einem personalen Wesen entfalten konnte, „weiß" jeder implizit irgendwie, was mit Liebe gemeint ist[28]. Der Mensch kennt in und aus sich selbst das Maß für all sein Tun und Lassen, es gehört wesentlich oder „ontologisch" zu ihm und ist doch nicht einfach fest vorgegeben, sondern stets auch dynamisch auf die je größere Vollkommenheit hin ausgerichtet.[29] Daß damit das Prinzip der Gottes- und Nächstenliebe als richtunggebendes Ziel zu gelten hat und damit zur dynamischen Norm christlicher Ethik wird, versteht sich dann eigentlich von selbst.

In diesem Sinn steht aber auch die christliche Verkündigung, und zwar gerade auch dort, wo sie in der authentischen Form der gesetzten Sprecher der Glaubensgemeinschaft, also des kirchlichen Lehramtes, sich zu Wort meldet, im Dienst dieser theonom-autonomen Mitmenschlichkeit in Liebe, sei es, daß sie ermunternd stimulativ auf neue, allenfalls zu wenig beachtete Möglichkeiten zur Verbesserung wahrer Menschlichkeit hinweist, sei es, daß sie, gegebenenfalls mit all ihrer Autorität, ein bestimmtes Verhalten als solcher Menschlichkeit widersprechend und damit als grundlegend gegen das Evangelium Christi gerichtet kritisch denunziert. Dafür steht der Kirche als ganzer wie dem in ihr wirkenden Amt, wie übrigens jedem Glaubenden zwar wohl die erleuchtende und stärkende Macht des Geistes Gottes in glaubender Hoffnung wirksam zur Seite, nicht aber eine besondere eigene Inspiration oder Offenbarung. Deshalb gilt es, für den lehrenden Verkündigungsdienst in der Kirche bzw. für die diesen durch die Reflexion stützende Moraltheologie, die Feinfühligkeit für Einsicht und Verwirklichung

[28] Unter dem Gesichtspunkt der Gerechtigkeit hat J. Rawls, Eine Theorie der Gerechtigkeit, Frankfurt a. M. 1975 (engl. 1971) dieses existenzielle, vorthematische Wissen und den ethischen Grundwert umfassend untersucht. Insofern der christliche Liebesbegriff letztlich stets Gerechtigkeit im gesteigerten Engagement selbstloser Hingabe meint, kann hier ebenfalls von diesem Ansatz her gedacht werden.

[29] So fordert G. Ermecke mit Recht von einem formalen Leitprinzip der Ethik, daß es ontologisch, dynamisch-final und normativ als Maß tauglich sein müsse (vgl. Moralprinzipien LThK 7 [1962], 602 f.), was für das Liebesgebot als dem Menschen eigene und zugleich in der eschatologischen Spannung des schon angebrochenen, aber noch nicht vollendeten Gottesreiches dynamische Grundverpflichtung offensichtlich zutrifft.

echter Mitmenschlichkeit aus Liebe zu pflegen, wie in deren autonomen Eigeneinsicht auf die diese letztlich erst tragende Dimension der Theonomie zu verweisen bzw. die konstitutive Verschränktheit von Gottes- und Nächstenliebe im Sinn des evangelischen Doppelgebotes im Wort und mehr noch im gelebten Vollzug im konkreten mitmenschlichen Dienst wie der demonstrativen Zeichenhandlung herauszustellen.

Daß eine so verstandene kirchliche Verkündigung, entgegen gelegentlich geäußerten Befürchtungen, der schöpfungsgewollten Autonomie des Menschen nicht abträglich ist, sondern sie stützt und fördert, braucht dann ebensowenig eigens herausgestellt zu werden wie die Tatsache, daß die authentische, d.h. der bestmöglichen Verwirklichung des Evangeliums zugeordnete Autorität des kirchlichen Lehramtes als stimulatives wie als kritisches Moment gerade in einer theonomen Autonomie von unverzichtbarer Wichtigkeit ist.

3. „Deontologische Teleologie“ als Strukturprinzip christlicher Ethik

Mit der Umschreibung der grundlegenden sittlichen Sollensforderung in theonomer Autonomie und deren Präzisierung im Liebesgebot des Evangeliums ist zugleich auch vom methodologischen Gesichtspunkt der Ethik her eine Vorentscheidung getroffen. Denn in einer auf dieses Ziel je bestmöglicher Verwirklichung von Liebe hin ausgerichteten Dynamik können dann nicht mehr einzelne konkrete Pflichten als absolut in sich geltende sittliche Forderungen deontologisch aufgestellt werden. Vielmehr müssen sittlich normative Aussagen aus der Finalität auf dieses Ziel oder Telos hin, also „teleologisch“ begründet werden. Dabei gilt es jeweils nicht nur die direkte, aber begrenzte Zielsetzung einer bestimmten Norm ins Auge zu fassen, sondern stets auch deren oft nur langfristig sich auswirkende Folgen und Nebenfolgen so zu berücksichtigen, daß nicht unter einer scheinbaren Zielstrebigkeit unterschwellig gerade das Ziel einer umfassenden Mitmenschlichkeit in Liebe verfehlt wird.

Eine solche teleologische Berücksichtigung von Handlungsfolgen bedeutet so in keiner Weise eine „konsequenzialistische“ Beliebigkeit in einem ethisch grundsatzlosen Utilitarismus. Denn die Zielsetzung, das Telos selbst steht als unbedingter Richtpunkt wie als bemessende Kontrolle fest und bestimmt gerade so über die Sittlichkeit im konkreten. Dabei ist freilich zu beachten, daß das Telos selbst so natürlich nicht auch teleologisch festgelegt sein kann, sondern aus einer unbedingten Sollensverpflichtung, hier aus der Annahme des Liebesgebotes Jesu bzw. aus dem Glauben an ihn als den Gottessohn und Christus gesetzt ist, weshalb man in diesem Zusammenhang sinnvollerweise von einer „deontologischen Teleologie“ reden sollte.[30]

Der Einwand, daß unter dieser Voraussetzung unbedingte und klare sittliche Weisungen nicht mehr möglich seien und daher eine Auflösung der Ethik trotz dem Rückverweis auf das Liebesgebot drohe, dürfte, so sehr er gewisse unsorgfältige Argumentationen mit Recht kritisiert,[31] sich rasch als allgemein kaum stichhaltig erweisen. Denn einmal haben deontologisch als unbedingt und schlechthin immer gültig bezeichnete konkrete Normen sich praktisch stets nur unter Zulassung bestimmter Ausnahmen durchhalten lassen, die sich dann nur allzu leicht im Schatten der absoluten Norm unkontrolliert ausweiten konnten.[32] Aber auch die zur Lösung sog. „Gewissenszweifel“ in Normkonflikten vorgeschlagenen sog. „Moralsysteme“[33], auf Grund deren gegebenenfalls die an sich

[30] Vgl. zu diesem Sprachregelungsvorschlag und zur Problematik: F. Furger, Was Ethik begründet – Deontologie oder Teleologie – Hintergrund und Tragweite einer moraltheologischen Auseinandersetzung, Zürich 1984; für den methodologischen Ansatz selbst vgl. als grundlegendes Werk: B. Schüller, Die Begründung sittlicher Urteile – Typen ethischer Argumentation in der Moraltheologie, Düsseldorf [2]1980, wobei die Ergänzungen der 2. Aufl. auf die seit der 1. Aufl. (1973) aufgekommenen Einwände reagieren. Zu beachten ist dabei für den deutschen Sprachraum, daß sich seit Max Weber († 1920) für eine meist irgendwie ideologieabhängige, deontologische Argumentationsweise der Begriff „Gesinnungsethik“ eingeführt hat, während eine teleologische Denkweise als Verantwortungsethik bezeichnet wird.

[31] So bei gewissen von den amerikanischen Vertretern der sog. “New Morality” erwogenen extremen Fällen von Justizwillkür, die einzelne Menschen zu opfern bereit ist, um angeblich größeren Schaden zu vermeiden.

[32] Man denke nur etwa an einen deontologisch geforderten Lebensschutz, der, um nicht in zerstörerischen Rigorismus zu fallen, die Fülle von erlaubter Notwehr ausnehmen mußte, um schließlich sogar über die These eines *bellum iustum ex utraque parte* in eine sehr permissive Kriegstheorie zu münden, oder an die Bezeichnung der Lüge als eines *intrinsece malum*, die, um nicht einer Wahrhaftigkeitsidee Menschen opfern zu müssen, die recht dehnbare Lösung der Mentalrestriktion postulierte.

[33] Gemeint ist damit vor allem der sog. „Probabilismus“, der in Anbetracht eines nur noch „wahrscheinlichen“ Zutreffens einer Gesetzesforde-

dem Glauben begründen lassen, tut sich die christliche Moraltheologie schwer, solche Gehalte nachzuweisen. Zwar gibt es eine ganze Reihe von ethisch bedeutsamen, menschlichen Anforderungen und Verhaltensweisen, die sich als solche oder zumindest in solcher Intensität und innerer Konsequenz nur im christlichen Bereich finden; man denke nur etwa an die aus christlich-religiösem Engagement über die Jahrhunderte hinweg allen möglichen Formen menschlicher Not entgegensteuernden Sozialeinrichtungen, die es in solcher Intensität und Konstanz nirgends sonst gibt. Aber einmal entdeckt und in ihrer Menschlichkeit als Wert erkannt, ist deren ethische Herausforderung nicht mehr nur im Glauben einsichtig, sondern jedem menschlich empfindenden Menschen ebenfalls als Herausforderung auch ohne den christlichen Glauben zugänglich; ja es kann jemand sogar, wie etwa seinerzeit Mahatma Gandhi († 1948), diese Werte ausdrücklich anerkennen und annehmen wollen und gleichzeitig den Glauben an Jesus als den Christus ablehnen. Sosehr der christliche Glaube somit offensichtlich ein feinfühliges Ferment – das Evangelium redet hier vom „Gottesreich als Sauerteig“ (Mt 13, 33) – für echte Menschlichkeit ist, sowenig liegt darin letztlich sein ausschließliches *„specificum“*.

Aber selbst in dem im Liebesgebot Jesu umschriebenen Telos kann nicht etwas schlechthin nur dem christlichen Glauben Eigenes gesehen werden. Denn einmal geht es dabei, wenigstens was die mitmenschliche Dimension der Nächstenliebe betrifft, um eine der Grundhaltung der allgemeinen Gerechtigkeit nahestehende und deren Achtung vor der Menschenwürde zwar radikal vertiefende, aber nicht grundsätzlich verändernde Dimension, die dann entsprechend wiederum auch ohne die Annahme eines ausdrücklich christlichen Glaubens übernommen werden kann. Vor allem aber finden wir das Doppelgebot von Gottesliebe und Nächstenliebe, wie Jesus selbst voraussetzt,[37] schon in der alttestamentlich-jüdischen Tradition, so daß auch hier höchstens in der Radikalisierung, aber nicht eigentlich im Gehalt etwas Besonderes und christlich Eigenes liegt. Sogar hinsichtlich der Feindesliebe muß betont werden, daß dieses Gebot bereits zu den ethischen Forderungen der Thora (vgl. Ex 23,4f.) und der jüdischen Weisheitsliteratur (vgl. Spr 24, 17; Sir 27,30 – 28,7) zählte. So heißt es z.B. im Buch der Sprüche: „Wenn dein Feind hungert, so speise ihn mit Brot. Wenn er dürstet, so tränke ihn mit Wasser.“ In ähnlicher Weise „verkündet der weise

[37] Vgl. Mk 12, 28–34, unter Verweis auf Dtn 6, 4f. und Lev 19, 18.

Achikar in seinen Sprüchen die Forderung, Böses mit Gutem zu vergelten; die gleiche Forderung findet sich als Spruch des Xisuthros, des 'babylonischen Noah', auf einer Tontafel der Bibliothek Assurbanipals (ca. 650 v. Chr.). Ein Jahrhundert später fordert Laotse im Taoteking: ‚Feindschaft vergilt mit Liebe'."[38]

Mag so auch der Glaube im Geist Gottes feinfühliger machen für die Belange einer umfassenden Mitmenschlichkeit und Liebe, exklusiv sind diese Prinzipien nicht nur im Glauben einsichtig, sondern auch außerhalb des ausdrücklichen christlichen Glaubens den Menschen guten Willens als Ebenbildern Gottes zugänglich. Was das II. Vatikanische Konzil vorab auch in seiner Pastoralkonstitution und in seiner Erklärung zu den nichtchristlichen Religionen über den Wert solcher mitmenschlich-ethischer Einsicht hervorhob, ist daher auch in einer systematischen Moraltheologie zu beachten.

Damit liegt das spezifisch Christliche der christlichen Moraltheologie also nicht auf der Ebene der materialen oder kategorialen Aussagen, sondern auf jener der dynamisch prägenden Motivationen und Intentionen, d.h. in der stets wachen, „kritisch wie stimulativ" (A. Auer) nach möglicher Verbesserung an Menschlichkeit suchenden Sorge um das Wohl des Mitmenschen, gerade auch des irgendwie Bedürftigen und besonders da, wo diese „präferenzielle Option für die Armen" (so die von der sog. Befreiungstheologie bevorzugte Formulierung) nicht plakativ hervortritt, sondern im Verborgenen bleibt, bzw. wo kein besonderer Erfolg den Einsatz bestätigt und die Treue zum als richtig Erkannten eher auf Ablehnung stößt. Das spezifisch Christliche liegt also vor allem in der Treue zum letzten Ziel auch dann, wenn dieses nur noch in der Kreuzesdimension zu halten ist.[39]

Dies bedeutet dann konkret für das Vorgehen der Moraltheologie, daß sie die allgemeinen ethischen Erkenntnisse der Menschen ernst zu nehmen hat, und zwar sowohl jene, die einer systemati-

[38] So A. Auer, Autonome Moral und christlicher Glaube, Düsseldorf ²1984, 88, unter Verweis auf E. Stauffer, Die Botschaft Jesu damals und heute, Bern 1959 (Zitat); zur Feindesliebe im Judentum und bei Jesus vgl. P. Lapide, Wie liebt man seine Feinde? Mit einem Juden die Bergpredigt lesen, in: Freiburger Rundbrief XXXV/XXXVI (1983/84), Nr. 133/140, 92–95.

[39] Vgl. dazu (mit den entsprechenden Literaturangaben zur einschlägigen Diskussion) F. Furger, „Kenosis" und das Christliche einer christlichen Ethik, in: K. Demmer, B. Schüller (Hrsg.), Christlich glauben und handeln, Düsseldorf 1977, 96–111.

schen philosophischen Reflexion entstammen, wie jene, die von der spontanen Erfahrung der Völker herrühren und sich in deren Sprichwörtern und Erzählungen niedergeschlagen haben. Was die alttestamentlichen Bücher mit der Weisheit des Orients oder die neutestamentlichen Schriftsteller mit Elementen aus der stoischen Ethik selbstverständlich unternommen haben, nämlich alles kritisch zu prüfen und das Gute zu übernehmen (vgl. 1 Thess 5, 21), muß der Moraltheologie daher auch heute ein Anliegen sein. Daß sie dabei die für das ethische Urteil wichtigen Erkenntnisse der humanwissenschaftlich erfaßbaren Daten ebenfalls nicht vernachlässigen darf und entsprechend der ihr eigenen Dynamik auch deren aktuelle Erkenntnisfortschritte zu nutzen hat, ist daher selbstverständlich. Nur wird sie all diese Erkenntnisquellen nicht kritiklos übernehmen dürfen, sondern sie stets neu nicht nur am grundlegenden Telos des Liebesgebotes, sondern nicht weniger auch immer wieder an dem im konkreten Leben vollzogenen Glauben der Christen und ihrer Kirche überprüfen. Daß dabei die in der Heiligen Schrift niedergeschlagene Leittradition der christlichen Glaubensgemeinschaft stets eine ausschlaggebende Rolle zu spielen haben wird, ist dabei selbstverständlich.

Wenn somit die aus sinnvoller Freiheitserfahrung im wesentlichen mitmenschlichen Zusammenspiel erfahrene Sollensforderung auf das Telos bestmöglicher Verwirklichung des Liebesgebotes Jesu angelegt ist und solche mitmenschliche Liebe aus und in der Bindung der Gottesliebe darauf hinzielt, dem Mitmenschen über die bloße Gerechtigkeit unter Gleichen hinaus in persönlicher Hingabe Entfaltung und Erfüllung ermöglichen zu helfen, so genügen die bisher über das Wesen des Menschen gemachten Angaben zu Freiheit und sinnerfüllter Gemeinschaftsbezogenheit nicht, um zu einer systematischen Darstellung der Ethik zu gelangen. Dafür bleibt aber auch das implizit existenzielle Wissen erfahrener Zuneigung, so viel es an konkretisierender praktischer Einsicht beizubringen vermag, zu vage. Daher ist es notwendig, sich vor der weiteren ausdrücklich ethischen Überlegung etwas mehr Klarheit über das Wesen des in dieser Zielsetzung gemeinten Menschen zu verschaffen. Auch die Moraltheologie muß sich, wie jede systematische Ethik, Klarheit über das ihr zugrundeliegende Menschenbild verschaffen.

B. DER IM SOLLEN GEFORDERTE MENSCH

I. Selbstverwirklichung im Zeichen des Liebesgebotes

Wenn das letztverbindliche Maß christlicher Ethik nach aller bisherigen Überlegung im evangelischen Gebot der in Gottes Menschenfreundlichkeit gründenden Gottes- und Nächstenliebe liegt und damit die persönlich existenzielle Annahme der Herausforderung durch diese unbedingte Verpflichtung Jesu bei all ihrer vernünftigen Einsichtigkeit doch wesentlich einen fundamentalen Akt des Glaubens an diesen Jesus als den Christus darstellt, dann umschreibt diese in radikaler Nächstenliebe zu verwirklichende Gottesliebe auch die letzte Zielsetzung allen menschlichen Tuns wie aller dieses Tun ausrichtenden sittlichen Normen: Liebe ist also das letztverbindliche Telos christlicher Ethik.[40] Liebe aber meint stets die tätige Bereitschaft des Menschen, seinem Mitmenschen die größtmögliche Entfaltung seiner ganzen Persönlichkeit ermöglichen zu helfen, und zwar so, daß man ihm nicht nur das ihm jeweils Zukommende aktiv zuzugestehen bereit ist,[41] sondern darüber hinaus auch etwas vom Eigenen daran zu geben sich nicht scheut. Liebe übersteigt damit die angemessen zuteilende Gerechtigkeit, obwohl diese sozusagen deren Minimalvoraussetzung umschreibt und Liebe ohne Gerechtigkeit nichts anderes als verfälschende Heuchelei wäre. Vor allem aber will christlich verstandene Liebe den Menschen als Ebenbild Gottes radikal in jedem, gerade auch im irgendwie schwächeren Mitmenschen ernst nehmen, um auch dessen möglichste Entfaltung voranzubringen.

Selbstverwirklichung echt menschlich und vor allem auch christlich verstanden meint damit keineswegs einen bloß sachbezogenen, willkürlichen Egoismus, sondern eine Selbstverwirklichung in Mitmenschlichkeit, die das Moment der Hingabe sehr wohl kennt und auch darum weiß, daß, so paradox dies klingt, das individuelle Selbst

[40] Vgl. B. Schüller, Die Begründung sittlicher Urteile, a. a. O.

[41] So die Umschreibung der Gerechtigkeit als *firma et constans voluntas suum cuique tribuendum*, wie sie auf die altrömischen Rechtslehrer wie z. B. Ulpian († 228) zurückgeht.

erst aus solcher Hingabe an den anderen sich zur eigentlichen Persönlichkeit zu entfalten vermag. Die evangelische Forderung, den Nächsten wie sich selbst zu lieben, drückt dies in einem nüchternen, in der christlichen Tradition nicht immer durchgehaltenen Realismus aus, der von der selbstüberheblichen Exklusivität eines Individualismus ebenso weit entfernt ist wie von einer letztlich masochistischen Selbstaufgabe. Nicht eine sich selbst auslöschende Aufopferung, sondern die das volle und ganze Selbst einer eigenen Persönlichkeit einbringende und eben daran wiederum wachsende Person ist folglich gemeint, wenn christlich verantwortet von Selbstverwirklichung die Rede ist. Daß dies immer wieder auch schmerzliche Abstriche an eigenen Interessen und Bedürfnissen bedingen kann, versteht sich; Ziel aber ist nicht dies, sondern das jeden Beteiligten tragende Beziehungsgeflecht einer von Liebe geprägten Mitmenschlichkeit.

Um aber diese Zielsetzung wirksam anstreben zu können, ist es unerläßlich, sich vor jeder weiteren ethischen Überlegung darüber Klarheit zu verschaffen, wer denn eigentlich dieser nach Gottes Willen in eigengestalteter Mitmenschlichkeit zur Entfaltung bestimmte Mensch ist. Auch eine christliche Ethik ruft somit nach einer anthropologischen Vorüberlegung, die einerseits die Glaubensaussagen über sein Wesen und seine Bestimmung klärt, aber andererseits auch die eigene Einsicht über sich selbst nicht vernachlässigt, weil diese ihm ja als dem ebenbildlichen Geschöpf Gottes nicht weniger gottgewollt zukommt als die ihm aus der heilsgeschichtlichen Offenbarung vermittelte.[42] Obwohl er dabei auf eine begrifflich erschöpfende Definition seiner Wesensnatur verzichten muß und klassische Ordnungsdefinitionen wie etwa „vernunftbegabtes Lebewesen“ (so über Aristoteles die gesamte Scholastik) u.ä. so wenig zu befriedigen vermögen wie moderne, eher funktionale Umschreibungen – beispielsweise als „aufrechtgehender Primate“ oder bezüglich der rein körperlichen Überlebensmechanismen als „Mängelwesen“ –, ist es doch möglich, einige seine Existenz unveräußerlich charakterisierende Wesenszüge als sog. „Existentialien“, gerade auch im Hinblick auf deren ethische Konsequenzen, auszumachen. Dabei dürften die folgenden Eigenheiten des Menschen von besonders hervorragender Relevanz sein:

[42] Dieser theologiegeschichtlich besonders in der katholischen Tradition übliche, schöpfungstheologische Ansatz wird neuerdings auch von protestantischen Ethikern vertreten; vgl. dazu R. Schinzer, Ethik ohne Gesetz, Göttingen 1986.

II. Existentialien als Wesenszüge des Menschseins

Menschliche Selbsterkenntnis, seit Sokrates († 399 v. Chr.) der Kernpunkt allen philosophischen Bemühens, enthüllt dem reflektierenden Menschen sein eigenes Wesen stets neu als ein in sich polar bestimmtes: Denn nur insofern er den materiell-körperlichen Gesetzmäßigkeiten unterworfen ist, vermag er seine die Dimensionen der Materie stets doch in etwa übersteigende Geistigkeit zu entfalten, und nur insofern er eingelassen ist in eine mitmenschliche Gemeinschaft, kann er sich zur individuellen Persönlichkeit entfalten. Ausgehend von einer solchen polaren Eigenerfahrung lassen sich dann als grundlegende Wesenszüge zunächst seine leib-geistige wie seine individuell-soziale Struktur festhalten.

1. Leib-Geistigkeit als Freiheit

Unter „leib-geistig" als Existential wäre dann näherhin zu verstehen, daß der Mensch stets und unabdingbar in all seinen typisch menschlichen Lebensäußerungen leiblich bedingt ist. Menschliche Geistigkeit ist somit niemals als eine Art von der Leiblichkeit abtrennbarer Personkern zu verstehen, so als ob im Sinne von Platos „Soma-Sema"-Wort der Leib das Grab oder Gefängnis der Seele wäre. Menschliche Geistigkeit ist vielmehr die durch und in den materiellen Gesetzmäßigkeiten, den eigenen leiblichen wie denjenigen der umgebenden Welt wirkende eigengestaltende Kraft. In der Materie erkennt und erfährt der Mensch somit stets gleichzeitig Begrenzung wie Ermöglichung, analog zum Bildhauer, dessen Werk durch die Eigengesetzlichkeit des Marmors einerseits begrenzt ist, sich aber dennoch nur dank und in den Strukturen des Steins auszudrücken vermag.

Diese zwar materiell bedingte, aber gerade auch im Bewußtsein ihrer Grenzen eigengestalterische Fähigkeit des Menschen nennen wir Freiheit und verstehen darunter sowohl eine gewisse Beliebigkeit der freien spielerischen Wahl als auch vor allem die hinsichtlich bestimmter, die letzten Sinndimensionen menschlicher Existenz betreffender Zielsetzungen das Tun und Lassen bestimmende Freiheit in sittlicher Verantwortlichkeit. Da eine ethische Überlegung als Reflexion über Gut oder Böse einer menschlichen Handlung, d. h. über deren Ziel-Entsprechung bzw. Zielwidrigkeit nur unter der Annahme solcher sittlicher Freiheit denkbar ist, liegt, wie oben schon angedeutet, in der Anerkennung des eigenen Wesens als eines bedingt freien und damit auch verantwortungsfähigen eine erste und grundlegendste Voraussetzung, ein sog. „Postulat" (I. Kant) von Ethik überhaupt. Obwohl somit Ethik ohne die Grundannahme von Freiheit undenkbar ist, ist diese dem Menschen aber eben keineswegs einfach selbstverständlich evident. Vielmehr haben die Erkenntnisse der modernen Naturwissenschaften, welche nach ihrer Methode die Gesetzmäßigkeiten gerade auch der Lebensprozesse erforschen, immer wieder Zweifel an der Freiheit des Menschen aufkommen lassen. Könnte es nicht sein, so fragte man zur Zeit der bahnbrechenden Entdeckungen der mechanischen Physik, daß der Mensch ähnlich einem komplizierten Mechanismus determiniert abläuft? Oder ist er allenfalls, so fragt man angesichts der biochemischen, auch die psychologischen Wirkungen einbeziehenden Erkenntnisfortschritte der letzten Jahre, ein äußerst komplex und fein eingestellter Regelkreis, dessen Verhalten nach den Gesetzen der Kybernetik gesteuert, prinzipiell lückenlos erklärbar ist und eine schöpferische Eigengestaltung und Selbstverwirklichung ins Reich der Illusion verweist?[43]

Obwohl solchen Einwänden nicht mit stringenten Beweisen entgegengetreten werden kann, so darf man dennoch einerseits nicht übersehen, daß solche wissenschaftlichen Untersuchungen schon von ihrer methodologischen Fragestellung nach festen Gesetzmäßigkeiten her das Moment der freien Eigengestaltung gar nicht in den Blick nehmen, zumal dieses Moment der Freiheit eben gerade nicht als eine Art blinder Fleck neben den materiellen Bestimmtheiten, sondern als in und mit ihnen wirkend zu verstehen ist. Andererseits ist aber vor allem die Erfahrung von Verantwortlichkeit dem Menschen so urtümlich gegeben, daß sie, wenigstens in der Praxis, kaum bestritten werden kann, so wenig, daß sogar in der Theorie überzeugte Deterministen andere für erlittenes Unrecht zur Re-

[43] Solche Ansätze finden sich schon bei Verhaltenspsychologen, bes. bei den sog. Behavioristen wie J. B. Watson († 1958) oder L. Lévy-Bruhl († 1939), dann aber vor allem bei kybernetischen Entwürfen, wie sie sich etwa aus naturwissenschaftlich-entwicklungsgenetischen Ansätzen bei J. Monod († 1976) ergaben oder wie sie im französischen Strukturalismus reflektiert sind. (Vgl. dazu vorab M. Foucault, Les mots et les choses, Paris 1966, sowie für einen einführenden Überblick: G. Schiwy, Der französische Strukturalismus, Reinbek 1969, wo auch Kritiker wie J. P. Sartre zu Wort kommen.) – Für eine grundsätzliche Gegenposition vgl. J. Möller, Tractatus ontologicus – Prolegomena zu einer Metaphysik der Freiheit, Düsseldorf 1981.

chenschaft ziehen, was ja nur unter der Voraussetzung von Verantwortung und damit von Freiheit im Handeln sinnvollerweise möglich ist. Da es zudem offensichtlich kein Volk ohne ein bestimmtes Ethos mit entsprechenden, sittlich gebotenen Verhaltensregeln gibt und sich selbst in totalitären Systemen, wo menschliches Verhalten möglichst einer vorgegebenen Steuerung unterworfen wird, immer wieder Menschen im Namen der Sittlichkeit dagegen auflehnen,[44] kann man wohl trotz der genannten deterministischen Einwände und unter Berücksichtigung der darin aufgezeigten Begrenzungen die Freiheit des Menschen als ein sein Wesen grundsätzlich prägendes Existential begründeterweise annehmen und sich von da aus, allerdings, wie einleitend schon angedeutet, im Bewußtsein der damit gesetzten, also begründet angenommenen und nicht stringent bewiesenen existenziellen Voraussetzung, den ethischen Fragen zuwenden.

2. *Person dank Gemeinschaft*

Daß der Mensch niemals allein Mensch sein oder auch nur werden kann, bedarf eigentlich keiner besonderen Erklärungen: Schon von seiner Zeugung her verdankt er sich der Partnerschaft seiner Eltern; als hilfloser Säugling[45] vermag er nur dank der hingebenden Sorge von Mitmenschen zu überleben und aufzuwachsen, um schließlich unter dem Gesichtspunkt seiner natürlichen Schutzausstattung als ein „Mängelwesen“ (A. Gehlen) nur im sozialen Verband durch die im Verlauf einer geschichtlichen Entwicklung gewonnenen kulturellen Errungenschaften sich überhaupt durchsetzen zu können. Wenn der Mensch sich dennoch zum eigentlichen Gestalter der Welt durchzukämpfen vermochte, so nur dank seiner in mitmenschlicher Gemeinschaft gezielt eingesetzten, gestalterischen Freiheit; entsprechend angemessen ist es daher auch, wenn das Griechische dasselbe Wort für einen auf sich allein zurückgezogenen „Selbstling“, nämlich *idiotes*, auch für einen in seiner ge-

[44] In dieser Hinsicht ist es etwa auffällig, wie durchaus im Sinn des kollektivistisch-kommunistischen Systems seit ihrer Jugend erzogene und als Intellektuelle darin sogar geförderte Menschen als sog. „Dissidenten“ immer neu Verantwortung im Sinn der individuellen Menschenrechte kritisch anmelden.

[45] Rein biologisch gesehen, müßte man sogar von einer „chronischen Frühgeburt“ (A. Portmann [† 1982]) reden.

samten Entfaltung gestörten Menschen verwendet. Denn in seiner physischen wie in seiner psychischen Dimension kann sich der Mensch nur in und durch Gemeinschaft verwirklichen, und diese ist ihm wiederum ebensosehr Ermöglichungsgrund wie eine ihn hinsichtlich Kultur, Sprache, Nation und Herkunft bestimmende Grenze, die gleichermaßen nach Rücksicht wie nach eigener Gestaltung ruft.

Entsprechend hat dann eine ethische Reflexion über das in all seinen materiellen wie sozialen Vorgegebenheiten doch aus bedingt freier Verantwortung gesetzte menschliche Handeln gerade diese Gemeinschaftsdimension und die ihr zugemessene Forderung nach Rücksicht besonders ins Auge zu fassen. Denn die Erfahrung von Verantwortung verweist als sittliche Grundtatsache stets zugleich auf die sie ermöglichende Freiheit wie auf den sie einfordernden Sozialbezug, die beide gleicherweise den Menschen in seinem innersten Wesen ausmachen.

Für die ethische Reflexion bedeutet dies weiterhin, daß sich menschliche Verantwortlichkeit niemals nur auf die allenfalls sogar noch beliebig wählbare, individuelle Selbstverwirklichung als abstrakte Gestaltung der eigenen Existenz beschränken kann, sondern stets in einer sozialen Vernetzung zu bedenken ist. Dabei erweist sich diese soziale Vernetzung bei näherer soziologischer Analyse sogar als zweidimensional, indem sie zuerst einen direkten Sozialbezug von Mensch zu Mensch, etwa in Familie, Arbeitsteam oder Klassenverband als einer sog. Primärgruppe, entdecken läßt, während bei komplexeren Interaktionen, wie sie sich vor allem im politischen und wirtschaftlichen Bereich abspielen, die Vernetzung nicht mehr spontan direkt, sondern nur mehr über entsprechende Institutionen (Gesetzgebungen, Instanzen, Behörden usw.), also in sekundären Strukturen zu gewährleisten ist. Entsprechend wird dann eine konkrete Ethik sich nicht allein auf die Belange der Selbstverwirklichung beschränken dürfen, auch wenn sie diese verantwortet, also als anderen gegenüber Rechenschaft schuldend versteht: Vielmehr muß sie auch die soziale Vernetzung selbst, und zwar in ihrer doppelten Ausprägung als direkt zwischenmenschliche wie als gesellschaftlich-soziale berücksichtigen, was dann zur Unterscheidung einer nach Sachbelangen wie nach methodologischem Vorgehen anders gelagerten Individualethik, zwischenmenschlichen und sozial-gesellschaftlichen Ethik führt. In der Erarbeitung von konreten Normativaussagen wird man allerdings stets auch die entsprechenden Querverbindungen beachten müssen.[46] So wird etwa die individuell sicher wünschbare einfachere Beweglichkeit durch ein Motorfahrzeug zwischenmenschlich dieses Gut auch andern zubilligen müssen und hinsichtlich des damit gegebenen Straßenverkehrs zwischenmenschlich die sittliche Forderung entsprechender Disziplin zu erheben haben, aber sozialethisch zugleich auch die Belange des Umweltschutzes nicht außer acht lassen dürfen.

Wenn unter dem Gewicht solcher eigenen Erfahrungen wohl nie jemand daran zweifelte, daß der Mensch ein soziales Wesen sei, und auch deutlich individualistische Denkansätze zumindest im Interesse einer Selbsterhaltung nie jede soziale Verantwortung bestritten haben, so wurde doch hin und wieder, vor allem in Anbetracht harter mitmenschlicher Frustrationen im für die personale Entfaltung entscheidenden Kindesalter, die Sinnhaftigkeit dieser sozialen Bezogenheit angezweifelt. Denn wo die soziale Urerfahrung eines Menschen nicht im Zeichen ermöglichender Liebe steht, wo jemand sich als eigentlich hoffnungslos und damit ekelhaft überflüssig vorkommt, so daß ihm die Mitmenschen zum Inbegriff der Hölle werden,[47] da kann Freiheit nicht mehr als in sozialer Verantwortung geforderte verstanden werden; sie wird vielmehr zur leeren Beliebigkeit individueller Projekte bzw. zur rücksichtslosen Selbst-Durchsetzung eines „Übermenschen jenseits von Gut und Böse“[48]. Das heißt aber nichts anderes, als daß das soziale Existential des Menschen zwar in seiner Gegebenheit feststeht, in einer Sinnbegründung aber – und nur unter dieser Voraussetzung wird es zur ethischen Herausforderung – nicht *a priori* gesichert ist. Damit stellt sich beim Einstieg zu jeder ethischen Überlegung neben der Freiheitsfrage notwendigerweise auch stets die ebenfalls einleitend schon aufgeworfene Sinnfrage, die es noch etwas näher, nun nicht so sehr wie oben in formaler Hinsicht, sondern inhaltlich zu vertiefen gilt.

[46] Vgl. für diesen Aufbau: F. Furger, Ethik der Lebensbereiche, Freiburg i. Br. 1985.

[47] Vgl. so bei J. P. Sartre († 1980) das Drama ›Huis clos‹ (1945), a. a. O. und besonders den autobiographischen Jugendroman ›Les mots‹ (1964).

[48] So bei Sartre im Drama ›Le diable et le bon Dieu‹ (1951) bzw. in der Studie ›L'existentialisme est un humanisme‹ (1954) und vor allem paradigmatisch in F. Nietzsches († 1900) philosophischen Entwürfen, bes. seit ›Jenseits von Gut und Böse‹ (1886).

3. Die Sinnfrage menschlicher Existenz in Bedrohung und Transzendenzbezug

Diese Grundfrage menschlicher Existenz nach Sinn wurzelt allerdings nicht nur in den genannten verfehlten Erfahrungen im Sozialbezug. Sie wird vielmehr verstärkt durch die allgemein-menschlichen Negativerfahrungen der sicheren Sterblichkeit menschlicher Existenz wie auch von deren gänzlichen oder partieller Zerstörung durch mutwilliges Durchbrechen erkannter Lebensgrenzen, also durch Schuld. Denn selbst wo die Sozialerfahrungen zunächst durchaus positiv und erfüllend gemacht werden, vermag das Gegengewicht von Tod und Schuld ihre Sinnhaftigkeit dennoch grundlegend in Frage zu stellen: Was soll schließlich eine in mitmenschlicher Harmonie und Rücksicht gestaltete menschliche Existenz, wenn diese dann doch in weniger als hundert Jahren endgültig vorbei ist? Was soll ein Einsatz dafür, wenn er an der egoistischen Rücksichtslosigkeit des jeweils Stärkeren doch immer wieder zerbricht? So widersinnig ein solches Verhalten gerade auch in Anbetracht der daraus immer wieder resultierenden Kriege und Revolutionen mit dem damit verbundenen Elend auch ist und so sehr im Gefolge der modernen technologischen Entwicklungen damit sogar die Selbstzerstörung der Menschheit überhaupt als echte Gefahr gesehen werden muß, der Mensch hat sich in realistischer Selbsteinschätzung einzugestehen, daß er unter Umständen und je nach äußeren Gegebenheiten in unterschiedlichem Maß ebenfalls zu solcher Überheblichkeit neigt. Schuld, diese „ganz und gar unmögliche Möglichkeit“ (K. Barth), gehört wie auch die Sterblichkeit ebenfalls zu den existenziellen Wesensmerkmalen des Menschen.[49]

Daß sich in Anbetracht solcher negativer Eigenerfahrung die Frage aufdrängt, ob es da nicht allenfalls klüger sein könnte, in nüchterner Resignation auf eine die menschliche Existenz schlechthin tragende Sinndimension zu verzichten und für die gegebene Spanne irdischer Lebenszeit in wohlverstandenem Eigeninteresse das jeweils noch Bestmögliche daraus zu machen, liegt auf der Hand. Dabei braucht eine solche Haltung durchaus nicht unbedingt in einen krassen Nihilismus zu münden. Auch eine in heiter-nüchterner Resignation versuchte Optimierung der eigenen Situation ist

[49] Vgl. dazu aus phänomenologisch-philosophischer Sicht vor allem die umfassende Studie von P. Ricœur, Die Fehlbarkeit des Menschen, Symbolik des Bösen und Phänomenologie der Schuld, Freiburg i. Br. 1971 (2 Bde.).

durchaus als eine Art eudaimonistischer Utilitarismus denkbar. Solchen Ansätzen entgeht dann in ihrem pragmatischen Realismus übrigens auch nicht, daß selbst diese Einstellung schon nach dem bewährten Sprichwort: „Was du nicht willst, das man dir tu, das füg auch keinem andern zu", ein gewisses Ethos von Fairplay unter den „Mitspielern des Lebens" verlangt. Aber weiter nach einem tragenden Sinn zu fragen, stehe eben dem Menschen nicht zu.[50] Eine das wohlverstandene Eigeninteresse übersteigende, unbedingte sittliche Bindung kann entsprechend nicht in Betracht kommen.

Dennoch scheint ein solches Selbstverständnis heiter-resignativer Bescheidung dem Menschen nicht zu genügen. Denn nicht nur ruft sich die Sinnfrage in den verschiedensten religiösen Strömungen und Aufbrüchen immer wieder neu in Erinnerung; auch unter ethischem Gesichtspunkt erweist sich eine Verantwortlichkeit ohne unbedingten Anspruch nicht als in kohärenter Mitmenschlichkeit denkbar. Denn wie sollte etwa die Forderung nach Rücksicht für jene schwachen und geschädigten Mitmenschen, bei denen sich eine Sorge ja längst nicht mehr aus wohlverstandem Eigeninteresse begründen läßt, durchgehalten werden? Dies bedeutet aber, daß Ethik sich entweder als Reflexion über die als unbedingte Verantwortlichkeit erfahrene sittliche Grundbefindlichkeit des Menschen selbst auflöst und damit auch diese Verantwortlichkeit selbst als Illusion abtun oder aber als in einer die aktuelle irdische Existenz des Menschen übersteigenden, irgendwie absoluten Dimension gebunden verstehen muß.[51]

Damit erweist sich der Mensch aber gerade in seiner von Schuld und Sterblichkeit bedrohten Freiheit und Gemeinschaftlichkeit – sofern ihm diese so verfaßte eigene Existenz nicht schlechterdings als ekelhaft unsinniger Zufall oder als Laune einer blinden Evolution gelten soll – als ein wesentlich über sich hinausweisender, d. h. transzendenzbezogener. Die über ihn selbst hinausweisende Sinnfrage als ein im weitesten Sinn „religiöses" Existential gehört damit auch dann noch wesentlich zu ihm, wenn er sie negativ beantwortet und als sinnlos zurückweist. Sowenig wie seine Freiheit gehört dieses Sinnexistential allerdings zur unbezweifelbaren, stringent beweisbaren oder erfahrbaren Selbsterkenntnis des Menschen. Viel-

[50] Vgl. dazu auch kritisch zum theoretischen Genügen solcher Ansätze: O. Höffe (Hrsg.), Einführung in die utilitaristische Ethik (Klassische und zeitgenössische Texte), München 1975.

[51] Vgl. dazu F. Furger, Gibt es eine Ethik ohne Gott, a. a. O.

mehr gehört es zu jenen zwar gut begründeten Elementen seines Selbstverständnisses, die er aus den Gegebenheiten einer letztlich doch als sinnvoll und beglückend erfahrenen Mitmenschlichkeit bejahen und auch als Herausforderung zur eigenen Lebensgestaltung annehmen kann. Daß Ethik erst unter dieser Voraussetzung eines solchen „philosophischen Glaubens" an sinnvolle Freiheit in Mitmenschlichkeit denkbar ist, bestätigt sich so aus anderer Perspektive erneut.

4. Selbstgestaltung in Mitmenschlichkeit und Sinnbejahung

Damit läßt sich dieser Abriß der dem Menschen aus eigener Erfahrung und Reflexion zugänglichen Selbsterkenntnis unter ethischem Verständnisinteresse folgendermaßen zusammenfassen[52]: Obwohl in seiner Leiblichkeit, Weltverbundenheit und Gemeinschaftsbedürftigkeit mannigfach begrenzt, erfährt sich der Mensch trotzdem so stark als zu schöpferischer Eigengestaltung Gerufener und dabei zugleich in mitmenschlichen Bezügen Herausgeforderter, daß er eine zwar bedingte, aber dennoch echte Freiheit und damit auch eine sittliche Verantwortlichkeit als grundlegendes Wesensmerkmal entgegen allen deterministischen Einwänden bejahen kann.

Gleichzeitig erfährt er aber auch den Sinn einer solchen Möglichkeit zur Selbstgestaltung als durch seine eigene Sterblichkeit und mögliche Schuldverstrickung so gefährdet, daß der Sinngrund von Freiheit und Mitmenschlichkeit letztlich nicht in seiner Existenz allein gründend angenommen werden kann. Der Sinnfrage ausgesetzt, steht er folglich vor der Alternative, die Grunderfahrung sittlicher Verantwortlichkeit und damit auch jede Ethik letztlich als Selbsttäuschung aufzugeben oder aber einen wesentlichen, wenn auch in seinem inhaltlichen Verständnis noch völlig offenen Transzendenzbezug zu bejahen.

[52] Für eine umfassende systematische Darstellung einer philosophischen Anthropologie als Zusammenfassung möglicher Selbsterkenntnis vgl. bes. H.E. Hengstenberg, Philosophische Anthropologie, Stuttgart 1966; M. Landmann, Philosophische Anthropologie, Berlin 1964; P. Lersch, Aufbau der Person, München 1964; J. Möller, Menschsein, ein Prozeß, Düsseldorf 1979; H. Rombach (Hrsg.), Die Frage nach dem Menschen, Freiburg i. Br. 1966.

Für diese zweite Sicht sprechen zwar viele existenzielle Erfahrungen in der individuellen Lebensgeschichte der meisten Menschen wie der geschichtlichen Menschheitserfahrung im allgemeinen, und zwar offensichtlich mit stärkeren Momenten als für die gegenteilige Annahme der Sinnlosigkeit. Dennoch bleibt die Option für eine solche Sinnhaftigkeit wie schon diejenige einer grundsätzlichen Freiheit eine existenzielle Annahme, die nie stringent zwingend beweisbar und damit auch niemals selbstverständlich ist. Dennoch gründet die dem Menschen eigene, personale Würde, welche ihn vor allen andern Lebewesen als ein nie beliebig verfügbares, unbedingte Achtung erheischendes Wesen auszeichnet, in eben dieser aus nüchterner Selbstreflexion begründet angenommenen doppelten Voraussetzung von Freiheit und ins Unbedingte verwiesener Sinnhaftigkeit.[53] Was schon I. Kant als Postulate der praktischen Vernunft und damit als Voraussetzung für den diese Würde zu achten gebietenden kategorischen Imperativ bezeichnete, erweist sich so erneut als Ethik begründende Einsicht. Zu Recht hat man daher für diese ethische Fragestellungen erst ermöglichenden anthropologischen Grundlagen von einem „philosophischen Glauben" (K. Jaspers) gesprochen. – Daß er und von ihm her dann auch eine humanistische Ethik mit gutem Grund gewagt werden kann, zeigten die vorstehenden Überlegungen; daß er dann auch eine weitere Vertiefung aus einem religiösen Glaubensverständnis wie etwa von einem biblisch-christlichen Menschenbild her intellektuell redlich finden kann, versteht sich prinzipiell eigentlich von selbst, verlangt in einer christlich-moraltheologischen Überlegung aber doch nach entsprechender Entfaltung.

III. Gottes Ebenbild in der Dynamik der Heilsgeschichte – das christliche Menschenbild als vertiefende Selbsterkenntnis

Angesichts der existenziellen Erfahrung einer grundlegend dem Menschen zugehörenden Verantwortlichkeit für sein Tun und Lassen zeigt ihm das daraus folgende Bemühen um Selbsterkenntnis

[53] Wo jemand dagegen glaubt, dieses Selbstverständnis als eine Illusion des sich selbst überschätzenden modernen Menschen ablehnen zu müssen, entfällt entsprechend nicht nur jeder transzendente Bezug und damit eine humanistische Ethik, sondern auch dessen Grundlage, das personale Verständnis des Menschen: „Auf den Tod Gottes folgt notwendigerweise der Tod des Menschen", betont deshalb M. Foucault a. a. O. mit Recht.

seine eigene Existenz als ein bedingt freies Wesen, das aber seinen hinreichenden Sinngrund nicht in sich selbst hat, sondern darin auf ein Letztes und Absolutes verwiesen ist. Von dieser Teilhabe am Absoluten leitet sich dann aber auch die unaufgebbare personale Würde ab, die den Menschen unbedingt als Selbstzweck zu achten und ihn nie bloß als Mittel zu verzwecken gebietet[54] und so das Scharnierkriterium für das menschliche Handeln als sittliches abgibt. Wenn aber eine solche Transzendenzverwiesenheit als religiöse Beziehung im allgemeinsten Sinn des Wortes wesentlich zum Menschen gehört, liegt es nahe, daß ein aus religiösem Glauben wachsendes Menschenbild diese Grundlinien menschlicher Selbsterkenntnis entfalten und vertiefen könnte, vorausgesetzt, daß die menschliche Eigenerkenntnis und die ihm vom Glauben her zugesagte Wahrheit als gegenseitig auf sich verweisende verstanden werden.

Insofern eine solche ergänzend-erfüllende Verwiesenheit natürlicher Erkenntnis auf eine aus dem Glauben vertiefte Sicht dem jüdisch-christlichen Glaubensverständnis entspricht, drängt sich theologisch die Konfrontation der Ergebnisse einer existenziellen Reflexion über das Wesen des Menschen mit dem biblischen Menschenbild geradezu auf.[55] Dabei bestätigen sich in der am semitischen Denken gewachsenen, eher bildlichen Vorstellungswelt und Sprache der Bibel nicht nur die eher griechischem Geist verpflichteten, abstrakt-philosophischen Selbsterkenntnisse, sondern sie gewinnen dabei auch eigene Farbe und offenbaren sich zugleich in ihrem Gottesbezug als in einer einzigartigen Tiefe personal gegründete.[56]

[54] So eine der Formulierungen des kategorischen Imperativs durch I. Kant; vgl. Grundlegung der Metaphysik der Sitten (1785, BA-67) bzw. Kritik der praktischen Vernunft (1788, A 237).

[55] Dieser Ausschluß einer Doppelung der Wahrheit in Glaubens- und Erkenntniswahrheit bzw. die Ablehnung eines um des Glaubens willen nötigen *sacrificium intellectus*, welche christliche Theologie trotz gegenteiliger Versuchungen immer auszeichnete, kann hier weder im einzelnen begründet noch in den Unterschieden zwischen der katholischen und gewissen reformatorischen Eigentraditionen entfaltet werden. Vielmehr muß es hier für eine intellektuell verantwortete Moraltheologie als vorausgesetzt gelten. Für eine ausführliche Auseinandersetzung sei verwiesen auf W. Kern, H. J. Pottmeyer, M. Seckler (Hrsg.), Handbuch der Fundamentaltheologie, Bd. 4: Theologische Erkenntnislehre, Freiburg i. Br. 1986. – Für eine theologische Anthropologie in Übersicht vgl. O. H. Pesch, Frei-Sein aus Gnade, Freiburg i. Br. 1983.

[56] Diese vom eigenen Erfahrungs- und Erkenntnishorizont ausgehen-

1. Der Mensch: Gottes geliebtes Geschöpf und Abbild

Ausgangspunkt und Grundlage des biblischen Menschenbilds sind die beiden Schöpfungsberichte, die das erste Buch des Alten Testaments (vgl. Gen 1 u. 2) einleiten.[57] Hier wird der Mensch verstanden als jenes Geschöpf, das nach dem *Abbild Gottes* selbst geschaffen, Krone und Abschluß der Schöpfung darstellt. Ihm, dem „Abbild Gottes nach seiner Gestalt" (Gen 1, 26), ist die übrige Schöpfung anvertraut; bestimmend und ordnend ist er deren Herr, der auch den Tieren den sie bestimmenden Namen gibt. Obwohl als von der Erde Genommener materiell-leiblich, ist er doch zugleich nach dem Willen des Schöpfers als dessen Abbild auch der diese Schöpfung selbst Gestaltende. Dies geschieht freilich nicht im Sinn einer schrankenlosen Ausbeutung, sondern in der Weise des verantwortungsbewußt treuen Verwalters, dem im biblischen Sinn dieses Bildwortes nicht möglichst große Nutzung, sondern sorgende Betreuung Anliegen ist.[58] Der Mensch als Abbild und damit Dialogpartner Gottes ist daher Gott auch verantwortlich, also Antwort als Rechenschaft schuldig.

Völlig anders als in der Sicht der griechischen Philosophie ist somit diesem Verständnis vom Menschen jede Abwertung des Leiblichen völlig fremd, und auch die Weltwirksamkeit des Menschen

den und sich an der biblischen Glaubenstradition vertiefend verifizierenden Denkschritte sind für eine methodologisch theonomer Autonomie und deontologischer Teleologie (vgl. oben Abschnitt A. III, 2 und 3) verpflichtete Moraltheologie typisch und werden sich in den folgenden Überlegungen deshalb immer wieder abzeichnen.

[57] Die beiden unterschiedlichen Schöpfungsberichte aus der sogenannten Priester- bzw. Jahwistenschrift, die in der Endredaktion der Genesis einander aber zugeordnet sind, werden hier deshalb auch hinsichtlich eines narrativ sich ergänzenden Menschenbildes als einheitliche Aussage verstanden.

[58] Die ökologisch bedenklichen Folgen einer modernen Ausbeutung der Natur, die sich gelegentlich auf das Bibelwort vom Untertanmachen der Schöpfung bzw. vom Beherrschen der Erde glaubte berufen zu können, sind somit nicht der biblischen Aussage, sondern deren unangemessenen Interpretation anzulasten (vgl. dazu für die Verwalter-Rolle des Menschen: T.S. Derr, Ecology and Human Liberation, New York 1973, sowie allgemein N. Lohfink, Macht euch die Erde untertan, in: Orient 38 (1974), 137 bis 142, bes. auch gegen die Sicht von C. Amery, Das Ende der Vorsehung oder: Die gnadenlosen Folgen des Christentums, Reinbek 1973.

wird in keiner Weise verstanden als eine freventliche Anmaßung gegenüber göttlichem Anspruch wie im Mythos von Prometheus, der den Göttern das kulturermöglichende Feuer zugunsten der Menschen rauben mußte und dafür grausam bestraft wurde. Vielmehr ist der Mensch durchaus in seiner leiblichen Wirklichkeit wie in seinen geistigen Dimensionen des Dialogbezugs zu Gott und des Gestaltungsauftrags für die Welt „gute Schöpfung“[59]. Eigenständige Weltgestaltung ist schöpfungsentsprechender Selbstvollzug des Menschen, so sehr, daß der Psalmist im Sinn dessen, was oben mit dem modernen Fachausdruck als „theonome Autonomie“ umschrieben wurde, freudig stolz bekennen kann: „Du hast den Menschen nur wenig geringer gemacht als Gott, hast ihn mit Herrlichkeit und Ehre gekrönt. Du hast ihn zum Herrscher eingesetzt über das Werk deiner Hände und alles ihm zu Füßen gelegt“ (Ps 8, 6f.). Das heißt: Als Abbild ist der Mensch nur in und aus Abhängigkeit von Gott; aber diese Abhängigkeit ist, weit davon entfernt, bloße Beschränkung zu sein, der Ermöglichungsgrund für die Größe des gottähnlichen, von seinem Schöpfer als Partner und Bundesgenosse geliebten Menschen.

Das biblische Menschenbild zeichnet sich somit aus durch ein großes, gottbegründetes Selbstbewußtsein, das groß vom Menschen zu denken genötigt ist, weil nur derjenige auch groß und erhaben von Gott zu denken vermag, der auch von seinem Abbild groß zu denken wagt, und das als solches in der Geistesgeschichte der Menschheit seinesgleichen sucht. Zwar gab es auch in der altgriechischen Philosophie die Idee, daß im Menschen, vorab in seiner „Seele“ oder seiner „Vernunft“, „etwas Göttliches“ liege; aber von einer personalen Beziehung in Liebe zwischen Gott und Mensch zu reden erscheint noch einem Aristoteles ausdrücklich sinnlos.[60] Der biblische Mensch dagegen weiß sich als Abbild und Partner in Liebe ermöglicht, zu eigenem Wirken freigesetzt und ebenso angesprochen bzw. im buchstäblichen Sinn in Anspruch genommen. Christ-

[59] Die Gegenmeinung, daß der Mensch nicht mit dieser Qualifikation bedacht wäre (so wegen der Distanz der Verse Gen 1, 26 [Erschaffung des Menschen] und Gen 1, 31 [Gott sah, daß alles, was er gemacht hatte, sehr gut war] bei H. Haag, Vor dem Bösen ratlos?, München 1978, 239), scheint nirgends Gefolgschaft gefunden zu haben.

[60] Die göttliche Spur in der „Psyche“ (Plato) bzw. im „Nous“ (Aristoteles) verhindert nicht, daß eine Liebe der Götter zu den Menschen (Eth. Nic. 9, 1158 B) bzw. die Liebe eines Menschen zu Zeus (Gr. Eth. 2, 11, 1208) als sinnlos erklärt werden.

liche Ethik ist damit letztlich nichts anderes als das reflektierende Bemühen um die Klärung dieses Anspruchs, der die gesamte biblische Heilsgeschichte durchzieht und den Menschen in Pflicht nimmt, die Urväter Noach, Abraham und Jakob wie Mose und dann alle Propheten bis hin zum Täufer Johannes, deren gesamtes Wirken diesem Anspruch und Ruf dient, um schließlich die an alle Menschen ohne irgendeinen Unterschied von Herkunft, Rasse oder Sprache sich richtende Nachfolge-Aufforderung Jesu vorzubereiten. Daher ist auch die Fähigkeit aktiven Hörens auf Gott, also das Ge-Horchen, bzw. die *potentia oboedientialis*, wie es die mittelalterlichen Theologen nannten, das, was den Menschen besonders auszeichnet. „Ganz Ohr zu sein für Gott" ist daher seine eigentliche existenzielle Erfüllung.[61]

In all dieser Größe ist jedoch dieser Mensch keineswegs ein isoliertes Individuum, vielmehr wird er erst im mitmenschlichen Bezug zu einer eigentlichen Persönlichkeit, denn es ist „nicht gut für ihn, daß er allein sei", und doch findet er unter allen anderen Lebewesen „keine ihm entsprechende Hilfe" (Gen 2, 18 bzw. 20). So schafft ihm Gott aus seiner Rippe jenen Partner, von dem Adam, der Mensch, erst begeistert festhalten kann: „Das endlich ist Gebein von meinem Gebein und Fleisch von meinem Fleisch, ‚Männin'[62] soll sie heißen" (Gen 2, 23). Eindrücklicher als die nüchterne Feststellung der Priesterschrift, daß Gott den Menschen als sein Abbild, und zwar als Mann und Frau, geschaffen habe (Gen 1, 27), wird hier in einem urtümlichen Bild die gegenseitige soziale Angewiesenheit wie auch die grundsätzliche Gleichheit der Geschlechter herausgestellt. Im übrigen ist aber auch die Volksgemeinschaft als solche Gottes Bundespartner. Sie gehört so selbstverständlich zum Menschen, daß auch sie ihn als wesentlich sozialen ausweist.

Anders als in der auf der Reflexion der existenziellen Eigenerfahrungen des Menschen aufbauenden Sicht, der sich erst in Anbetracht mehrfach erfahrener Endlichkeit die Sinnfrage nach einer Begründung im Absoluten stellt, steht für das biblische Verständnis

[61] Auf dieser Linie versteht sich dann auch das tägliche Gebet des frommen Juden, das „Sch'ma Jisrael": „Höre, Israel, der Herr, unser Gott ist der eine Herr und du sollst den Herrn deinen Gott lieben von ganzem Herzen, von ganzer Seele und mit all deiner Kraft. Diese (weisenden) Worte, die ich Dir heute gebiete, sollen Dir ins Herz geschrieben sein ..." (vgl. Dtn 6, 4–9).

[62] Das hebräische *ischah* entspricht genau dieser schon von Luther vorgeschlagenen Übersetzung mit einem Kunstwort.

somit die Gottesbeziehung als für das Menschsein schlechthin konstitutive am Beginn. Sie ist sogar so grundlegend, daß sie in der endgültig erfüllenden Schau von Leben und Lehre Christi nicht nur als Anfang, sondern zugleich auch als das heilsgeschichtliche Ziel der Schöpfung erscheint, das in der restlosen Treue Jesu zum Willen seines Vaters auch in und trotz der Kreuzesbelastung ermöglicht, ja grundsätzlich in ihm auch schon verwirklicht ist. Das heißt: Der aus der ihm vom Schöpfer übertragenen eigengestalterischen Kompetenz und in erfüllender mitmenschlicher Gemeinschaft als Abbild Gottes wirkende Mensch ist so von Gott gewollt und als guter geschaffen. Daher ist er auch zum Vollzug dessen aufgefordert, was er aus Gottes schaffender Liebe letztlich existenziell ist: Als Ebenbild Gottes ist er eigentlich nur dort wirklich, wo er den Willen Gottes verwirklicht. Insofern ist dieser Heilsindikativ über Sein und Wesen des Menschen zugleich der Heilsimperativ für dessen von der christlich-moraltheologischen Reflexion zu klärenden Lebensvollzug.[63]

2. Der existenzielle Bruch im Trotz der Sünde

Dennoch entspricht der menschliche Lebensvollzug oft genug nicht diesem schöpfungsbezogenen Heilsimperativ. Was sich schon der realistischen Selbsteinschätzung des Menschen als zwar widersinnige, aber eben doch wirkliche Gegebenheit in seiner Existenz erhellt, nämlich daß er gegen sein eigenes Bestes trotzig-zerstörerisch handeln, also sündigen kann, ist der biblischen Sicht nicht weniger bekannt. Sie wird vor allem in der gerade dieser Sache besonders angepaßten narrativen Aussageweise[64] in der Sündenfallgeschichte (Gen 3) thematisiert und erscheint dabei weder als ein unvermeidliches, tragisches Geschick im Sinn des altgriechischen Theaters, noch ist sie tiefenpsychologisch durch ein verfehltes Triebverhalten

[63] Trotz der in der exegetischen Terminologie gebräuchlichen, aber mißverständlichen Wortwahl von Indikativ und Imperativ handelt es sich hier keineswegs um einen sog. „naturalistischen Trugschluß“ vom faktisch festgestellten Sein zum Sollen, sondern um die Wertaussage bezüglich der Heilswirklichkeit und ihre entsprechende ethische Konsequenz.

[64] Vgl. dazu P. Ricœur, Die Fehlbarkeit des Menschen, Symbolik des Bösen und Phänomenologie der Schuld, 2 Bde., Freiburg i. Br. 1971, der betont, wie eine Wesensbeschreibung von Schuld als einem Paradox nicht möglich ist und daher von ihr nur in Mythen und Bildern in angemessener Weise geredet werden könne.

mit entsprechenden gefährlichen Aggressionen erklärbar. Ebensowenig ist sie auch als ein „in der besten aller denkbaren Welten" (G.W. Leibniz, † 1716) noch unerläßlicher „Reibungsverlust" in einer allgemeinen, dynamischen Evolution, „wo der Erfolg mit einem gewissen Prozentsatz von Abfall bezahlt werden muß"[65], fortschrittsgläubig zu verharmlosen. Vielmehr erscheint die Sünde als eigenverschuldete, freigewollte und eben darum auch zu verantwortende Tat.

Zwar weiß schon die Erzählung der Genesis (Gen 3) im Bild der gleicherweise anziehenden wie erschreckenden Schlange als Verführer, daß dem Bösen eine geheimnisvolle, abstoßende wie anziehende Macht innewohnt, und auch dieses Böse ist genau umschrieben als der vermessen widersinnige Wunsch, aus der Erkenntnis Gut und Böse selbst bestimmen und wie Gott sein zu können. Aber gerade diese sinnlos stolze Überheblichkeit des Geschöpfes, das so diese es konstituierende Abhängigkeit leugnet und sich letztlich damit selbst zerstört, setzt der Mensch aus freventlich freiem, eigenem Entscheid, und zwar als einzelner wie in gemeinsamer Verschränktheit. Entblößt und beschämt findet sich der Mensch nach solcher Vermessenheit wieder, und es ist letztlich schon ein besonderer Gnadenerweis Gottes, daß der Mensch nicht einfach zerstört wird, sondern nur des Paradieses, d.h. der Harmonie der Schöpfung verlustig geht und ihm die Selbstverständlichkeit des Lebensvollzugs, die Arbeit für den Mann und das Gebären für die Frau zur beschwerlichen Last wird. Daß die zerstörerische Versuchung, wie der Brudermord Kains (Gen 4, 1–16) ebenfalls verdeutlicht, auch im zwischenmenschlichen Bereich weiter wirkt, gehört als zusätzliche Folge der Sünde nunmehr ebenfalls zur menschlichen Wirklichkeit.

Sünde erweist sich so, wie die weiteren biblischen Hinweise vom Turmbau zu Babel über die vielen von den Propheten immer wieder gerügten Laster bis hin zu den Vergehen in der frühen Kirche, etwa beim Betrug von Hananias und Saphira (Apg 5, 1–11) oder die Ausschweifungen der reichen Korinther (1 Kor 11, 17–22) zeigen, stets neu als eine mutwillige Mißachtung der den Menschen konstituierenden Abhängigkeit von Gott und Mitmensch. Sie ist also stets stolze Überheblichkeit und rücksichtslose Selbstsucht, die beide in

[65] So P. Teilhard de Chardin, Comment je vois, Paris 1948, § 30 und passim (vgl. Textsammlung A. Haas, Teilhard de Chardin Lexikon: Übel, Bd. II, Freiburg i. Br. 1971, 351–357).

letzter Konsequenz zur Zerstörung der Menschheit führen müßten. Dabei geht die ganze Tragweite dieses destruktiven Frevels einem immer erst richtig im nachhinein auf, so daß man Schuld tatsächlich eigentlich nie wissen und definieren, sondern nur bekennen kann (P. Ricœur). Sie bleibt das *mysterium iniquitatis*, von dem die mittelalterlichen Theologen sprachen, von dem Aspekte psychologisch, z. B. als aus Frustration gewachsene zerstörerische Aggression, oder sozialwissenschaftlich, etwa als durch Ausbeutung bewirkte Entfremdung, faßbar (und damit auch direkt angehbar) sind, dessen harter Kern aber stets eine Tat frei gewollter oder durch bequemes Mittun doch mitgetragener Selbstüberheblichkeit und Rücksichtslosigkeit ist.

Durch eigene Mitwirkung sie bestätigend, gehört somit auch in der biblischen Sicht diese schuldhafte Verstrickung zum Menschen, die sich konkret in seinem Lebensvollzug trotz gegenteiliger Einsicht und Glaubensüberzeugung als ein fataler Hang zu Stolz und Egoismus bemerkbar macht. Es ist ein urtümlicher Hang, der zwar nicht selbst schon Sünde ist, von dem der Mensch sich aber ehrlicherweise stets wird zugeben müssen, daß er ihm auch schon aktiv verfallen gewesen ist.[66] Ohne daß damit falsche Schuldgefühle und daraus eine erniedrigende Unterwürfigkeit vor einem jederzeit zu vernichtender Strafe bereiten Gott gefördert werden sollen, wird der Mensch nüchtern als der aus eigener Überheblichkeit zu letztlich stets zerstörerischer Sünde neigende gesehen und wird der so in der ursprünglich guten Schöpfung entstandene Bruch festgehalten. Daß damit Sünde in dieser jüdisch-christlichen Sicht auch da, wo sie scheinbar nur innerweltliche und zwischenmenschliche Belange betrifft, stets auch als gottbezogener Frevel verstanden wird, versteht sich dann von selbst. Dennoch handelt es sich dabei keineswegs bloß um die Verletzung eines stammesgeschichtlichen, also letztlich kulturellen Tabus, sondern um die von Gott als Schöpfer in sein Schöpfungswerk gelegte Harmonie und Ordnung, die den Menschen zu treuen Händen überlassen worden ist.

Wo diese Ordnung gestört wird, verletzt der Mensch daher stets auch deren Urheber, weshalb, wie alle Propheten so gut wie die neutestamentlichen Mahnbriefe an die jungen Christengemeinden

[66] Diese existenzielle Verfallenheit als Hang, der aber je schon auch seinen Vollzug gezeitigt hat, bezeichnet die traditionelle Theologie mit dem eher mißverständlichen Ausdruck „Erbsünde" bzw. etwas klarer als Ursünde oder *peccatum originale*.

immer neu zu bedenken geben müssen, ein gutes Verhältnis zu Gott ohne entsprechendes sittliches Verhalten nicht denkbar ist: Wo Witwen und Waisen geschunden werden, werden die besten Opfer zu widerlichem Gestank, und ein Glaube ohne die sittliche Tat ist ein toter Glaube (vgl. Jak 2, 14–26), weil, wie die Gerichtsrede (Mt 25, 31–46) ausführt, das, was am Geringsten der Mitmenschen unterlassen wurde, Gott selbst nicht getan ist. Ob dann mit „Sünde" eher die Verletzung einer gottgefügten Ordnung, der Abfall oder das frevelhafte Tun als das dem Menschen nicht Zustehende gemeint ist,[67] immer geht es der Bibel um diese Einheit von Verletzung sittlicher Ordnung und Beleidigung Gottes, die das jüdisch-christliche Verständnis von Sünde auszeichnet. Sünde wird damit nie bloß als äußerlich böse Tat verstanden, sondern als das, was aus einer trotzigen Entscheidungsmitte, aus dem „bösen Herzen" (Gen 8, 21) getan wird.

Die im Sinn der Aufklärung vor allem seit J.J. Rousseau († 1778) vertretene, aber, wie die spätere Geschichte immer wieder zeigte, letztlich illusionäre Auffassung eines „von Natur aus guten Menschen", der sich selbst überlassen das Gute bewirke bzw. gesellschaftlich-wirtschaftlich gesehen im freien Spiel der Kräfte und aus „wohlverstandenem Eigeninteresse" im freien Wettbewerb „wie von unsichtbarer Hand geleitet" (A. Smith † 1790) von selbst zu den besten Formen des Zusammenlebens finde, ist dem nüchternen Realismus der Bibel fremd. Schuld aus eigener Tat gehört so zwar nicht nach dem ursprünglichen Plan der Schöpfung, wohl aber als in der sinnwidrigen Überheblichkeit der eigenen Größe des Abbildes Gottes vom Menschen selbst gewirkte Tat-Sache zum Menschsein. Sie kann damit nicht geleugnet, ungeschehen gemacht oder wegerklärt, sondern nur in Reue aus einem umkehrwilligen Bekenntnis angenommen werden. Was von modernen Philosophen wie S. Kierkegaard († 1855), M. Scheler († 1928) oder P. Ricœur herausgestellt wurde, entspricht so durchaus dem biblischen Verständnis, das von den Bekehrungsaufrufen der Propheten bis zum Täufer Johannes und der Predigt Jesu das Eingeständnis von Schuld und die entsprechende Sinnesänderung im individuellen wie im sozialen Verhalten fordert.[68]

[67] Diese Bedeutungen haben schwergewichtig die drei im Hebräischen für Sünde verwendeten Ausdrücke, nämlich *hata* bzw. *pascha* und *awon*.

[68] So der Wortsinn des einschlägigen griechischen neutestamentlichen Stichwortes *meta-noia*.

3. Der Mensch: das in Christus erlöste Geschöpf

In der Barmherzigkeit Gottes, die nicht den Tod des Sünders will, sondern daß er umkehrt und lebt (vgl. Ez 33, 11), vor allem aber in der treuen Nachfolge seines menschgewordenen Sohnes und Erlösers, der in seiner restlosen Treue zum Willen des Vaters bis hin zum Tod am Kreuz die menschliche freventliche Untreue grundsätzlich überwand und aufhob, ist solche Umkehr auch tatsächlich möglich. Sünde, obwohl als versuchende Gefährdung noch wirksam, ist damit nicht das den Menschen in seinem Wesen gänzlich verderbende Existenzial, sondern bloß ein zwar ernst zu nehmender, aber in der auf die Erfüllung im schon angebrochenen Gottesreich dynamisch erlösten Existenz der „neuen Kreatur" (vgl. Gal 6,5) letztlich in Christus eigentlich schon überwundener Wesenszug.[69] Menschsein im christlichen Verständnis heißt so letztlich stets, aus dem Glauben an Jesus Christus sich als zwar zur in der Sünde gebrochenen Schöpfung gehörend annehmen, aber zugleich deren Überwindung in ihm als dem neu zum Abbild Gottes in seinem Urbild gewordenen bekennen, im Wort und mehr noch im tätigen Vollzug. Ein Menschenbild, das dagegen rein von der ursprünglichen Gutheit der Schöpfung her zu denken versucht, wäre entsprechend erfahrungswidrig naiv, und ein solches, das nur vom sündigen Abfall her denkt, würde nicht nur den ehrlichen guten Willen so vieler um echte Menschlichkeit bemühter Menschen nicht genug achten, sondern vor allem die erlösende Barmherzigkeit Gottes zu gering einschätzen.

Zwar kennt schon das Alte Testament auch den Abfall vom neuerlichen Bundesangebot Gottes, den die Propheten immer neu als überhebliche Untreue, einem Ehebruch vergleichbar, dem störrisch eigensinnigen Volk anmahnen müssen, und selbst die frühchristliche Gemeinde muß vor der neuerlichen Verstocktheit als der „Sünde zum Tod" gewarnt werden, die direkt oder in mitmenschlichem Verhalten einen personalen Akt der Abkehr von Gott bedeutet.[70] Sosehr aber gerade die Paränese der apostolischen Briefe

[69] Für eine heutigem Selbstverständnis des Menschen angemessene theologische Rede von Schuld vgl. ThQ 155 (1975), Heft 1: Sondernummer zu „Schuld und Sünde in einer säkularisierten Welt", sowie den Diskussionsbeitrag von E. Drewermann, Strukturen des Bösen, Die jahwistische Urgeschichte in exegetischer, psychoanalytischer und philosophischer Sicht, Paderborn 1976.

[70] Dabei bezeichnet die theologische Tradition einen solchen Akt der

wie der Offenbarung des Johannes sich diesbezüglich warnend und mahnend zu Wort melden muß, die entscheidende Verkündigungsdimension liegt nicht da, sondern in der dynamischen Ermunterung zum Mitaufbau am schon angebrochenen Gottesreich, der in die noch ausstehende Erfüllung und Vollendung führen soll. Diese Spannung zwischen dem „Schon" des Verwirklichten und dem „Noch-Nicht" des Ausstehenden begründet als sog. „eschatologischer Vorbehalt" eine trotz allen gegenteiligen Anzeichen in dieser Welt von sicherer Hoffnung auf das sich erfüllende Ziel getragene Ermöglichung zu geschichtsmächtigem Einsatz der in Christus erlösten Menschen in dieser Welt und Zeit, den daher eine christliche Ethik als konkrete Nachfolge Christi in Glaube, Hoffnung und Liebe weiter zu entfalten hat.

Entsprechend muß es daher auch erste Aufgabe einer christlichen Ethik sein, die Ausrichtung auf diese neu ermöglichte Zielsetzung hin im konkreten Lebensvollzug und seinen Entscheidungen zu bedenken und erst von daher auf die konkreten Gefahren des Rückfalls in die selbstsüchtige Überheblichkeit hinzuweisen. Das heißt: Gerade weil sie um den Ernst der Sündengefahr weiß, darf sie sich nicht als eine Art „Grenzmoral" allein auf die Momente konzentrieren, wo menschliches Verhalten erneut in Egoismus und Stolz zu kippen droht, sondern muß die Elemente einer dem Schöpfungs- und Erlösungswillen entsprechenden Vollendungsdynamik herausstellen. Denn von diesem Menschenbild her bedeutet ja Erfüllung des Willens Gottes nichts anderes als Vollendung des menschlichen Wesens, also Selbstverwirklichung nach dem Willen Gottes oder, im Sinn der vorgenannten theoretischen Erwägungen zu einer theologischen Ethik, theonome Autonomie im persönlichen Entscheiden und Handeln des Menschen.

vollpersonalen trotzigen Abkehr von Gott als „schwere oder Todsünde", von der sie mit der sog. „läßlichen Sünde" eine Zustimmung aus Schwäche und Bequemlichkeit unterscheidet, was allerdings leicht und fälschlicherweise dazu verleitet, die an sich berechtigte Unterscheidung allein am materialen Inhalt einer Tat zu bemessen.

C. DER PERSONALE ENTSCHEID – DES MENSCHEN ANTWORT AUF GOTTES ANSPRUCH

I. Das Gewissen als Zentrum sittlichen Vermögens

1. Eine Vorbemerkung

Der persönliche Entscheid, in welchem der Mensch als Ebenbild Gottes seine auf die dereinstige Erfüllung ausgerichtete Existenz annimmt und im Beziehungsgeflecht von Welt und Gesellschaft konkret vollzieht, erweist sich nach allen bisherigen Überlegungen als der Gegenstand christlich-ethischer, also moraltheologischer Reflexion. Dieser Entscheid kann aber gerade als persönlicher in letzter Analyse dennoch nie voll reflektiert und in Begriffe gefaßt werden, weil sich in ihm das uneinholbar Eigene des unverwechselbar einzelnen, also die menschliche Persönlichkeit schlechthin ausdrückt. Es geht hier also um jene Individualität, die im notwendigerweise verallgemeinernden Begriff nie voll faßbar ist. „Individuum est ineffabile“, d.h., das ganz persönlich Individuelle des Menschen kann, ganz anders als ein letztlich beliebig auswechselbares Teil einer Maschine, nicht eigentlich ausgesagt, sondern nur bekannt und getan werden, meint daher mit Recht ein alter scholastischer Merkspruch.

Der Ethik ist daher, anders als anderen wissenschaftlichen Reflexionen, ihr eigentliches interessierendes Forschungsobjekt direkt gar nicht zugänglich; sie kann es nur sozusagen umkreisend beleuchten und in mehrfacher Hinsicht klären: Nie aber kann sie es definitorisch fassen, und noch weniger darf sie es zu bestimmen suchen: Würde sie nämlich den freien persönlichen Entscheid bestimmend festlegen, dann wäre dieser in seinem innersten Kern getroffen und zerstört. Aus dem Entscheid wäre eine Zwangshandlung geworden, und die Ethik als Reflexion über das theonom-autonome Entscheiden des Menschen im Sinn einer endzielbezogenen Selbstverwirklichung hätte sich damit selbst aufgehoben in die Dimension eines Steuerprogrammes für einen allenfalls hochkomplexen Rechenautomaten. Die Würde gerade auch einer christlichen Ethik als Moraltheologie besteht also darin, daß sie das Umfeld der sittlichen Entscheidungen zu erhellen versucht und – anders als gewisse fast rezeptartige kasuistische Versuche der Vergangenheit mit präzisen Einzelanweisungen für jede denkbare Variante – in einer Dienstfunktion der Klärung und Ermunterung verbleibt. Hinsichtlich des eigentlichen ethischen Vollzugs in der personal verantworteten Entscheidung bleibt sie somit eine „Hilfswissenschaft".

Dies hindert freilich in keiner Weise, daß sie in ihrem methodologischen Vorgehen den Ansprüchen etwa einer exakten Werturteilslogik für die normativen Rahmenbedingungen menschlichen Handelns oder den humanwissenschaftlichen Erkenntnissen für das genauere Verständnis der menschlichen Verantwortungsfähigkeit genauso genügen muß wie andere geisteswissenschaftliche Überlegungen. Solche wissenschaftliche Sorgfalt ist im Gegenteil Voraussetzung dafür, daß sie jene Hilfestellung beibringen kann, die Entscheidungsträger im privaten wie im öffentlichen Bereich von ihr erwarten dürfen. Eine solche wissenschaftliche Methode zusammen mit einem klaren Bewußtsein der Grenzen der ethischen Überlegung verhindern dann gleichzeitig, daß Ethik als ein bevormundender Versuch zu ideologischer Beherrschung von Menschen empfunden wird, statt daß ihre Weisung als Entscheidungshilfe gesucht würde.[71]

Grundsätzlich kann diese ethische Reflexion über die den personalen Entscheid bedingenden Momente verschiedene Ansatzpunkte für ihren Einstieg wählen. Sie kann, wie es etwa den klassischen Moralhandbüchern entspricht oder wie es einigen von der Philosophie der metaethischen Analysen herausgeforderten, neueren Versuchen ebenfalls vordringlich schien, bei der Normfindungsproblematik einsetzen[72] und versuchen, vorliegende Verhaltensmaximen in einer

[71] Wenn in der neuesten Zeit in vielfachen öffentlichen Belangen wie Tierversuche, In-Vitro-Fertilisation, Verteidigungsfragen u.ä. gerade auch im deutschen Sprachgebiet christliche Ethiker als Berater beigezogen wurden, so dürfte dies wesentlich eben dieser wissenschaftlich sauberen, der eigenen Grenzen bewußten Vorgehensweise zu verdanken sein.

[72] So etwa als „Typ" des klassischen Handbuchs: H. Noldin, Summa theologiae moralis, Innsbruck 1902, Bd. 1: De principiis (also der „Fundamentalmoral"), wo nach dem bewährten Schema zuerst das Wesen des menschlichen Aktes, dann die Natur der Gesetze und erst dann das Gewissen zur Sprache kommt, und zwar erst noch so, daß in den folgenden zwei Bänden über die (dekalogischen) Gebote und die Sakramente als aus dem Glaubensvollzug lebensprägende Momente nur noch das normative

teleologisch-kritischen Reflexion auf ihre prinzipielle Gültigkeit hin zu untersuchen und daraus ethische Richtlinien systematisch zu erarbeiten. Dabei wird sie dann allerdings feststellen, daß auch noch so gute, an solider gesellschaftlicher Erfahrung kritisch verifizierte und keinesfalls bloß autoritär übernommene Normen nie mehr sind als bestenfalls von der sittlichen Zielsetzung her als verbindlich erkannte, wegweisende Richtlinien, die dann immer noch als hier und jetzt und eben darum für mein aktuelles Entscheiden bedeutsame Weisung in persönlicher Verantwortung, d.h. im Gewissen angenommen werden müssen, um überhaupt wirksam werden zu können.

Man kann aber auch – und dieser Einstieg soll hier gewählt werden – mit der Analyse dieses Gewissens als der persönlichen sittlichen Fähigkeit des Menschen zur Übernahme eigener Verantwortung für sein Entscheiden und Handeln einsetzen, um dann freilich zu merken, daß dieses Gewissen in den vielen Entscheidungsansprüchen auch des ganz alltäglichen Lebens völlig überlastet wäre und deshalb auf richtungweisende Normen als Hilfestellung für die Bewältigung der normalen Verhaltensentscheide angewiesen ist, während eine „Moral ohne Norm" eine unerträgliche Überforderung der psychischen Leistungsfähigkeit menschlicher Verantwortung darstellen müßte. Dennoch stellt eine besonders mobile Epoche wie die derzeitige mit ihren raschen Entwicklungen in allen gesellschaftlichen und technischen Bereichen auch eine besondere Herausforderung an das Gewissen als sittliche Verantwortungsfähigkeit dar, weil man sich für völlig neue Entscheidungsbelange nur mehr sehr bedingt auf frühere, unter Umständen sogar über Jahrhunderte bewährte Verhaltensregeln verlassen kann.[73] Daher kann man bestehende Normsysteme nur kritisch übernehmen und muß oft „gewissenhaft" auch nach neuen Richtlinien Ausschau

Moment zur Sprache kommt. – Für die neueren schwergewichtig die normative Sicht betonenden Ansätze sei verwiesen auf F. Böckle, Fundamentalmoral, München 1977, der ausdrücklich auf ein Kapitel über das Gewissen verzichten will (Vorwort, 12) oder auf A. Hertz u. a. (Hrsg.), Handbuch der christlichen Ethik, Freiburg i. Br. 1978, wo erst nach einiger Kritik im Ergänzungsband 3 (Freiburg i. Br. 1982) das Gewissen ausdrücklich thematisiert wird.

[73] Man denke etwa an die normativen Unterschiede hinsichtlich Sexualität und Fortpflanzung des Menschen in einer vom Aussterben oder aber von der Überbevölkerung bedrohten Volksgruppe.

halten. Von solchen epochalen Bedürfnissen her scheint es somit angezeigt, die weiteren Überlegungen mit einer theologischen Betrachtung über das Gewissensphänomen zu beginnen.[74]

2. *Das Gewissensphänomen im Spiegel des allgemeinen Sprachgebrauchs*

Deutlicher wohl noch als in anderen Sprachen drückt sich die existenzielle Verantwortungserfahrung im Deutschen mit dem Wort „Gewissen“ aus, das sich zunächst vom bedeutungsähnlichen Begriff „Bewußtsein“ abhebt. Während nämlich „Bewußtsein“ die begleitend überprüfende Möglichkeit des Menschen zur Selbstbeobachtung seines Erkennens und Tuns bezeichnet, spezifiziert „Gewissen“ diese Fähigkeit hinsichtlich einer stets in den freien menschlichen Handlungsvollzügen mitlaufenden Vergleichs- und Richtkapazität bezüglich der als erstrebenswert erachteten Grundwerte und Zielsetzungen. Gewissen meint also wesentlich menschliches Selbstbewußtsein unter ethischer Rücksicht und umschreibt damit jene spezifisch menschliche Eigenheit, für sein eigenes Tun und Lassen vor sich selbst, aber auch vor seinen Mitmenschen wie vor seinem letzten göttlichen Urgrund Verantwortung übernehmen bzw. seine Handlungsentscheide entsprechend ausgerichtet fällen zu können.[75]

Damit spiegelt aber der Sprachgebrauch selbst schon den Tatbestand der ethischen Grundbefindlichkeit des Menschen, und es dürfte sich daher empfehlen, sich auch für ein weiter differenzierendes Verständnis des Gewissens als eines Schlüsselbegriffs der sittlichen Selbsterfahrung des Menschen auf eine Analyse seiner um-

[74] Dieser Ansatz (vgl. dazu auch F. Furger, Anspruch Christi und Handeln des Menschen, Freiburg i. d. Schweiz 1972) weiß sich damit vor allem der transzendentalphilosophischen bzw. der dazu gehörenden existentialethischen Sicht K. Rahners verpflichtet und möchte so auch die der phänomenologischen Wert- und Existenzphilosophie bedeutsamen Einsichten für die Ethik einbringen. Vgl. dazu K. Rahner, Über die Fragen einer formalen Existentialethik, Schriften II, Einsiedeln 1955, 227–246, sowie ders., Das Dynamische in der Kirche, Freiburg i. Br. 1958; sodann D. v. Hildebrand, Christliche Ethik, Düsseldorf 1959 (engl. 1952).

[75] Für die Entwicklung des Gewissensbegriffs in der abendländischen Geistesgeschichte vgl. H. Reiner, Gewissen: Hist. Wörterbuch der Phil., Bd. 3, Basel 1974, 574–592.

gangssprachlichen Verwendung zu stützen. Dabei fällt zunächst auf, daß der Gewissensbegriff trotz Abhebung von demjenigen des Bewußtsein keineswegs eindeutig gebraucht wird. Vielmehr lassen sich leicht drei unterschiedliche Bedeutungskreise ausmachen.

Spontan denken die meisten Menschen bei der Nennung des Wortes „Gewissen" zunächst an das sog. „gute" oder „schlechte Gewissen", das rückblickend einen erfolgten Entscheid und die damit bewirkte Tat dahingehend beurteilt, ob sie entsprechend der nach bestem Wissen und Gewissen erkannten sittlichen Zielbezogenheit gefällt wurde oder ob sich der Mensch aus Trotz dieser ethischen Dynamik verschloß. Dabei löst ein solches schuldiges Sich-Verschließen dann jene beschämende Erfahrung von „Gewissensbissen"[76] aus, die wir eben als schlechtes Gewissen umschreiben. Neben dieser aus einer zwar schließlich irgendwie verdrängbaren, aber existenziell besonders deutlichen Erfahrung eines rückblikkend erfolgte Taten und Entscheide *beurteilenden Gewissens* pflegen wir aber auch die *Fähigkeit* zu solcher Beurteilung in bezug auf sittliche Verantwortlichkeit als solche als Gewissen zu bezeichnen, etwa dort, wo von „verminderter Zurechnungsfähigkeit", aber auch und vor allem, wo von Gewissensbildung u. ä. die Rede ist. Hier geht es um jene sittliche Anlage des Menschen, die sowohl als reine Potentialität vorausgesetzt werden muß, um sinnvollerweise von einer Entfaltung des Menschen zu einer voll verantwortlichen Persönlichkeit reden zu können, wie um dieses zwar schon irgendwie ausgebildete sittliche Urteilsvermögen, das jedoch stets noch der weiteren Entfaltung und Verfeinerung bedarf, bzw. um das, was die mittelalterlichen Theologen gerne als „Seelenfünklein" *(scintilla animae)*, das sich zur vollen Flamme entwickeln sollte, oder als „Urgewissen"[77] bezeichneten. Daß dann die als Hör- und Gehorchfähigkeit, als *potentia oboedientialis* den im biblischen Sinn religiösen Menschen auszeichnende Eigenschaft[78] ebenfalls diese

[76] In diesem Sinn redeten übrigens schon die mittelalterlichen Theologen vom schlechten Gewissen als einer *conscientia mordens*.

[77] Der dafür in der Scholastik verwendete Ausdruck *synderese* (oder „Synterese") entspringt zwar wohl einem Transkriptionsfehler aus griechischen Manuskripten (vgl. R. Leiber, Name und Begriff der Synderese, in: Phil. Jb 25 [1925], 372–392), hebt aber dennoch diese Gewissensdimension ab von der eigentlichen Entscheidungstat, für die dann das Wort *conscientia* als Akt vorbehalten blieb.

[78] Vgl. dazu Dtn 6, 4 „Höre, Israel!" als besonders eindrückliche, aber für das alttestamentliche Verständnis typische Aussage.

Bedeutungsdimension anspricht, versteht sich. Dies gilt auch dann, wenn gerade in diesem Bild die Gefahr der falschen Stimme, etwa eines bloß herrschsüchtigen Über-Ich, durchaus zu sehen ist; nur wurde diese Gefahr schon längst vor den modernen tiefenpsychologischen Einsichten (etwa in der Theorie von der sog. „Unterscheidung der Geister“[79] als notwendiges Bildungselement des Gewissens) erkannt und bekämpft. Natürlich kann in einem solchen Bildungsbemühen des Gewissens als der existenziellen Anlage für Sittlichkeit kaum mehr das rückblickend beurteilende Gewissen mit seinen stets beschränkten und nur sehr bedingt auf Zukunft hin umlegbaren Erfahrungen im Einzelfall im Mittelpunkt des Interesses stehen. Vielmehr geht es nun um die prospektiv zielstrebige Ausrichtung des frei „gestaltbaren“ Tatvollzugs auf die als sittlich richtig erkannten Ideale.

Schließlich verwenden wir aber den Ausdruck „Gewissen“ auch direkt für die aus dieser Befähigung heraus in freier Verantwortlichkeit gefällte Entscheidung und Tat, so vor allem, wenn wir im eigentlichen Sinn von persönlichem *Gewissensentscheid* reden und für diesen, wenigstens sofern er nicht die Interessen Dritter oder der Gemeinschaft als Ganzer stört, auch verfassungsmäßig und rechtsstaatlich einen Schutz der Gewissensfreiheit fordern. – Dieses Ergebnis einer ersten Analyse der spontanen Rede- und Ausdrucksweise ist jedoch nicht etwa willkürlich, sondern der sprachliche Spiegel des menschlichen Entscheidungsvollzugs. Daß es aber auch aus christlicher Sicht alles andere als irrelevant ist, zeigt ein Blick in den Sprachgebrauch der biblischen Schriften.

3. Biblische Aussagen über das Gewissen

Zwar ist der Gewissensbegriff selbst dem semitischen Denken und damit der hebräischen Sprache fremd. Entsprechend findet er sich in der griechischen Form von „Syneidesis“ außer einer einzigen Verwendung im alttestamentlichen, ursprünglich griechisch verfaßten Buch der Weisheit (17, 10) nur noch im Bereich der ebenfalls die hellenistischen, vor allem stoisch-ethischen Denkkategorien aufgreifenden paulinischen Theologie. Hier thematisiert der in den christlichen Glaubenshorizont und seine sittlichen Ansprüche übernommene Gewissensbegriff die genannte, menschliches Handeln

[79] Näheres dazu vgl. unten Abschnitt C. III, 5.

begleitend überprüfende, sittliche Fähigkeit des Menschen. Der Sache nach aber lassen sich allerdings in der bildhafteren Ausdrucksweise von „Herz“*(lev)*, aber auch „Geist“ *(ruah)*, „Seele“ *(nefes)* oder „Nieren“ *(kelajot)* die mit Gewissen umschriebenen Tatbestände durchgehend und leicht finden.[80] So erbittet etwa der Reuepsalm nach dem Eingeständnis eigener Schuld sich ein reines Herz und einen beständigen Geist (Ps 51, 12), und der aus gutem Gewissen vor Gott tretende Beter anerbietet Gott „Herz und Nieren“ zur Überprüfung auf ihre Rechtschaffenheit (Ps 26, 2). Aber auch schon das Schamverhalten von Adam und Eva nach dem Sündenfall bzw. Kains Flucht vor Gott nach der Ermordung seines Bruders Abel (Gen 3, 4ff. bzw. 4, 9ff.) deutet auf ein klares Verständnis des Phänomens des beurteilenden Gewissens, das sich übrigens nicht weniger im Neuen Tesament anmeldet, etwa in der Reue des Petrus nach der Verleugnung bzw. in der Verzweiflung des Judas nach dem Verrat Jesu (Mt 26, 74 bzw. 27, 3f.).

Darüber hinaus bezeichnen aber gerade diese Bildworte auch das Gewissen als sittliche Anlage des Menschen. Zur Sprache kommt diese Bedeutung einmal in der genannten, geradezu die Grundhaltung des frommen Israeliten ausmachenden Hörbereitschaft auf Jahwe und seine Gebote, dann aber auch neutestamentlich (hier wiederum unter dem Stichwort „Herz“) als jene existenzielle sittliche Mitte, aus der alles Böse erst seinen Anfang nimmt (Mt 15, 19) und von wo alles Tun seine innere Ausrichtung von den letzten Idealen und Zielsetzungen her erhält.[81] Vor allem aber findet sich die zentrale Bedeutungsdimension von Gewissen als persönlichem Entscheidungsakt in den zahlreichen Berufungsberichten der alttestamentlichen Propheten wie der persönlich in die Nachfolge geholten Jünger Jesu. Dabei fällt besonders auf, wie sehr diese Berufungen je nach dem Charakter der angesprochenen Person und den konkreten Umständen eine deutliche Eigenprägung aufweisen und sich – was für ein originär christliches Gewissensverständnis von kaum zu unterschätzender Bedeutung sein dürfte – keinesfalls in ein einheit-

[80] Dies ist so sehr der Fall, daß vor allem das urtextliche „Herz“ in Übersetzungen, so z.B. in der Zürcher Bibel (1955) oder der Einheitsübersetzung (Stuttgart 1974), gelegentlich sogar direkt mit „Gewissen“ wiedergegeben wird (vgl. etwa 1 Sam 24, 6 oder 2 Sam 24, 10).

[81] Vgl. Mt 6, 21: „Wo dein Schatz ist, da wird auch dein Herz sein“; aber auch die Stellen: „Wer Ohren hat, der höre“ (Mt 11, 15 par.), scheinen auf diese Gewissensdimension hinzudeuten.

liches Schema pressen lassen. So unterscheidet sich etwa die durchweg harmonische Berufung des hilfsbereiten jungen Samuel (1 Sam 3) stark von derjenigen des von Hemmungen über seine Würdigkeit geplagten Jesaja (Jes 6) oder gar von denjenigen der in Anbetracht der zu erwartenden Schwierigkeiten widerstrebenden Jeremia (Jer 1, 4–10) und Jona (Jon 1 u. 2). Aber auch der neutestamentliche Umkehrruf Jesu findet sein je persönliches Echo, anders bei den ersten Jüngern am See Genezareth als beim Zöllner Levi (Lk 5, 1–11 u. 27 bis 32), anders bei der Sünderin (Lk 7, 36–50) als bei Nikodemus (Joh 3, 1–13) oder bei Paulus (Apg 9, 1–22), wobei, wie das Beispiel des sittlich hochstehenden, aber reichen jungen Mannes zeigt, die Berufung keinesfalls immer eine zustimmende Antwort auszulösen braucht (Mt 19, 16–22).

Im ursprünglichen Sinn der griechisch-stoischen Wortbedeutung von Syneidesis–Gewissen, nämlich als eine das Handeln begleitende Selbstkontrolle, verwendet dagegen die paulinische Paränese den Begriff, nur daß sie das philosophisch-intellektuelle Gewicht dieser begleitenden Selbstüberprüfung zugunsten der evangelischen Liebesdynamik verschiebt. Nicht als ob diese Dynamik die menschlich-ethische Eigenerkenntnis aufheben würde, wohl aber gibt sie, wie etwa die von Paulus den Korinthern vorgeschlagene Lösung für den Umgang mit Götzenopferfleisch zeigt, eine eigene dynamische Ausrichtung: Obwohl vom befreienden christlichen Glauben her der Genuß solchen Fleisches bedenkenlos ist, sollte man aus Rücksicht auf die Schwächeren, also aus Liebe, dennoch darauf verzichten (1 Kor 8, 7ff.). Das heißt: Die Dynamik der Liebe vermittelt allen konkreten normativ-sittlichen Forderungen gegenüber die innere und damit den reinen Gesetzesbuchstaben auch relativierende Freiheit zu einer originellen und besseren Erfüllung der ursprünglichen Zielsetzung der gesetzlichen Regelung; denn „das Ziel aller Unterweisung ist Liebe aus reinem Herzen, gutem Gewissen und ungeheucheltem Glauben“ (1 Tim 1, 5). – Entsprechend wird für Augustinus das Gewissen dann der „Ort“, wo sich der Mensch als in all seinem Tun vor Gott Stehender erfährt und von wo aus er dann auch seine kühn verallgemeinernde Formel: „Liebe und dann tu, was du willst“, wagen kann.[82]

[82] Zu dieser gesamten interkulturellen Begegnung und Bereicherung der Sichten vgl. bes. H. Chadwick, Betrachtungen über das Gewissen in der griechischen, jüdischen und christlichen Tradition, Bonn 1974.

4. Die Gewissensfrage als Problem christlicher Ethik

Allerdings blieb in der nachfolgenden Entwicklung der christlichen Ethik dieses gesamtpersonale Moment eher im Hintergrund der Gewissensdebatte, auch wenn es unter dem Gesichtspunkt der Tugendlehre – und d. h. letztlich der Gewissensbildung – in der mittelalterlichen Hochscholastik einen wichtigen Stellenwert einnahm. Im Vordergrund stand vielmehr die persönliche Übernahme sittlicher Weisungen durch das Gewissen und deren sinngemäße Anwendung auf die konkrete Entscheidungssituation bzw. auf die einzelne Tat. Direkt vom Gewissen war damit für lange Zeit nur noch bei jenen Randphänomenen die Rede, wo sich entweder aus den vorliegenden Normen keine Entscheidungslösung aufdrängte und damit das Gewissen vor einem sog. *casus perplexus* im Zweifel blieb oder dann die Frage nach der sittlichen Verantwortlichkeit bei einem objektiv falschen Entscheid aus unschuldig irrendem Gewissen sich aufwarf.[83]

Während im ersten Fall über die sog. „Moralsysteme", also im Rahmen der normativen Ethik, nach einer Lösung gesucht wurde,[84] stand die Unbedingtheit der Gewissensverpflichtung auf Grund ihrer zwar bestmöglich überprüften, aber doch subjektiven Überzeugung in der Auseinandersetzung mit dem Gewissensirrtum immerhin wenigstens theoretisch weiter zur Debatte, auch wenn die geschlossene mittelalterliche Gesellschaft mit ihrer engen Verbindung von Kirche und Staat den praktischen Spielraum des Gewissensentscheids nur sehr schmal zuließ. So vertritt zwar schon Petrus Lombardus († 1160) die Ansicht, daß außer bei Androhung der Exkommunikation der Christ auch dann seinem Gewissen zu folgen habe, wenn die Kirche ihn zum Gegenteil verpflichte, was Thomas von Aquin nicht nur in seiner kleinen Schrift über die Wahrheit dem Sinn nach bejaht, sondern hierin sogar insofern von Petrus Lombardus abzuweichen scheint, als er dessen Einschränkung nicht einfach übernimmt.[85] Trotz solcher Differenzierungen dachte aber

[83] Vgl. dazu oben Abschnitt A. II, 3–6. – Dieses überwiegend normbezogene Gewissensverständnis wird auch vertreten von A. Laun, Das Gewissen, oberste Norm sittlichen Handelns, Innsbruck 1984.

[84] Näheres dazu vgl. oben Abschnitt A. III, 3.

[85] Vgl. dazu die Ausführungen von A. Sustar, Gewissensfreiheit, Zürich 1967, unter Verweis auf P. Lombardus, II Sent 2 d. 38, q. 2 a. 4, den Thomas dahingehend präzisiert, daß er zwar meint, man müsse auch dann seinem

offenbar niemand daran, die völlig gegenteilige Praxis der Inquisitionsgerichte in Frage zu stellen bzw. den dort Angeklagten guten Glauben, also ein unschuldig irrendes Gewissen zuzuerkennen, man denke dabei nur etwa an die für viele andere Fälle typische Mißachtung dieser Grundregel bei der Verurteilung der Jungfrau von Orléans zum Tod auf dem Scheiterhaufen im Jahr 1431, deren Gewissensentscheid eigentlich erst 1920 anläßlich ihrer Heiligsprechung die gebührende Achtung fand.

Dies bedeutet dann konkret, daß trotz der biblischen Ansätze die Gewissensproblematik in ihrer vollen personalen Tragweite erst mit der Neuzeit diskutiert zu werden begann, und zwar zunächst lange nur für den Bereich der Gewissensfreiheit hinsichtlich des religiösen Bekenntnisses und noch nicht auf einer allgemein ethischen Ebene.[86] Diese steht im vollen Sinn eigentlich erst mit den Ansätzen der autonomen Ethik der Aufklärung und vor allem der existenzphilosophischen Situationsethik bzw. mit der auf dem Wertgefühl, also nicht auf intellektueller Normerkenntnis aufbauenden Wertethik im Sinn Max Schelers († 1928) zur Debatte. Obwohl in der mittelalterlichen Ethik die Tugendlehre ganz allgemein und die mehr vom willentlichen Strebevermögen her denkenden Franziskanertheologen Ansätze zu einer Verbindung gerade mit wertethischen Ideen hätten bieten können, kam es von dieser Seite her nicht zu einem Neuaufbruch in der christlichen Ethik. Mittlerweile hat sich nun aber diese Debatte, wie es auch der allgemeine Sprachgebrauch andeutet, zu einem Gemeingut des ethischen Empfindens unserer Epoche entwickelt, mit dem sich gerade auch die christliche Ethik aktiv auseinandersetzen sollte.

Gewissen folgen, wenn ein Prälat das Gegenteil behaupte (vgl. dazu auch II Sent. d. 39, q. 3, a. 3 und Thomas, de Ver 17, 3 u. 4), sich aber trotz dieser Betonung der Gewissenspflicht, die ein Reden von Sünde verbietet, dann doch scheut, einfach von einer sittlich guten Tat zu sprechen. – Allgemein zur Debatte um das irrende Gewissen vgl. K. Golser, Gewissen und objektive Sittenordnung, Wien 1975, 37–77.

[86] Während in der reformatorischen Theologie die Forderungen nach der Gewissens- und Bekenntnisfreiheit im Sinn der meisten Verfassungen der modernen freiheitlichen Rechtsstaaten schon länger Anerkennung gefunden hatten, vollzog die katholische Kirche diese Anerkennung ausdrücklich erst im II. Vatikanischen Konzil mit ihrer Erklärung ›Dignitatis humanae‹ über die Religionsfreiheit im Jahr 1965, wobei allerdings die allgemeinethische Weiterführung in der gleichzeitigen Konstitution ›Gaudium et spes‹ über die Kirche in der Welt von heute ebenfalls anklingt (vgl. Nr. 26 u. 41).

Wenn die Moraltheologie aber diese Fragestellung kritisch aufgreift, dann tut sie dies nicht einfach aus der Verpflichtung, sich einer aktuellen ethischen Problematik nicht entziehen zu dürfen. Vielmehr greift sie bewußt und differenziert auf Einsichten zurück, die sich zwar weniger ausdrücklich, aber keineswegs bloß implizit schon in ihrer eigensten Urtradition finden. Denn wenn man die Hinweise in den biblischen Aussagen auf das im heutigen Sprachgebrauch mit Gewissen Gemeinte zusammennimmt und sie miteinander vergleicht, so ergibt sich, daß sich hier die gleiche existenzielle ethische Grunderfahrung des Menschen spiegelt, so freilich, daß ihre Verwiesenheit auf Gott als den den Menschen vorab über seinen menschgewordenen Sohn liebend ansprechenden und herausfordernden Schöpfer als zentrales Moment des Gewissens erscheint. Das heißt: Gewissen erweist sich christlich als jener Wesenszug des Menschen, der ihn als für Gottes An-Spruch so aufnahmefähig umschreibt, daß er in seinem personalen Entscheid sich zur antwortenden Tat herausgefordert erfährt.

Dabei erweist sich die Erfahrung des beurteilenden schlechten oder guten Gewissens trotz ihrer vordergründigen Gewichtigkeit als mahnender Anruf zu Umkehr bzw. als ermunternde Einladung zu durchhaltender Treue im Guten für die prospektive Entscheidungsfindung zwar als motivierend bedeutsam. Da sie aber zur Klärung der konkreten Entscheidungsinhalte nur insofern beitragen kann, als in der Vergangenheit gemachte sittliche Erfahrungen sich auf in all ihren Umständen weitgehend identische Situationen übertragen lassen und gerade dies in einer Zeit sehr rascher und oft epochaler Veränderungen[87] immer weniger zutrifft, ist dieser Beitrag zur Entscheidungsfindung eigentlich nur dort bedeutsam, wo sich der entsprechende Erfahrungsgehalt schon zu allgemein praktikablen Normen zu verdichten vermocht hat. Entsprechend wird die moraltheologische Reflexion sich auch eher im Zusammenhang der Normanalyse damit zu befassen haben und sich für die weitere Überlegung zum Gewissen darauf beschränken, dieses als sittliche, dynamisch personal zu bildende Anlage wie als personalen Entscheidungsakt genauer zu bedenken.

[87] Man denke etwa an die völlig neuen Herausforderungen, die unserer Zeit durch die Fortschritte in der Medizintechnik, der Gentechnologie, der Automatisierung von Arbeitsprozessen usw. erwachsen, für die frühere (gute oder schlechte) sittliche Erfahrungen kaum eine Entscheidungshilfe beizubringen vermögen.

II. Das Gewissen als sittliche Anlage

1. Die Gewissensanlage des Menschen in ihrer Entfaltung und Bildung

Wenn das Gewissen als sittliche Anlage bzw. als Fähigkeit zu Verantwortlichkeit im eigengestalterischen Handeln eine Wesensdimension des Menschen umschreibt und also etwas bezeichnet, das den Menschen schlechthin ausmacht (etwas, ohne das er folglich gar nicht mehr eigentlich Mensch ist), dann versteht es sich, daß diese Gewissensanlage auch den Werde- und Wachstumsprozessen der menschlichen Person unterworfen ist. Als sittliche Fähigkeit ist daher Gewissen keine feste Gegebenheit, sondern etwas, das wird und das zwar eigentlich zu differenzierter Entfaltung bestimmt ist, aber eben deshalb auch der Gefahr des Verkommens ausgesetzt bleibt. Dabei lassen sich für diese Entfaltungsprozesse vor allem zwei Stoßrichtungen unterscheiden, einmal einen zwar nicht determiniert vorgegebenen, aber doch mit der natürlichen Persönlichkeitsentwicklung vom Kind zum Erwachsenen verbundenen sowie denjenigen der je eigenpersönlichen sittlichen Charakterausprägung.

Hinsichtlich der Entwicklung des Menschen vom Kind zum Jugendlichen und von da zur erwachsenen Person lassen sich so mehrere, zwar an den Übergängen fließende, aber in sich doch relativ geschlossene Stadien mit deutlich ausgeprägten Eigenheiten unterscheiden. Dabei heben sich unter ethischem Aspekt vor allem die folgenden drei Etappen als typische Stufen voneinander ab: Ein „Harmoniegewissen" charakterisiert dabei die sittliche Stufe der frühen Kindheit, auf die das „Autoritätsgewissen" des Kindes im Schulalter folgt, das seinerseits mit der Pubertät von einem zunehmend persönlichen, eigenständigen Gewissen abgelöst wird. Mit diesen Etappen wird ein echter Weg zu einer Verselbständigung im persönlich verantwortlichen Entscheiden und Handeln des Menschen durchschritten, der von einer „präkonventionellen" Stufe der Strafvermeidung und Harmonieerhaltung im Verhältnis vorab zu den für die eigene Existenzsicherung unerläßlichen elterlichen Bezugspersonen (bzw. der bestmöglichen Befriedigung der eigenen Bedürfnisse und Interessen durch angepaßtes Verhalten) auf eine „konventionelle" Stufe führt, wo Gehorsam und Treue gegenüber den von einer anerkannten Autoritätsperson vertretenen und geforderten Idealen (bzw. gegenüber von in einem bestimmten sozialen System vorgegebenen normativen Strukturen) verlangt ist, um dann in eine „postkonventionelle“ Stufe zu münden, wo prinzipienorientiert soziale Gültigkeit in einem Rahmen von Billigkeit und Gerechtigkeit übernommen bzw. aus eigener Überzeugung anerkannt werden.[88]

Trotz dieser keinesfalls nur auf die kognitiven Fähigkeiten (und damit auf die Möglichkeit, über sittliches Verhalten sich begrifflich kritisch Rechenschaft geben zu können) beschränkten, sondern gesamtpersönlich zu verstehenden Entfaltung darf aber keinesfalls der sittliche Wert eines aus einem noch weniger entfalteten Gewissen gesetzten Entscheides geringer geschätzt werden. Sosehr nämlich eine der gesamten biologisch-physischen wie psychischen Persönlichkeitsentwicklung angemessene Entfaltung auch des Gewissens anzustreben ist, so sehr muß jeder Entscheid eines bestimmten Lebensalters jeweils doch als der dieser bestimmten Entwicklungsstufe angemessene sittliche Ausdruck der eigenen Persönlichkeit in ihrer gewollt bejahten bzw. trotzig zurückgewiesenen Treue zu anerkannten Zielsetzungen gelten. Entsprechend ist er dann auch sittlich ernst zu nehmen.[89]

[88] Diese Dreier-Einteilung lehnt sich an die entwicklungspsychologischen Erkenntnisse von J. Piaget, Das moralische Urteil beim Kind, Zürich 1954 (franz. 1932) an, wobei zugleich auch noch auf die durch eine Zweiteilung der einzelnen Stufen erreichte Verfeinerung und die gleichzeitige Betonung der sozialen Konvention bei L. Kohlberg, Zur kognitiven Entwicklung des Kindes, Frankfurt a. M. 1974, zu verweisen ist. Allgemein zur Problematik vgl. auch J. Eger, Durch Gewissensbildung zur Gewissensreife, Freiburg i. Br. 1969, sowie J. Hoffmann, Moralpädagogik I, Moraltheologische und moralpädagogische Grundlegung, Düsseldorf 1979, sowie (mit ausführlichen Literaturangaben) S. E. Müller, Personal-soziale Entfaltung des Gewissens im Jugendalter, Mainz 1984, A. J. Novak, Gewissen und Gewissensbildung heute, Wien 1978, sowie F. Oser und P. Gmünder, Der Mensch – Stufen seiner religiösen Entwicklung, Zürich 1984.

[89] In diesem Sinn sind denn auch die unter der starken Hervorhebung des intellektuell-kognitiven Moments geäußerten Ansichten, daß wohl nur etwa ein gutes Drittel der Menschen die im Sinn Kohlbergs postkonventionelle Stufe (nämlich etwa 30% diejenige der im Rahmen sozialer Billigkeiten anerkannten allgemein geltenden Maximen und schließlich sogar nur um 6% diejenige der personal anerkannten Prinzipien) erreiche, mit Vorsicht zu übernehmen; denn sosehr dies für den ethischen kritischen Diskurs in der begrifflichen Reflexion und damit für die intellektuell geprägte Kommunikation zur Gewissensbildung zutreffen mag, sowenig dürfte es für den gesamtpersonalen sittlichen Standort existenzieller ethischer Überzeugungen zutreffen.

So ist etwa das kleinkindliche Bemühen, seinen Eltern gegenüber hilfreich und brav zu sein oder trotzig Harmonie zu zerstören, ethisch eine durchaus ernst zu nehmende Haltung, die im Rahmen der kindlichen, also beschränkten Urteilsmöglichkeit seine Persönlichkeit verwirklichen und ausdrücken soll. Sie bloß als eine Art vorpersönliche Reaktion zu qualifizieren bedeutet daher eine unangemessene Geringschätzung der kindlichen Persönlichkeit,[90] die so erst noch dem Aufbau der angemessenen Weiterentwicklung des Gewissens entsprechend der größeren Differenzierung und Ausweitung des Entscheidungs- und Handlungsrahmens des heranwachsenden Menschen im Weg steht. Denn erst wo der noch sehr junge Mensch sich in seinem zwar noch anfanghaften und inhaltlich wenig differenzierten Verhalten als ernst- und angenommen erfährt, vermag sich sein Gewissen als sittliche Fähigkeit gesund zu entfalten. Dies gilt auch dann, wenn objektiv aus einer hilfsbereiten Tat Schaden entstehen sollte oder eine Trotzhandlung unter Umständen nur ganz wenig zerstört. Von solchen Erfahrungen aus ist es dann auch möglich, Anweisungen und Wertungen von anerkannten Mitmenschen als verbindlich anzunehmen, selbst dann, wenn die inneren Zusammenhänge noch nicht voll eingesehen werden können. „Weil der Vater es sagt“ oder „weil der Lehrer es will“ genügt auf dieser Entwicklungsstufe dann als Argument, um ein bestimmtes Tun als verbindlich anzuerkennen und gegebenenfalls einen begeisterten Einsatz zu wagen oder sich trotzig zu verschließen. Zunehmend wird diese Autorität zudem breiter abgestützt und auch weniger auf eine oder wenige Personen bezogen. Das soziale Umfeld, vorab die Gruppe Gleichaltriger beginnt als gewissensbildender Faktor Einfluß zu gewinnen und unter Umständen sogar einen erheblichen Anpassungsdruck auszuüben, aber auch die Werte von Solidarität und Gemeinschaft als Anforderung wie als Gewinn spürbar zu machen.[91]

[90] In diesem Sinn ist auch die in der kasuistischen Moraltheologie häufig gemachte Voraussetzung, ein Kind unter sieben Jahren sei zu vollpersönlichen Akten noch nicht fähig, auch dann abzulehnen, wenn damit eine verfehlte Ausdehnung des Sündenbegriffs auf das Kind vermieden werden sollte.

[91] Für die Bedeutung der Gruppe in der Gewissensbildung vgl. die allerdings dieses Moment sehr exklusiv herausstellende Untersuchung von R. Bärenz, Das Gewissen – Sozialpsychologische Aspekte zu einem moraltheologischen Problem, Würzburg 1978.

Allerdings bringt dann die weitere Entwicklung notwendigerweise, und zwar zuerst für die Einzelpersonen als Autoritäten und später, was leider, obwohl nicht weniger unerläßlich, nicht immer so sicher erfolgt, auch für die Gruppenbestimmung als eine typisch von außen leitende Gewissensprägung eine existenzielle Infragestellung dieser Ordnung, indem zuerst die Autorität bzw. ihre Träger hinterfragt werden und der Jugendliche prüft, ob deren Autorität in einer persönlichen Stärke gründet oder nur formal durch soziale Stellung und Rang bedingt ist, um dann bald einmal nach begründeten Argumenten für die einzelnen als sittlich verpflichtend ausgegebenen Forderungen zu fragen. Dabei erweist sich das meist heftige und radikal kritische Fragen des Jugendlichen oft genug und entgegen allem Anschein in keiner Weise als ein grundsätzlicher Zweifel an sittlicher Verpflichtung und Verantwortung. Vielmehr geht es ganz im Gegenteil um ein eigentlich sittliches Anliegen, nämlich die Einübung einer eigenständigen ethischen Verantwortung bzw. um die Ausbildung eines voll personalen Gewissens, das kritisch seine Verpflichtungen auf ihren sittlichen Gehalt prüfen will.

Ebensowenig bedingt dieser Entwicklungsprozeß eine prinzipielle Infragestellung menschlicher Autorität, obwohl in Übergangsphasen gelegentlich dieser Eindruck entstehen kann. Nur muß der aus persönlicher Gewissensverantwortung handelnde Mensch, um die gerade in den so komplexen Entscheidungszusammenhängen der modernen Welt notwendige Verwiesenheit auf die sektoriell allein noch sachlich kompetenten Fachleute nicht unbesehen einfach übernehmen zu müssen, ein wirksames Autoritätsprüfungsgehabe einüben. Nur so kann er vermeiden, in letztlich sogar menschheitsgefährdender Weise ungenügend kontrolliert autoritätsabhängig zu werden bzw. eine angepaßte, belastende Entscheidungskonflikte minimierende und so weitgehend blinde Gehorsamsbereitschaft aufzubauen, die so nicht nur in totalitären, polizeistaatlich autoritären Regimes unter dem Druck der Angst zustande kommt, sondern auch in religiösen oder sozialen Gemeinschaften aus Beheimatungsbedürfnis mit entsprechendem Solidaritätsgefühl oder aus bloß bequemer Anpassung an soziale Prestigedimensionen entstehen kann.[92]

[92] So beriefen sich nicht nur die Schergen der nationalsozialistischen Konzentrationslager in späteren Prozessen immer wieder auf einen sog. „Befehlsnotstand“, sondern auch Mitglieder religiöser Sekten bzw. der sog. „Jugendreligionen“ zögern auf Geheiß eines Meisters u. U. nicht, auch ver-

Die der natürlichen Entwicklung des Menschen vom Kind zum Erwachsenen parallele Gewissensentwicklung vom kindlichen Harmoniegewissen über das Autoritätsgewissen zu der persönlich verantwortlichen Form ist somit nicht bloß ein normaler Entfaltungsvorgang der psychischen Entwicklung des Menschen, sondern ist trotz aller schmerzlichen Übergänge und manchem enttäuschend scheiternden Fehlversuch ein ethisch ungemein bedeutsamer Prozeß, der zudem der stützenden sozialen Begleitung bedarf. Denn wie alle menschlichen Entwicklungen folgt auch diejenige des Gewissens trotz ihrer inneren Notwendigkeit keinem automatischen Ablauf. Vielmehr geschieht sie in einem sozialen Prozeß der Gewissensbildung, an welchem direkte Kontaktpersonen wie Eltern, Lehrer, Freunde usw., aber auch das soziale Umfeld in erlebter Erfahrung wie in theoretischer Erarbeitung beteiligt und damit ethisch herausgefordert sind. Dabei erweist sich zwar das gesamte Lebensumfeld eines Menschen mit all seinen existenziellen zwischenmenschlichen Erfahrungen als gewissensbildend. Aber es sind dennoch einzelne Momente und Phasen, die sich dabei als besonders anspruchsvoll erweisen. So wird es etwa in der Phase des frühkindlichen Harmoniegewissens wesentlich darauf ankommen, daß die kleinkindliche Person für ihr Verhalten Stabilität und Sicherheit erfährt und nicht durch eine launenhafte Unausgeglichenheit bei den Bezugspersonen für das gleiche Verhalten einmal auf Verständnis und Toleranz, dann aber wieder auf Ablehnung stößt, und zwar so, daß dabei nicht so sehr die äußeren Folgen, also etwa ein unabsichtlich entstandener, unvorhersehbarer Schaden, sondern die eigentliche Grundabsicht den Ausschlag gibt. Vor allem aber wird es in der Übergangsphase vom Autoritäts- zum selbständigen persönlichen Gewissen immer wieder der verständnisvollen Begleitung be-

brecherische oder selbstzerstörerische Taten zu vollbringen. Man denke etwa an die Anschläge des Winterthurer Divine Light Zentrums in der ersten Hälfte der 1970er Jahre oder den Massensuizid der amerikanischen Volkstempel-Sekte von Jim Jones im Jahre 1978 im Urwald von Guayana (vgl. J. R. Gascard, Neue Jugendreligionen, Freiburg i. Br. 1984; R. Gerber und A. K. Vogel, Du mußt nur Deinen Kopf abgeben, Zürich 1984). Ebenso kann, wie die Experimente von S. Milgram (vgl. Das Milgram-Experiment – zur Gehorsamsbereitschaft gegenüber Autorität, Reinbek 1974) an der Yale Universität zeigten, schon eine konventionelle Gehorsamsbereitschaft sozialen Autoritätsträgern gegenüber zu völlig unkontrolliertem Verhalten Mitmenschen gegenüber verleiten.

dürfen, die Fragen und Zweifel des heranwachsenden Jugendlichen nicht als Angriff, sondern als Notwendigkeit aufnimmt, ihm einen eigenen Erfahrungsspielraum tolerant zuläßt und ihm dennoch die Rückversicherung des „sicheren Heimathafens" bietet.

Neben diesen sehr emotional-psychischen Voraussetzungen für eine gedeihliche Gewissensbildung sind es aber auch ethische Gewissensinhalte, die über das vollzogene Lebensvorbild gewonnen werden, oder eher durch intellektuelle Einsichten vermittelte normative Gehalte, welche eine bildende Kraft auf die sich entfaltende Gewissensanlage ausüben. So bietet ein mitmenschlich ausgewogenes Verhalten einer in sich fest stehenden Persönlichkeit ein konkretes Identifikationsmodell, das, weil es erstrebenswert erscheint, ohne besondere theoretische Erklärung und Begründung als Vorbild gewissensbildend wirkt, und zwar sowohl, wie noch genauer zu zeigen sein wird,[93] für einzelne Gewissensentscheide wie auch für die Formung des Gewissens als sittlicher Anlage selbst. Aber auch die über Normen vermittelte sittliche Erfahrung von in der Geschichte wie im aktuellen sozialen Umfeld vermittelten, geglückten Verhaltensweisen und Entscheidungsmodellen hat über die jeweiligen, einzelaktbezogenen Richtungsweisungen hinaus[94] einen grundlegend formativen Wert für die Gewissensanlage. Insofern aber gerade diese beiden gewissensbildenden Faktoren von mitmenschlichen Vorbildern wie von Normen in ihrer sittlich-menschlichkeitsaufbauenden Funktion alles andere als von vornherein gesichert sind – man denke nur etwa an den oft zweifelhaften, aber eben doch prägenden Einfluß, den das letztlich ohne große Rücksichten rein ichbezogene Verhalten von Staridolen über die Massenmedien auszuüben vermag oder an die Wirkung von meist wenig reflektierten sozialen Normen, welche materiellen Wohlstand oder Erfolg im Konkurrenzkampf als vorrangige Richtwerte im mitmenschlichen Verhalten vermitteln –, gilt es immer neu die ethische Aufmerksamkeit nicht nur auf die äußere Tatsache solcher wirksamen Bildungsmomente zu lenken, sondern sie auch hinsichtlich ihrer inhaltlichen Prägung zu hinterfragen. Denn ob ein stets gewissensbildendes soziales Umfeld in die Richtung solidarischer Mitmenschlichkeit wirkt oder eher einen Einzel- oder Gruppenegoismus fördert, hängt nicht unwesentlich von diesen eher indirekten, „klimatischen" Faktoren ab. Vergleiche zwischen fernöstlichem und

[93] Vgl. dazu ausführlich unten Abschnitt C. III, 5.
[94] Zur aktbezogenen Funktion sittlicher Normen vgl. unten Teil D.

europäisch-nordamerikanischem Sozialverhalten des einzelnen zeigen mit aller Deutlichkeit, wie entscheidend diese kulturell bedingten Prägungen sein können.

Schließlich aber muß bei aller unerläßlichen Bedeutsamkeit, die diesen von außen die Gewissensbildung beeinflussenden Momenten beim über eine lange Entwicklungszeit heranreifenden Menschen zukommt, das Gewicht vor allem auch auf die gewissensbildende Eigenleistung des Menschen gelegt werden, wie sie von ihm als einer erwachsenen (geistig eigengestalterisch freien) Persönlichkeit verlangt ist. Da dem Menschen weder eine Instinktsteuerung noch eine durch Verhaltenstraditionen in geschlossener Konstanz oder durch modisch-opportunistische Anpassung geprägte „Außenleitung", sondern nur eine aus eigener Einsicht und Willen aufgebaute „Innenleitung" angemessen sein kann, bleibt die selbstverantwortete Gewissensbildung als eine ausgewogene und ganzheitliche Identitätsfindung der eigenen Persönlichkeit und gegen alle Versuchung zur „Akedia" als einem bequemen Sich-Versagen gegenüber dieser Aufgabe eine eigentliche Lebensaufgabe.[95] Korrekturoffen gegen Abirrung und Erlahmung muß sich diese Existentialausrichtung je neu bestätigen, ausrichten und vertiefend bekräftigen, so daß ein persönlich gestaltetes, umsichtiges Verantwortungsbewußtsein den Gewissensgrund und damit eine Persönlichkeit ausmacht, die immer mehr in jene personale Dichte hineinwächst, die der Epheserbrief als das „volle Mannesalter nach dem Maß Christi" (vgl. Eph 4, 13), als das Ziel des Menschseins in Christus bezeichnet. Diese Persönlichkeitsbildung als eigene sittliche Aufgabe des Menschen genauer auszufalten war daher seit je ein besonderes Anliegen der Ethik, das schon bei den antiken griechischen Philosophen unter dem Stichwort der Tugendlehre aufgegriffen wurde und unter den besonderen Ansprüchen des christlichen Glaubens von der urkirchlichen Paränese weitergeführt auch die Moraltheologie immer wieder neu beschäftigt hat.

[95] Für die Unterscheidung von Außen- bzw. Innenleitung vgl. D. Riesman, Die einsame Masse, Reinbek 1958 (engl. 1950), vorab das 1. Kapitel „Charakter", während die Gesichtspunkte von Selbstverwirklichung und Identitätsfindung des Menschen im sozialen Kontext besonders herausgearbeitet sind in der die Erkenntnisse der Humanwissenschaften „glaubensethisch" allerdings wenig berücksichtigenden Einführung zu einer „konkreten Moraltheologie" von B. Stoeckle, Handeln aus dem Glauben, Freiburg i. Br. 1977.

2. *Die Tugenden als Gestaltungselemente des Gewissens*

Zwar hat das Wort „Tugend“ im heutigen Sprachgebrauch keinen besonders guten Klang und bezeichnet mehr oder weniger eine angepaßte, eher etwas weltfremde Bravheit als eine für die Auseinandersetzung mit der modernen Zeit besonders befähigende personale Eigenschaft. Dennoch meint, wie der lateinische Begriff *vir-tus* es noch andeutet, Tugend gerade dies, nämlich einen den Mann *(vir)* bzw. den Menschen im vollen Sinn wesentlich auszeichnenden, fest mit ihm verbundenen Charakterzug.[96] Tugend meint so mehr als eine angeborene Begabung, die als Talent, obwohl natürlich ebenfalls ausbildungsbedürftig, einem doch „in die Wiege gelegt“ ist und so zu einer besonderen Leistung auf sportlichem, künstlerischem oder auch intellektuellem Gebiet befähigt. Sie meint jedoch auch mehr als eine unter Umständen sogar aus einer solchen herausragenden Begabung entwickelte Fertigkeit, die dann aber, wie etwa eine besondere Geschicklichkeit und Fingerfertigkeit, ebenso zum Guten gebraucht wie zerstörerisch mißbraucht werden kann. Tugend hat ihre Bedeutung somit nicht auf der Ebene der Machbarkeit und der funktionalen Optimierung technischer Abläufe, sondern bezieht sich auf die Zielsetzungen des menschlichen Verhaltens, indem sie den gesamten Lebensvollzug von einer inneren Haltung her auf die konkrete Verwirklichung des sittlich Guten ausrichtet. Insofern ist es verständlich, daß in einer Epoche, der, wie im technologischen Optimismus der letzten Jahrzehnte, alle menschlichen Belange grundsätzlich als technisch organisierbar und machbar erscheinen, eine ethische Tugendlehre eher fremd erscheinen muß und das Schwergewicht auf die Ausbildung von Fertigkeiten gelegt wird, während dort, wo diese Verkürzung ihre zerstörerischen Folgen in Umwelt und Gesellschaft zu zeitigen und die Notwendigkeit von „Grenzen des Wachstums“[97] erneut bewußt zu werden beginnt, der Ruf nach der Pflege von entsprechenden sittlichen Haltungen wieder deutlich hörbar wird[98].

[96] Mit „Charakter“, von griech. *charassein* = eingraben, einkratzen, bezeichnet die Sprache daher gerade solche persönlichkeitsprägenden Eigenschaften.

[97] Vgl. dazu als eine Art Signal der Wende den „Bericht des Club of Rome zur Lage der Menschheit“: D. Meadows (Hrsg.), Grenzen des Wachstums, New York–Stuttgart 1972.

[98] So ausdrücklich von dieser Wende her denkend: D. Mieth, Die neuen Tugenden – ein ethischer Entwurf, Düsseldorf 1984 (mit ausführlicher Lite-

Besonders differenziert entfaltet war die Tugendethik allerdings vor allem in der aus Ansätzen der antiken Philosophenschulen systematisch weiterentwickelten mittelalterlichen Moraltheologie, auf deren Strukturen man daher, freilich unter Berücksichtigung von zeitbedingten Ausprägungen,[99] auch für heutige Überlegungen einer im vollmenschlichen Sinn sittlichen Gewissensbildung mit Nutzen zurückgreift. Denn anders als ihre altgriechischen Quellen bei Plato († 348 v. Chr.) und Aristoteles († 322 v. Chr.), aber im Sinn der ja auch den frühchristlichen Schriftstellern vertrauten, menschlich besonders hochstehenden stoischen Tradition, vorab des Seneca († 65), ging es den mittelalterlichen Ethikern weniger um das Herausstellen einzelner, vor allem für das gedeihliche Zusammenleben in der griechischen Polis wichtiger Grundhaltungen, wie etwa Gerechtigkeit nach innen und Tapferkeit nach außen, als um deren Synthese zu einer vollen menschlichen Persönlichkeit im Sinn der christlichen Heilsbotschaft. Ausgangspunkt und letztes Richtziel für die existenzielle Grundhaltung eines sich von dieser Botschaft in die ganzheitliche Nachfolge gerufen wissenden Menschen sind daher die drei sog. „theologalen“ Tugenden von Glaube, Hoffnung und Liebe, die ebenso die vertrauensvolle Bereitschaft zur Hingabe der eigenen Existenz als Glaube umschreiben wie sie als Hoffnung die Sicherheit um deren endzeitliche Erfüllung ausdrücken. Deren schon wirklicher, aber in eine sich steigernde Dynamik gestellter Ansatz ist dann die vom Evangelium immer neu geforderte Haltung umfassender Gottes- und Nächstenliebe, die daher nicht nur als das Maß der christlichen Sittlichkeit schlechthin zu gelten hat,[100] sondern auch als die „Form“ aller übrigen existenziell das menschliche Erkennen und Verhalten prägenden Tugenden bezeichnet werden muß, eine Form, ohne die alle übrigen Qualitäten doch nichts anderes wären als „dröhnendes Erz und klingende Schelle“ (1 Kor 13, 1).

Obwohl diese vom Glauben bedingte Prägung des Menschen zu-

raturangabe). Unter früheren Ansätzen vgl. H. Klomps, Tugenden des modernen Menschen, Augsburg 1969, sowie als Aufarbeitung der mittelalterlichen Tradition J. Pieper, Das Viergespann Klugheit, Gerechtigkeit, Tapferkeit, Maß, München 1964.

99 Vgl. dazu neben D. Mieth a. a. O. vor allem die Übersicht von M. Ossowska, Gesellschaft und Moral – Die historische und soziale Bedingtheit sittlicher Grundhaltungen, Düsseldorf 1972.

100 Vgl. oben Abschnitt A. III, 2.

erst und wesentlich Gottes Gnadengeschenk und damit auch der Ermöglichungsgrund für den Aufbau einer sittlichen Existenz ist, erfolgt dieser doch nicht ohne oder gegen das aktiv zustimmende Wollen des Menschen, der sich konkret von der alles durchwirkenden Liebe „formen“ läßt, wobei als Hauptdimensionen dieser konkreten „Einformung“ die schon in der Antike herausgestellten sog. Kardinal[101]-Tugenden von Tapferkeit, Gerechtigkeit, Maß und Klugheit genannt werden. Obwohl in dieser konkreten Ausfaltung an sich wie vor allem in ihrer näheren Beschreibung zeitbedingte Momente mitschwingen, sind damit dennoch zeitlose, gerade für die Bewältigung heute vordringlich anstehender Menschheitsprobleme unerläßliche Grundhaltungen angesprochen. Dies gilt für die Bewältigung der aus der Maßlosigkeit eines unbeschränkten technischen Machbarkeitswahns entstandenen ökologischen Problematik so gut wie für eine angesichts des Ungleichgewichts in der Ressourcenverteilung im sog. „Nord-Süd-Gefälle“ dringend nötige Gerechtigkeitshaltung, die in weltweiter Solidarität wirklich bereit ist, „jedem das Seine zukommen zu lassen“[102]. Daß dies angesichts der von diesen beiden Haltungen notwendigerweise betroffenen Sonderinteressen und Privilegien ein mutiges Durchstehvermögen in innerer Konsequenz im Sinn einer allerdings nun nicht mehr wehrhaften Tüchtigkeit, sondern vor allem einer als Zivilcourage zu verstehenden Tapferkeit fordert, muß dann kaum eigens erwähnt werden.

Vor allem aber verdient die der Klugheit hinsichtlich der Gewissensbildung zugemessene Bedeutung weiterhin Beachtung. Denn einmal wird sie hinsichtlich aller andern Tugenden als deren „Wagenlenker“ bezeichnet, also als eine Eigenschaft, dank der alle Fähigkeiten des Menschen auf ein Ziel hin gebündelt werden. Klugheit ist somit jene Tugend, die das eigentliche Ziel des Menschseins in der Vielfalt der konkreten Wirklichkeit zu erkennen wie als Anerkanntes festzuhalten vermag, was sie als sittliche Qualität sowohl der intellektuellen wie der willentlichen Dimension des Menschen ausweist. Für Erkennen und Streben soll sie die Zielrichtung fest- und durchhalten, weshalb sie auch als feinfühliges Unterscheidungsvermögen *(discretio)*, wie als gerichtete Vernunft *(ratio recta)* be-

[101] Von lat. *cardo* = der Türzapfen, um den sich wie die Drehtür alles weitere dreht.

[102] So die noch immer beste Definition von Gerechtigkeit durch den spätrömischen Juristen Ulpian († 228).

zeichnet wird. Dabei ist man sich jedoch bewußt, daß eine solche alles Sittliche dynamisch koordinierende Haltung zwar durchaus der wachsamen persönlich gewollten Einübung bedarf, aber in ihrer Feinfühligkeit und Treue zugleich auch als Gabe des Geistes Gottes zu gelten hat. Deshalb wird sie denn auch als ebenso erworbene wie eingegossene Tugend bezeichnet.[103] Unter diesem Aspekt erweist sich dann Gewissensbildung im christlich-ethischen Sinn stets als ein dem Menschen zwar sittlich aufgetragenes Bemühen, aber nicht weniger auch als die Auswirkung der in der Heilsgnade zugesprochenen Erlösungsdynamik.[104]

Daß es allerdings die konkrete Gewissensbildung nicht bei solchen sehr allgemeinen Grundausrichtungen bewenden lassen kann und sich auch je nach den geschichtlich-kulturellen Gegebenheiten (aber teilweise nicht weniger nach den Lebenserfordernissen als sog. „Berufs- und Standestugenden“[105]) anders ausfalten und akzentuieren muß, versteht sich. So unterscheidet man mit Recht die frühmittelalterlichen Rittertugenden von Treue, Gefolgschaft, Mut u. ä. von sog. „Bürgertugenden“ wie Fleiß, Sparsamkeit, Sorgfalt usw. und fragt sich entsprechend dann auch, welche Eigenheiten für den heutigen Menschen „kluger“weise als besonders vordringliche zu pflegen wären. Gelassenheit auch im Sinn der Annahme der eigenen

[103] Für dieses umfassende hochscholastische Verständnis der *prudentia* als *auriga virtutum* herausragend typisch ist die Sicht des Thomas von Aquin in seiner ›Summa theologiae‹, wo er die Ausrichtung auf das Ziel als den eigentlichen Akt der Klugheit bezeichnet (S. th. I, 22, lc), um sie später dann in ihrer Mittelstellung als intellektuelle wie als moralische Tugend (S. th. I II, 58, 3 ad 1) oder für ihren doppelten Ursprung als eingegossene *(infusa)* und erworbene *(acquisita)* Tugend (S. th. II II, 47, 14 c) bzw. als Umschlagstelle von der Kontemplation zur Aktion (S. th. II II, 181, 2) näher zu charakterisieren. Für die Bedeutung, welche der Rückgriff auf dieses umfassende Verständnis von Klugheit für die Befreiung der Moraltheologie aus ihren kasuistischen Verengungen der Neuzeit hatte, vgl. F. Furger, Gewissen und Klugheit, Luzern 1965.

[104] Von diesem Ansatz her erweist sich dann entgegen gewissen reformatorischen Bedenken (vgl. dazu C. Frey, Tugenden – ein Thema für evangelische Ethik?, in: Der evangelische Erzieher 37 [1985], 349–358, Sonderheft zum Thema „Tugend“) eine Tugendethik stets auch als eine Gnadenethik, in welcher der Mensch sich gerade nicht selbst rechtfertigt, sondern aus der ihm geschenkten Befähigung zu eigenem sittlichen Urteilen und Tun kommt.

[105] Davon wird unten im Zusammenhang mit den persönlichen Lebensentscheiden näher die Rede sein müssen. Vgl. Abschnitt C. III, 3.

Grenzen und damit Selbstbeherrschung und Geduld, Sachlichkeit, Zivilcourage, verbunden mit Flexibilität und Maß, gerade auch als Fähigkeit zum Verzicht, werden dabei als individuell-persönliche Haltungen genannt, denen im zwischenmenschlichen Bereich Toleranz und Kompromißbereitschaft, kollegiale Teamfähigkeit, kritische Aufgeschlossenheit ohne Vorurteile, Takt und Diskretion, Großzügigkeit, auch als Verzeihensbereitschaft, aber auch Freundlichkeit und Zuverlässigkeit zu entsprechen hätten. Auf der gesellschaftlich-politischen Ebene müßten dann Haltungen wie Lebensachtung, Friedensbereitschaft, Umweltverantwortung und politische Fairneß genannt werden,[106] in denen hinsichtlich der religiösen Gottesbeziehung Dankbarkeit und Ehrfurcht vor dem Schöpfer und seinem Werk als eine Art rückverweisende Tugenden auf die in den theologalen Grundhaltungen angesprochenen Werte anklingen.

Dies alles sind nur einige aus den Bedürfnissen der Zeit sich ergebende Hinweise auf Charakterzüge, die der Mensch unter dem Anspruch einer von der Heilsbotschaft Christi her beleuchteten echten Menschlichkeit zu pflegen aufgefordert ist. Wenn die urkirchliche Paränese zur Verdeutlichung dieser Gewissensbildungsaufgabe auf die in der damaligen Zeit volksnah formulierte Ethik der Stoiker zurückgriff und deren Tugend- und Lasterkataloge als eine Art Merklisten den Herausforderungen des christlichen Glaubens anpaßte, so ist es wohl angemessen, dazu auch auf heute als bedeutsam genannte Verhaltensweisen als Tugenden zurückzugreifen und sie als echte Elemente einer christlich verantworteten Gewissensbildung zu übernehmen. Dabei ist freilich weniger die bewußte und möglichst differenzierte Auflistung wichtig als vielmehr das Bewußtsein, lebenslang für eine zielgerichtete Gewissensbildung selbst mitverantwortlich zu sein. Insofern aber gerade unter dem Deckmantel scheinbar zeitnotwendiger Tugenden sich ganz heimlich und oft nur langsam egoistisch-überhebliche Motivationen einschleichen können, gilt es auch in dieser Hinsicht, die Aufforderung des Evangeliums zur Selbstkontrolle und Umkehr je neu ernst zu nehmen, und zwar nicht nur dort, wo sittenwidrige Gewohnheiten als sog. „Laster“ sich charakterlich festgesetzt haben, sondern eben auch schon in der Überprüfung der an sich zu Recht übernommenen Haltungen hinsichtlich der Lauterkeit ihrer Motive.

Dies ist freilich nicht so sehr in einer allgemeinen Ausrichtung der inneren Einstellung möglich – solche Tugendvorsätze bleiben, wie

[106] Vgl. dazu auch die Vorschläge von Klomps und Mieth a. a. O.

die Erfahrung lehrt, meist ohne große praktische Auswirkung –, sondern nur in der konkreten Entscheidungstat, die aus dem klug abwägend urteilenden Gewissen heraus gesetzt wird, um dann ihrerseits dieses Gewissen als auf das Gute eingestellte Entscheidungsfähigkeit in dieser Ausrichtung weiter zu festigen bzw. um es in der Tugend zu stärken. Denn ohne die das Gewissen aktualisierende Entscheidung und Tat würde jedes Tugendstreben zum Leerlauf; die Gewissensfähigkeit selbst würde verkümmern. Daher muß nun dem Gewissensentscheid die Aufmerksamkeit der weiteren ethischen Überlegung gelten.

III. Das Gewissen als Entscheidungstat

1. Der Gewissensentscheid jenseits begrifflicher Analysen

„Conscientia est actus", „Gewissen ist (Entscheidungs)tat", meint Thomas von Aquin einmal[107] und umschreibt damit das, was das Gewissen in seinem innersten Kern eigentlich ausmacht: die eigenverantwortete, individuell-persönliche Tat, in welche der Mensch sich als Geschöpf und Abbild Gottes im Blick auf die von ihm grundsätzlich als letzte anerkannten Ziele und unter bestmöglicher Berücksichtigung aller situativen Umstände selbst einbringt, um im Sinn des ihm vom Schöpfer anvertrauten Auftrags welt- und lebensgestaltend zu wirken. In diesem Entscheidungsakt bündeln sich somit die eigene sittliche Entscheidungsbereitschaft im Sinn einer aus eigenem Einsatz wie aus natürlicher und geistgewirkter Begabung gebildeten Gewissensfähigkeit mit den existenziell bejahten sittlichen Zielsetzungen und den konkreten Erkenntnissen über Möglichkeiten und Grenzen der vorgegebenen Entscheidungssituation wie mit dem Abschätzen der voraussichtlichen, aus dem eigenen Tun in diesen Gegebenheiten sich abzeichnenden Folgen als Chancen und Risiken. Eigenes Wollen unter der Herausforderung der letzten im Glauben bejahten Ideale paart sich mit einer aus Lebenserfahrung wie aus Ergebnissen wissenschaftlicher Forschung erwachsenen praktischen Erkenntnis zum Wagnis eines konkreten Tat-Entscheids, dessen Tragweite zwar irgendwie abgeschätzt, aber dennoch nicht frei von Risiko durchgehalten werden kann.

Es versteht sich, daß ein so komplexer existenzieller Vorgang, in

[107] S. th. I 79, 13 c.

den neben der nie umfassend begreifbaren Individualität der menschlichen Persönlichkeit auch die Unsicherheiten einer ebenfalls nie völlig abschätzbaren Zukunft einfließen, sich einer vollständigen Analyse wesentlich entzieht. Wo Ethik so etwas dennoch versuchen und in solchem Begreifen in den Entscheidungsakt auch noch bestimmend eingreifen wollte, würde sie daher gerade das, was der eigentliche Gegenstand ihrer Überlegung ist, aufheben und zerstören. Daher kann es im folgenden nur darum gehen, diesen Entscheidungsakt reflektierend zu umkreisen und so zu seinem besseren Verständnis beizutragen. Dabei steht dann weniger die Verwirklichung von normativ vorgegebenen Verhaltensstrukturen, also das Befolgen von Geboten und Weisungen, so bedeutsam dies für ein rasches und sicheres sittliches Verhalten im konkreten Lebensvollzug auch ist, im Mittelpunkt des Interesses, sondern der unwiederholbar eigene persönliche Entscheidungsakt einer Lebenswahl. Denn hier geht es ja dann eben nicht darum, zwischen einer sittlich nicht zu verantwortenden und einer guten Alternative zu wählen, sondern zu helfen, unter prinzipiell gleicherweise guten die hier und jetzt für diese einmalige Person mit ihren unverwechselbaren Eigenheiten je richtige Lösung ausfindig zu machen.

Dazu erscheint es angezeigt, für das menschliche Entscheiden je nach Tragweite der auf dem Spiel stehenden Zielsetzungen drei Stufen zu unterscheiden, die freilich weder sauber getrennt hintereinander ablaufen noch auch isoliert voneinander gefällt werden können. Es handelt sich also um ein rein denkerisches Modell, das in der Wirklichkeit unerläßlich miteinander verbundene Dimensionen zur besseren Klärung theoretisch auseinanderhält. Dabei wäre als fundamentalste Stufe ein sog. *Grundentscheid* festzuhalten, der, ohne daß dies jedesmal ausdrücklich thematisiert zu werden braucht, den prinzipiellen sittlichen Willen, das Gute zu tun (bzw. das Böse zu lassen), ausdrückt und der sich daher christlich in der Bereitschaft, den Willen Gottes immer nach besten Kräften tun zu wollen, manifestiert. Diese Grundentscheidung wird sich dann in einem breiten Feld mehr oder weniger weittragender *Vorentscheide* für den konkreten Lebensvollzug, etwa in einer Berufswahl, in einem Bildungsprojekt, in einem anzustrebenden Vorbild usw., konkretisieren, was zur Verwirklichung des so ins Auge gefaßten Ziels dann die Setzung einer ganzen Reihe von einzelnen, sehr konkreten *Tatentscheiden* bedingt. Dabei ist allerdings zu beachten, daß die Unterscheidung dieser drei Stufen eigentlich nur bei einem ausdrücklichen personalen Gewissensentscheid eines überlegten, erwachsenen Menschen recht zum Tragen kommt. In den als solchen durchaus ernst zu nehmenden kindlichen Gewissensentscheiden, also im Stadium des genannten „Harmoniegewissens", fallen beispielsweise die Stufen entsprechend der noch wenig ausgebildeten Differenziertheit einer Entscheidungsplanung ineinander. Die konkrete Tat ist gewissermaßen auch die Grundentscheidung; und ähnlich gilt auch für viele alltägliche Entscheide, daß sich für sie kaum eine planende Vorentscheidungs-Stufe ausmachen läßt. Trotz dieser Einschränkung scheint es aber für die ethische Reflexion hilfreich, von der ausgebildeten Vollform eines personalen Gewissensentscheides auszugehen und nach diesen Stufen eine Analyse zum genaueren Verständnis zu versuchen.

Daß die ethische Überlegung dann vor allem die Vorentscheide wird ins Auge fassen müssen, ist mit dieser Umschreibung schon angedeutet. Dennoch soll zuvor noch kurz auf den Grundentscheid als tragende sittliche Dynamik eingegangen werden.

2. Der Grundentscheid – Träger sittlicher Ausrichtung und Absicht

Mit Grundentscheid soll hier also jene kaum je isoliert thematisierte, aber doch alles weitere Tun und Lassen prinzipiell tragende, existenzielle Lebensausrichtung auf das Gute schlechthin, wo und wie immer es sich zeigen mag, angesprochen sein. Es geht also um jene Haltung, die im christlichen Glauben als die grundsätzliche Bereitschaft, in der Nachfolge Christi sich ganz auf den Willen Gottes einzulassen, umschrieben ist und die in Jesus selbst, der von sich sagte, es sei geradezu seine Speise, den Willen des Vaters zu tun (Joh 4, 34), ihr radikales, d. h. in der restlosen Erfüllung unbedingtes und eben dadurch Nachfolge erst ermöglichendes Vor- und Urbild hat. Daß das alles weitere Verhalten somit auf sich als letztes Ziel hin finalisierende Gute bzw. der dieses umschreibende göttliche Schöpferwille nicht im Sinn einer abstrakt voluntaristischen Gesetzgeber-Autorität zu verstehen ist, sondern eine die mitmenschlich-innerweltliche Schöpfungsordnung einschließende Strukturordnung umschreibt, ist aus den biblischen Umschreibungen dieses Willens im dekalogischen Bundesgesetz des Alten Testaments wie aus dem Doppelgebot der Liebe im Evangelium klar. Aber auch eine allgemein ethische Umschreibung des sich als innere Pflicht menschlichen Strebens und Tuns als Ziel einsichtig vorstellenden, sittlichen Einscheidungsrichtmaßes kann nicht einfach abstrakt idealistisch gefaßt werden, sondern muß die mitmenschlich-innerweltlichen Dimensionen ebenfalls zu einem unbedingten Verhaltenstelos bündeln, auf das sich prinzipiell alles menschliche Entscheiden ausrichten kann und soll. Es geht also beim auf dieses Telos gerichteten Grundentscheid um eine tragende Grundintention, die das Handeln des Menschen auf sein letztes Ziel hin finalisiert und die daher selbst von diesem Ziel her angezogen und ermöglicht ist. Entsprechend ist der Grundentscheid in einem christlichen Verständnis dann auch nicht einfach nur Tat des Menschen, sondern stets auch und zuerst gnadenhafte, liebende Zuneigung Gottes, die diesen Menschen zum antwortenden prinzipiellen Engagement herausfordert.[108]

Sosehr damit diese existenzielle Lebensausrichtung gerade auch in ihrem christlichen Verständnis die auf den Lebensvollzug gerichtete Glaubenshaltung bezeichnet, sowenig entsteht sie, von Ausnahmen eines totalen Umkehrereignisses (wie es vielleicht in der Abkehr des Oberzöllners Zachäus von seinem bisher sündigen, weil auf der Ausbeutung durch Macht aufbauenden Stand zu einer von Selbstlosigkeit und Gerechtigkeit geprägten Zugehörigkeit zu Jesu [Lk 10, 1–10] exemplarisch geschildert ist) abgesehen, normalerweise in einer eigenen, bewußt als solche vollzogenen Einzelentscheidung. Vielmehr wächst sie gerade auch als eine selbstverständliche sittliche Einstellung in konkreten Einzelhandlungen, in denen sie sich immer neu bestätigt und festigt. Dem „Urgewissen" als Ausrichtung und Bejahung sittlicher Verpflichtung zugeordnet, begleitet sie unterbewußt, aber diese in ihrer Sittlichkeit letztlich prägend alle weiteren Entscheidungen und meldet sich meist erst da wieder bewußt, wo unterschwellig diese Ausrichtung in scheinbar vielleicht noch völlig korrekten Entscheiden verlorenzugehen droht, weil zwar der sachliche, objektiv ethische Inhalt noch stimmt, aber die motivierende Absicht sich zu verschieben und damit den sittlichen Gehalt als solchen zu zerstören beginnt, so wenn etwa eine ursprünglich auf mitmenschliche Dienstleistung angelegte Tätigkeit wie z. B. diejenige eines Arztes sich auf bloßen Gewinn an Reichtum oder Prestige zu konzentrieren anfängt.

Entwicklungspsychologisch ist der Ursprung einer solchen Grundentscheidung wohl schon im kindlichen Harmoniegewissen anzusiedeln, wo sie freilich noch nicht als solche feststellbar ist.

[108] Vgl. dazu H. Reiners, Grundintention und christliches Tun, Freiburg i. Br. 1966.

Vielmehr festigt das Sicheinlassen auf den Willen der elterlichen Bezugsperson in konkreten Belangen zugleich eine grundsätzliche Ausrichtung. Das heißt: Das prinzipielle, vor jeder bewußten sachlich-inhaltlichen Ausdifferenzierung liegende Lieb-und-brav-sein-Wollen des Kindes erbringt eine grundlegende und beglückende Erfahrung, die solches Verhalten als in sich gut und erstrebenswert erscheinen läßt, und zwar so sehr, daß es sich auch unabhängig von den konkreten Bezugspersonen als jenseits von allem Zwang gesollte, also als sittliche Pflicht, zu halten vermag. Daß Menschen, denen diese frühkindliche Gewissensbildung aus was für Gründen auch immer fehlt, in ihrem sittlichen Verhalten gestört und zu einer stabilen Ausrichtung oft kaum mehr zu befähigen sind, bestätigt von der Gegenseite her diese Sicht.[109] Es bedeutet aber dennoch in keiner Weise, daß dieser Grundentscheid einfach das Ergebnis einer geglückten Kindheit wäre. Vielmehr muß die in Kindheit und Jugend so gewachsene Ermöglichung zur sittlichen Ausrichtung auf das Gute, dem sich trotzig widersetzen zu können ja ebenfalls schon zur kindlichen ethischen Erfahrung gehört, im heranwachsenden persönlichen Gewissen bestätigend übernommen, in konkreten Taten verwirklicht und wohl auch in bewußter Reflexion gelegentlich als solche ratifiziert werden. – Die Aufforderung so vieler Lehrer des geistlichen Lebens, sich gelegentlich und vor allem vor wichtigen Entscheidungssituationen des Lebens bewußt dieser Ausrichtung neu zu versichern und sie in einer redlichen Gewissenserforschung von den störenden Elementen der Ichsucht und Selbstüberheblichkeit zu reinigen,[110] bestätigt die fundamentale, alles weitere Entscheiden und Handeln richtungweisend tragende Bedeutung dieser Grundentscheidung, die unabhängig von kulturellen, geschichtlichen und individuell-persönlichen Unterschieden alle Menschen betrifft und als innere, keineswegs aufgezwungene Anerkennung sittlicher Verpflichtung[111] die menschliche Person in ihrer Würde erst eigentlich ausmacht: Denn Gott, der Schöpfer, fordert

[109] Vgl. dazu aus psychologischer wie theologischer Sicht: J. Rudin, Lebensangst und Urvertrauen, in: Orient 41 (1977), 99–101.

[110] Vgl. dazu Ignatius von Loyola, welcher die ganze „erste Woche" seiner „geistlichen Übungen" dieser Überprüfung des Gewissens vorbehält.

[111] Vgl. für diese grundlegende Anerkennung von sittlicher Pflicht ihre unübertroffene Darstellung von I. Kant, Kritik der praktischen Vernunft (1788) (Akademieausgabe, A 154).

das von ihm abhängende Geschöpf in zuneigender Gnade grundlegend ein, aber nicht als ein zwingender Herrscher, sondern als ein liebender Vater, der die freie Antwort eines Sohnes erwartet; nicht als ein drohendes Über-Ich, das äußere Zwänge internalisiert, sondern als eine zur eigenen Erfüllung führende innere Herausforderung. Die Grundentscheidung als prinzipielles Engagement für den Willen Gottes ist so die Antwort auf diese Zuwendung Gottes, die dann als tragende Grundabsicht alles weitere Entscheiden und Handeln eines Menschen trägt und prägt.

Diese Antwort sagt aber noch nichts darüber aus, wie diese Grundentscheidung sich unter den je epochal wie von Mensch zu Mensch verschiedenen konkreten Existenzbedingungen zu verwirklichen hat, obwohl sie ohne eine solche Konkretion leer bliebe und sich so in nichts auflösen würde. Zwar ist die Grundentscheidung in sich somit keineswegs leere, willkürliche Beliebigkeit im Sinn einer sinnlos unbestimmten Freiheit,[112] sondern auf das je gegebene Gute, d.h. auf den konkreten Willen Gottes des Schöpfers immer schon bezogen. Aber analog zu einem Glauben, der ohne Taten ein toter Glaube wäre (Jak 2, 26), würde eine Ausrichtung auf das Gute schlechthin ohne den Entscheid zum konkret verwirklichenden Handeln in die Sinnlosigkeit entarten. Der Grundentscheid ruft somit wesentlich nach dem ihn konkretisierenden Vorentscheid des einzelnen, seine Existenz im konkreten Lebensvollzug gestaltenden Menschen.

3. Der Vorentscheid als epochal-kulturelle Konkretion in personaler Lebensentscheidung und -einstellung

Mit „Vorentscheidung“ sei hier somit jene Entscheidungsdimension umschrieben, in welcher, den jeweiligen soziokulturellen, also den familiären, wirtschaftlichen, politischen, geographischen usw. Umständen ebenso wie den subjektiven Gegebenheiten wie Begabungen, Alter, Geschlecht usw. Rechnung tragend, ein mehr oder

[112] So J. P. Sartres Verständnis der menschlichen Freiheit, die in ihrer Grundentscheidung zwar ein völlig offenes Projekt ohne alle Bestimmung darstellt, ja, die an einer Ausrichtung an einem Absoluten zunichte werden müßte, die aber gerade damit sich als ekelhaft sinnlose erweist (vgl. dazu vor allem das Drama: ›Le diable et le bon Dieu‹ [1959] und die theoretischen Ausführungen in ›L'existentialisme est un humanisme‹ [1954]).

weniger langfristiges Konzept für die eigene Gestaltung und Zielsetzung des Lebens beschlossen wird. Dabei kann eine solche Vorentscheidung ein einmaliger, aus klarer Einsicht gefällter Entschluß sein oder auch, und wohl häufiger, einen länger dauernden Prozeß des abwägenden Sich-Informierens, Überlegens und Beratens darstellen. Auch kann er einen eher kurzen Abschnitt oder auch nur einen Teilaspekt des Lebens berühren (etwa ein sportliches Leistungstraining im Blick auf einen bestimmten Wettkampf in Angriff zu nehmen) oder aber, wenigstens der Absicht nach, das ganze künftige Leben betreffen wie etwa beim Entscheid, mit einem bestimmten Partner die Ehe als „Bund fürs Leben" einzugehen. In jedem Fall aber unterscheidet sich die Vorentscheidung trotz aller fließenden und im konkreten Vollzug daher nie exakt feststellbaren Übergänge von der Grundentscheidung dadurch, daß sie die allgemeine, zeitlos existentielle Lebensausrichtung auf den Willen Gottes als das Gute schlechthin in die subjektiv wie objektiv konkrete Handlungswirklichkeit hinein verlängert. Darin faßt sie aber noch nicht wie im Tatentscheid die einzelne Teilhandlung ins Auge, sondern beurteilt planerisch die größeren, eher strukturellen Zusammenhänge. Eben dieses engagiert planende Moment im persönlichen Gewissensentscheid soll daher unter dem Stichwort „Vorentscheid" bedacht werden.

Daß der so verstandene Vorentscheid dann als typisch menschlicher ebenfalls unter der Gefährdung der Sünde steht und damit der Versuchung ausgesetzt bleibt, unter Umständen sogar recht unterschwellig eine prinzipiell gute Grundentscheidung (wie auch eine vorangehende, allgemeinere Vorentscheidung) egoistisch überheblich zu verfälschen, sollte man nicht übersehen, sondern aus ehrlicher Selbsterkenntnis das Gewissen auf solche unangemessenen, möglicherweise gegebenen Verkrümmungen hin gelegentlich überprüfen. Dennoch wäre es aber einer christlichen Ethik unangemessen, wenn sie sich auf diese Gefährdungen ängstlich konzentrieren würde. Vielmehr geht es in erster Linie darum, dieses konkretisierend planende Engagement als für die Entfaltung einer sittlichen Persönlichkeit wesentliches Entscheidungsmoment hinsichtlich eines bewußteren und damit auch leichter ebenso kritisch wie mutig zu wagenden Vollzugs in ethischer Reflexion zu klären. In einer Zeit, die wegen ihrer sachlich komplexen Strukturen wie wegen der mit den zahlreichen Umbrüchen auf vielen zivilisatorischen Ebenen verbundenen Unsicherheiten oft entscheidungsscheu geworden ist und leicht unter dem Druck der Umstände zu überstürzten Entscheidungen neigt, dürfte eine solche Überlegung sogar von besonders aktueller Dringlichkeit sein.

Auszugehen ist für diese Entscheidungsklärung dann von der Tatsache, daß in einem solchen Vorentscheid stets drei Momente bestimmend mitfließen; nämlich erstens das je verschiedene Naturell eines Menschen, d.h. seine spezifischen Begabungen wie das, was schon in der Antike als Charaktertyp umschrieben wurde[113] und die Art der Reaktion auf Umwelteinflüsse individualtypisch, sei es eher in der passiven Hinnahme, sei es eher in der aktiven Herausforderung, prägt. Verhaltenspsychologisch gehört dazu aber auch die Neigung zu einer initiativen Führerrolle oder eher zum einordnenden Mittragen, wobei diese Tendenzen sich im Verlauf eines Lebens auch verändern können, sowie vor allem die durch Geschlecht und Lebensalter gegebenen Eigenheiten. Es versteht sich, daß eine Vernachlässigung dieser Vorgegebenheiten einen Vorentscheid beeinträchtigt und leicht zu Verkrampfung, ja zerstörerischer Überforderung führt, sei es, daß jemand sich dauernd u.U. bis zum Zusammenbruch überfordert, sei es, daß er wegen Unterforderung jeden Schwung verliert. Neben diesen individuellen Vorgegebenheiten sind aber zweitens auch die konkreten familiären wie soziokulturellen und geschichtlichen Umstände eine Vorgegebenheit, in welche eine Lebensausrichtung sich zu integrieren hat, wenn sie nicht bloße Utopie bleiben soll, und die daher, obwohl jede einzelne solche Entscheidung selbst ebenfalls einen Beitrag zur Gestaltung dieses gegebenen Umfeldes beibringt, doch zunächst einmal als eine Rahmenbedingung der Vorentscheidung angenommen werden muß. Es ist, wie der Psychologe L. Szondi († 1986) herausgearbeitet hat, ein „Schicksal", das seine eigenen beschränkenden Vorgaben als eine Art Bestimmung mit sich bringt, das aber gerade dort, wo es angenommen und wenigstens einschlußweise erkannt wird, auch eine Piste zur freien Gestaltung der eigenen Persönlichkeit erschließt. Denn das „Zwangsschicksal" ist als Wahlschicksal zugleich eine existenzielle Herausforderung, ohne deren Annahme der Mensch

[113] So unterschied man in einem allerdings recht groben Raster den angriffslustigen Choleriker vom eher passiven Phlegmatiker und den alles resigniert hinnehmenden Melancholiker vom heiter das Schicksal meisternden Sanguiniker, während heutige Psychologen vier Grundwünsche, nämlich nach Überlegenheit, Sicherheit, Gefallen bzw. genießender Ruhe für jeden Menschen, aber in individuell verschiedener Priorität unterscheiden (vgl. A. Schottky und T. Schoenacker, Was bestimmt mein Leben? – Klärung der vier Grundmotive menschlichen Verhaltens, München 1976).

nicht eigentlich lebt, sondern nur ichlos dahinvegetiert.[114] Erst im Rahmen dieser subjektiven und objektiven schicksalhaften Vorgegebenheiten kommt somit schließlich das dritte und sittlich eigentlich allein bedeutsame Moment des eigengestalterischen Beitrags der persönlichen Entscheidung dazu, dem die weitere Aufmerksamkeit der Ethik daher zu gelten hat.[115]

Obwohl in einer Zeit mit raschem gesellschaftlichem Wandel, wo altbewährten Verhaltensmustern nur noch eine relativ geringe Gestaltungskraft eignet, dieser Reflexion über die persönlich verantwortete eigengestalterische Vorentscheidung besonders große Bedeutung zukommt, ist sie dennoch ganz allgemein als persönlichkeitsgestaltende Entscheidungsdimension von ethischer Relevanz. Auch wenn dies in der Schultradition der kasuistischen Moraltheologie nicht besonders ausdrücklich zur Geltung kam, so hat doch die geistliche Theologie schon in ihrer Tugendlehre, vor allem aber in der Auseinandersetzung mit der rechten Erkenntnis einer Berufung Gottes und der angemessenen Entscheidung des Menschen sich seit jeher eingehend mit dem, was hier als Vorentscheidung bezeichnet wird, befaßt. Weil nämlich der Mensch, wie früher schon erläutert,[116] für die Bildung seines Gewissens im Sinn einer existenziellen Persönlichkeitsgestaltung selbst mitverantwortlich ist, muß diese Dimension im Rahmen der Vorentscheidung als einer grundsätzlichen Ausrichtung der eigenen Person bzw. als ihrer bewußt gewollten Lebenseinstellung oder Grundabsicht nochmals kurz aufgegriffen werden. Dabei spielen sowohl von charakterlichen Neigungen vorgespürte, aber zumindest in eigener gewollter Bejahung angenommene, an sich wertneutrale Grundhaltungen, wie etwa eine eher beschauliche oder eine mehr aktive Ausrichtung bzw. ein eher auf Hingabe oder ein eher auf Führung und Organisation bezogenes Selbstverständnis, ebenso eine Rolle wie die oben genannten und zudem bewußt aus christlicher Motivation angestrebten, direkt auf ein Ethos harmonischer Mitmenschlichkeit bezogenen Tugenden. Ob in An-

[114] Vgl. dazu bes. L. Szondi, Freiheit und Zwang im Schicksal des Einzelnen, Bern 1968, ^{2}1977.

[115] Vgl. zum Vorentscheid als solchem F. Furger, Vorentscheidung, Vorsatz, Wollen, Augsburg 1973, sowie K. Demmer, Die Lebensentscheidung, Ihre moraltheologischen Grundlagen, Paderborn 1973, und H. Kramer, Unwiderrufliche Entscheidungen im Leben des Christen, Paderborn 1973.

[116] Siehe oben Abschnitt C. II, 2: Die Tugenden als Gestaltungselemente des Gewissens.

lehnung an das Modell der antiken Kardinaltugenden von Klugheit, Gerechtigkeit, Maß und Tapferkeit oder an eine religiös motivierte Liste, wie sie Theresia von Avila mit „Bereitschaft, Geduld, Demut, Selbstverleugnung und Liebe" 1577 in ihrem Werk ›Die Seelenburg‹ vorschlug, oder ob, wie in aktuellen Neuentwürfen zu einer Tugendlehre,[117] die besonderen Bedürfnisse der heutigen Gesellschaft betont werden, bedingt dabei keine Änderung in der Entscheidungsstruktur als solcher: Immer steht dahinter als letztes Leitmotiv die Ausrichtung der Grundentscheidung, welche die an die subjektiven wie objektiven Bedingtheiten angepaßten Lebenseinstellungen sucht, um aus einer damit erreichten Gewissens- und Persönlichkeitsbildung die konkrete Verwirklichung der sittlichen Zielsetzungen leichter sicherstellen zu können.

Diese gewollte Persönlichkeitsbildung bewegt sich aber nicht nur in der freien Ausrichtung auf solche allgemeingültigen menschlichen Einstellungen. Sie bezieht sich nicht weniger auch auf die die individuelle Haltung einer Persönlichkeit charakterisierenden Einstellungen, durch die ein Mensch ganz konkret der sein will, der er ist, und sich so selbst als Persönlichkeit bejaht. Dies trifft natürlich in besonderer Weise für Menschen zu, die auf Grund einer speziellen Begabung (wie etwa herausragende Künstler) oder sonstiger den ganzen Menschen total einfordernder Aufgaben (wie etwa diejenige einer politischen oder wirtschaftlichen Führungsaufgabe, in einem besonders packenden Forschungsprojekt oder auch in einem religiös-kirchlichen Dienst) sich so gänzlich auf dieses Lebensprojekt eingelassen haben, daß sie davon in ihrem ganzen Wesen geprägt werden und damit auch ihre ganze Lebenswirklichkeit von diesem Standpunkt her sehen und bewerten. Eine solche Vorentscheidung gibt dann der Persönlichkeit Standort und Orientierungspunkt.

In diesem Sinn spricht man denn auch von besonderen beruflichen Prägungen des Gehabens, das sich nicht nur in besonderen Tätigkeiten äußert, sondern auch in einer viel ganzheitlicher die Existenz geradezu ausmachenden Weise eine Persönlichkeit prägt, so wie man etwa bei Bergführern von einem „sechsten Sinn" für besondere Gefahren redet. Es geht dabei um Prägungen bis hin zu den typischen Eigenheiten, die sich vereinseitigt und so als Karikaturen der eigentlichen Form als sog. «déformations professionelles» oder sogar als „Fachidiotien" auswirken können. Aber auch die theologi-

[117] Vgl. die Werke von H. Klomps, Tugenden des modernen Menschen, und D. Mieth, Die neuen Tugenden, a. a. O.

sche Lehre, daß die personal-existenzielle Entscheidung zur Christusnachfolge in seiner Kirche bzw. zu einem besonderen Amtsdienst in dieser Glaubensgemeinschaft durch den Empfang der Sakramente von Taufe und Firmung bzw. durch die Weihe dem Betroffenen ein unauslöschliches Zeichen als einen sakramentalen Charakter einpräge, belegt die persönlichkeitsgestaltende Bedeutung solcher Vorentscheidungen, durch die ein Mensch in einem dauerhaft durchgehaltenen Engagement zunehmend der wird, der er eigentlich sein möchte. Ein so verstandener Vorentscheid ist daher auch in dem Sinn prägend, daß er zwar zum Guten wie zum Schlechten lebenslang korrekturoffen bleibt, aber doch so, daß ein Neubeginn nie sozusagen wieder auf einem Punkt Null ansetzen könnte. Neu beginnen kann der Mensch somit immer nur als der, der einmal vorher anders angefangen hat und sich nun unter Annahme dieser Vergangenheit (und gegebenenfalls in Reue darüber) zu einer anderen Lebensausrichtung entschließt.

Entsprechend dieser persönlichkeitsprägenden Bedeutung, die der Vorentscheidung als Lebensentscheid zukommt, übt sie zugleich eine Steuerfunktion auf das Gewissen selbst wie auf seine die weiteren konkreteren Entscheidungen bestimmenden Motivationen aus. Von ihr her ergibt sich dann nicht nur, welche Prioritäten hinsichtlich einer einmal übernommenen Zielsetzung zu setzen bzw. welche Verzichte dafür allenfalls in Kauf zu nehmen sind. Vielmehr wird von ihr aus auch eine korrigierende Überprüfung der konkreteren Lebensausrichtungen möglich, ob diese nicht unterschwellig sich von ihren ursprünglichen Zielsetzungen und Motiven entfernten, z. B. ob, wie eben schon erwähnt, statt einer ursprünglichen mitmenschlichen Dienstmotivation sich nicht Herrschsucht und Prestigedenken wenigstens als mitbestimmende Momente eingeschlichen haben und so langsam die ursprüngliche Ausrichtung zu zerstören drohen. Die Verflachung und der latente Abfall, den der Seher Johannes den urchristlichen Gemeinden von Sardes und Laodizea (Offb 3) vorwerfen mußte, ist als typische Gefährdung der christlichen Vorentscheidung zeitübergreifend zu beachten. Von der in einer grundsätzlichen, aber je eigenen Lebenseinstellung die gute Grundentscheidung konkretisierenden Vorentscheidung aus ist somit jene Selbstprüfung möglich, die eine nicht bloß die einzelnen Taten, sondern eben auch charakterliche Eigenheiten überprüfende Gewissenserforschung als sog. „Reinigung der Motive“ möglich macht und die biblische Sinnesumkehr (griech. *metanoia*) nicht nur als totale Bekehrung, sondern auch als feinfühlige, stets neu am

Liebesgebot des Evangeliums sich messende Selbstkontrolle verstehen läßt.

Im persönlichkeitsprägenden, das gesamte Verhalten steuernden und gegebenenfalls auch korrigierenden Sinn konkretisiert die Vorentscheidung so die Grundentscheidung, indem dank ihr Lebenseinstellung und Charakter aus den objektiven wie subjektiven Vorgegebenheiten aus freiem Entschluß heraus gestaltet werden. Daß dieser Entschluß allerdings längst nicht immer als doch eher abstrakte Wahl einer bestimmenden Ausrichtung, Einstellung oder Tugend erfolgt, sondern diese zumeist über eine schon konkretere Entscheidung für einen bestimmten Beruf, eine Karriere, Stellung oder Lebensaufgabe erfolgt, wird eigentlich schon weitgehend aus den bisherigen Darlegungen deutlich. Deshalb muß nun die Vorentscheidung im Sinn einer existenziellen Wahl hinsichtlich Lebensstand und -beruf vor allem auch im christlichen Zusammenhang noch eigens bedacht werden.

4. Vorentscheid und „Beruf"

Obwohl unter rasch sich verändernden wirtschaftlichen und gesellschaftlichen Verhältnissen der Beruf als lebenslange spezialisierte Tätigkeit im sozialen Geflecht der organisierten Arbeitsteilung als stabile Größe sich zunehmend auflöst und der ursprünglich vom Wort her gegebene Bezug zum religiös geprägten Begriff der Berufung als einer persönlichen Herausforderung Gottes an den Menschen schon früher in Vergessenheit geraten ist, bietet sich die freilich nun dynamisch und sehr personal-existenziell zu verstehende Berufswahl dennoch als das typischste Beispiel für konkrete Vorentscheidung an.[118] Gemeint ist hier „Beruf" also nicht so sehr als eine einmalige, durch Schule und Lehrzeit zu erwerbende Qualifikation für den Arbeitsprozeß, obwohl auch eine solche möglichst begabungsgerechte Spezialisierung ein wichtiges Element einer solchen Lebensentscheidung darstellt, das entsprechend sorgfältig abgewogen und geplant sein will und daher in der Komplexität moder-

[118] Vgl. zu einer christlichen Berufsethik bes. A. Auer, Christsein im Beruf, Düsseldorf 1966, F. Furger, Der Beruf, Selbstverwirklichung in Welt und Gesellschaft, Freiburg i. d. Schweiz 1969, wobei neuere Arbeiten unter Einbezug der durch die industriellen Entwicklungen bedingten Veränderungen in der Soziologie des Berufs noch weitgehend fehlen.

ner gesellschaftlicher Zusammenhänge auch eine entsprechende Hilfestellung durch eine hinsichtlich Begabungsabklärung wie betreffend der gesellschaftlichen Bedürfnislage und der konkreten Ausbildungsmöglichkeiten fachlich qualifizierte Berufsberatung als ethisches Postulat erfordert. Vielmehr geht es um den Entscheid für eine bestimmte, dem einzelnen Menschen und seinen spezifischen Begabungen (und gegebenenfalls auch seinen Schwächen oder Behinderungen) optimal angepaßte Lebenswahl, die aber über die beruflichen Fertigkeiten im traditionellen Sinn hinaus auch deren weiteren Einsatz in einer u.U. wegen äußerer Veränderungen oft alles andere als geradlinigen Karriere, aber nicht weniger auch die Wahl des Lebensstandes hinsichtlich Ehe und Familie, gesellschaftlicher Rolle usw., bzw. die Setzung diesbezüglicher Prioritäten umfaßt.

Es versteht sich, daß diese Wahl nicht in einem einzigen Entscheidungsakt vollzogen werden kann, sondern eine große Zahl jeweils neu zu fassender, allenfalls auch Früheres korrigierender Teilentscheide bedingt. Aber ebenso deutlich ergibt sich, daß diese einzelnen Entscheidungsschritte auf einer dynamischen Linie liegen müssen, wenn ein Leben nicht in einer letztlich zufälligen und dann entsprechend psychisch verunsichernden Zerstückelung enden soll; eben diese Linie hat der Lebensentscheid als existenziell grundlegender Vorentscheid, von dem dann die weiter einen Lebenslauf konkretisierten Vor- und Tatentscheide abhängen sollen, zu gewährleisten.

Daß ein so verstandener Entscheid im Licht des christlichen Glaubens auch in der religiösen Dimension der Gottesbeziehung, also im eigentlichen Sinn als „Berufung"[119], verstanden werden muß, ist dann ebenso selbstverständlich, wie daß Berufung, entgegen einem häufigen Sprachgebrauch, keinesfalls auf die sog. „geistlichen Berufe" in einem kirchlichen Dienst eingeschränkt werden darf[120]. Die Berufungssituation im Sinn eines persönlichen

[119] Vgl. dazu, allerdings noch mit starker Abhebung auf die kirchlichen Dienste, H. Rotter, Die Berufung – Elemente christlicher Spiritualität, Wien 1983.

[120] Daß dies trotz der starken Einengung der theologischen Reflexion über die Berufung auf die Spiritualität und damit auf den geistlichen Stand auch in der theologischen Tradition nicht durchweg der Fall war, zeigen die meist von Jesuiten wesentlich für die Gewissensbildung von führenden Laien, bes. der „Prinzen", verfaßten sog. „Fürstenspiegel" wie etwa die Schriften von Juan de Mariana († 1624), ›De rege et regis institutione‹, Toledo 1599, oder von Baltasar Gracián († 1658), ›El Politico don Fernando‹,

Anspruchs über die allgemeingültigen Gebote der Mitmenschlichkeit hinaus zu einem persönlichen Engagement, wie es im berufend einladenden Gespräch Jesu mit dem reichen Jüngling sich exemplarisch ankündigt (vgl. Mt 19, 16ff.), charakterisiert somit die Lebenswirklichkeit des Christen schlechthin. Dabei unterscheidet sich aber eine solche Berufung Jesu grundsätzlich von einem bloßen Lehrer-Schüler-Verhältnis, wie es für die antiken Philosophenschulen Griechenlands, etwa eines Sokrates oder Plato, bekannt ist, ebenso wie von einer Jüngerschaft, wie sie unter dem prinzipiell übergeordneten Anspruch der Thora unter den jüdischen Rabbinern geübt wurde. Jesu Anspruch steht vielmehr auf der Stufe der alttestamentlichen Prophetenberufungen durch Gott,[121] ja er übersteigt und radikalisiert diese nach dem Wort: „Den Alten ist gesagt worden, ich aber sage euch" (Mt 5, 21); er hat absoluten Charakter und fordert ein bedingungsloses Sicheinlassen in seine Nachfolge, die im Einsatz für das Reich Gottes und seine Gerechtigkeit als restlose Mitmenschlichkeit sogar das Risiko des Kreuzes miteinschließt; er hat aber im Leben Jesu selbst auch sein unübertroffenes Vorbild[122] und meint folglich keineswegs bloß die direkten zeitgenössischen Jünger Jesu, die aus der alltäglichen Arbeit etwa als Fischer oder Zöllner ohne Wenn und Aber herausgerufen werden. Vielmehr wird von jedem Menschen, der irgendwann zu ihm gehören will, gefordert, kompromißlos nicht mehr zurückzuschauen, wenn er einmal die Hand an den Pflug gelegt hat (Lk 9, 2), weil nur der seiner wirklich wert ist, der bereit ist, täglich sein Kreuz auf sich zu nehmen und ihm nachzufolgen (Lk 9, 23).

Wenn aber der Anspruch Jesu auf Nachfolge im Glauben den Lebensentscheid von Menschen aller Zeiten auf so grundsätzliche und existenzielle Weise herausfordert, dann stellt sich notwendigerweise die Frage, wie dieser Anruf im Abstand von Jahrhunderten vom einzelnen noch authentisch erkannt werden kann. Zwar gibt das Liebesgebot dafür schon das verbindliche Ziel und die Lebenshaltung Jesu dazu eine Reihe von Rahmenbedingungen, ohne die eine

Saragossa 1640, wobei Gracián in seinem Hauptwerk ›El Criticón‹, Saragossa 1651–57, sogar auch noch eine Art Bürgerspiegel nachreicht.

[121] Vgl. oben Abschnitt C. I, 3.

[122] Vgl. dazu H. D. Wendland, Ethik des Neuen Testaments, Göttingen 1970, 29–31, und P. Hoffmann und V. Eid, Jesus von Nazareth und eine christliche Moral, Sittliche Perspektiven der Verkündigung Jesu, Freiburg i. Br. 1975.

vermeintliche Berufung kaum als echt wird gelten können. Schon von daher könnte ein Lebensweg, der in gar keiner Weise gezeichnet wäre von Großmut seinen Mitmenschen, gerade auch den Außenseitern und Sündern gegenüber oder von sittlicher Konsequenz ohne Kleinlichkeit gesetzlichen Vorschriften gegenüber oder von ehrlicher Zivilcourage, von Treue und Freundschaft usw., sicher nicht als ein in christlicher Berufung stehender gesehen werden. Die bewußte und entschiedene Ausrichtung des Gewissens auf die auch in diesen Haltungen angesprochenen Tugenden als Entscheidung wie als Motivationskontrolle (oder als sog. „gute Meinung", wie diese Form der Selbstkontrolle in der Tradition der spirituellen Theologie genannt wurde[123]) wird entsprechend zum Erfordernis für eine aus christlicher Glaubenshaltung zu fällende Vorentscheidung. So nützlich solche Selbstkontrollen jedoch sind, eine eigentliche Hermeneutik für die Erkenntnis zur Feststellung der je persönlich eigenen Berufung ist damit ohne Zweifel noch nicht gegeben.

5. *Ansätze zu einer Hermeneutik christlicher Berufung und Vorentscheidung*

Obwohl ansatzweise schon früher bedacht, bleibt es doch das Verdienst von Ignatius von Loyola († 1556), mit seinen Exerzitien als einer eigentlichen Einübung der Lebenswahl eine solche systematische und zudem existenziell sehr ausgewogene Entscheidungslogik entwickelt zu haben.[124] Ausgangspunkt ist dabei die Grundentscheidung für eine prinzipielle Annahme des Gotteswillens in der Nachfolge Christi in der Verpflichtung auf die „Fahne Christi" sowie darin die Bereitschaft zur Haltung der sog. „Indifferenz", in welcher es für den Betroffenen grundsätzlich „gleich-gültig" zu sein

[123] Vgl. dazu K. Rahner, Über die gute Meinung, Schriften III, Einsiedeln 1956, 127–154.

[124] Vgl. dazu K. Rahner, Das Dynamische in der Kirche, Freiburg i. Br. 1958, sowie G. Fessard, La dialectique des «Exercices spirituels» de Saint Ignace de Loyola, Paris 1956, und M. Schneider, Unterscheidung der Geister, Die ignatianischen Exerzitien in der Deutung von E. Przywara, K. Rahner und G. Fessard, Innsbruck 1983. – Daß dabei die spätmittelalterliche Bildersprache mit ihren Bildern aus dem spanischen Rittertum und seinen Idealen einer Umsetzung in eine den psychologisch-humanwissenschaftlichen Fortschritten angemessene Ausdrucksweise bedarf, versteht sich von selbst.

hat, welche persönlichen Folgen das konkrete Engagement für ihn selbst zeitigen könnte. Das heißt: Es dürfte letztlich nicht darauf ankommen, ob er dadurch eher ein reiches oder armes, ein ruhiges oder anstrengendes, gesundes oder krankes usw. Lebensschicksal zu erwarten hat, wenn nur das Ziel der Berufung erfüllt wird. Dabei werden allerdings die Belastungen nicht etwa als solche gepriesen, sondern es werden nur die möglichen Konsequenzen, die nicht den Ausschlag geben dürfen, nüchtern in Rechnung gesetzt.

Unter diesen Voraussetzungen wird dem vor der Entscheidung Stehenden dann geraten, alle näheren Umstände und Folgen der konkret gegebenen Entscheidungsmöglichkeiten gegeneinander abzuwägen und dabei gut darauf zu achten, bei welcher er am ehesten eine innere Ruhe und Sicherheit bzw. innere Unruhe und Verwirrung, sog. „Trost und Mißtrost" empfindet.[125] Das heißt: Je nachdem, ob ich völlig abhängig von voraussehbarem äußeren Erfolg oder innerer Bequemlichkeit oder Belastung eine mir angemessene oder nur eine scheinbar zu mir passende Lösung abwäge, bin ich in der Seele freudig und friedvoll oder aber lau, traurig und träge gestimmt bzw. es ist mir, um ein anderes sprechendes Bild zu brauchen, zumute, wie wenn Wassertropfen sanft und leise in einen feuchten Schwamm oder aber hart und störend in ein blechernes Becken fallen.

In dieser Entscheidungslogik stehen somit nicht rationale Kriterien im Vordergrund, sondern gesamtpersonale Momente der Empfindung und existenziellen Erfahrung, die als Ausnahme durchaus mit der spontan überwältigenden Intuition einer mystischen Berufungserfahrung rechnet, deren Lösung sich sogar mit solcher Klarheit aufdrängt, daß für die abwägende Überlegung keine Notwendigkeit mehr vorliegt. In jedem Fall aber bedarf die so gefundene Entscheidungsalternative, um als die dem Menschen zukommende Berufung gelten zu können, noch der sorgfältigen Überprüfung an den ethischen Normen von Mitmenschlichkeit, Gerechtigkeit und Solidarität. Denn eine noch so religiös erfahrene Verpflichtung, die aber diesen Dimensionen der Gerechtigkeit und damit der Schöpfungsordnung widersprechen würde, würde sich eben da-

[125] Vgl. Ignatius von Loyola, Exerzitien, a. a. O., Nr. 169 ff. und 313 ff.: Das spanische Wort ist hier nicht das zum deutschen „Trösten in Trauer" gehörende „consolacion", sondern „consuelo", das dem deutschen „getrost etwas unternehmen zu können" entspricht und daher wohl besser mit „guten Mutes" oder ähnlich übersetzt würde.

durch als raffiniertes Blendwerk des Bösen ausweisen und dürfte daher keinesfalls als Anruf Gottes interpretiert werden.[126] Auch ist diese Entscheidungslogik gerade auch in diesem ethischen Bezug auf die gesamte Schöpfungsordnung und entgegen einem ersten Eindruck auch keineswegs bloß auf das individuelle Heil als letzte Zielsetzung ausgerichtet, sondern, wie übrigens auch die konkreten Auswirkungen der damaligen Exerzitienbewegung hinsichtlich des kirchlichen wie politischen Engagements der von ihr geprägten Christen belegen, durchaus auch auf die soziale Weltgestaltung.[127]

Es handelt sich also bei diesen „geistlichen Übungen" durchaus um eine gesamtmenschliche, affektiv-emotionale wie rationale, weltliche wie spirituelle, individuelle wie soziale Momente berücksichtigende Methode, die je persönliche Berufung auszumachen und so den Lebensentscheid als alles weitere tragende, existenzielle Vorentscheidung verantwortet fällen zu können. Jedenfalls hat diese Methode nichts von ihrer Aktualität eingebüßt, auch wenn sie, wie in der Vergangenheit allgemein üblich, nicht unbedingt nur in der strengen Abgeschiedenheit der Einzelmeditation geübt wird, sondern sich die psychologisch-gruppendynamischen Erkenntnisse zunutze macht und in der gemeinschaftlichen Betrachtung und im gegenseitigen Austausch zu existenziellen Entscheidungen findet.[128]

[126] Diese Entscheidungslogik, die übrigens auch damals schon gegen die die ethischen Normen geringachtende Erweckungsbewegung der sog. „Alumbrados" stand, unterscheidet sich also grundsätzlich von einem situationsethischen Verständnis im Sinn von S. Kierkegaards († 1855) Schrift ›Furcht und Zittern‹ (unter dem Pseudonym Johannes de Silentio, 1843), wo (allerdings losgelöst vom exegetischen Kontext, der gerade zeigen will, daß ganz anders als die kanaanäischen Götter der wahre Gott keine Menschenopfer will und Abrahams an sich löbliche Bereitschaft, Gott seinen einzigen Sohn, also sein Bestes zu opfern, der Sache nach ein Fehlentscheid ist) dieser Entscheid Abrahams, entgegen aller Ethik zu opfern, als die eigentlich religiöse Haltung herausgestellt wird. Vgl. dazu bes. auch K. Rahner, Das Dynamische in der Kirche, a. a. O., 38ff., wo der Berufungs-„Imperativ" eindeutig in den Rahmen der allgemeinethischen „Prinzipien" verwiesen ist, bzw. ebd. 80, wo diese Steuer- und Kontrollfunktion der Ethik ebenfalls unterstrichen wird.

[127] Die weltweite Missionstätigkeit des jungen Jesuitenordens wie die politische Verantwortung der in den sog. „Marianischen Kongregationen" geformten Schüler der Jesuitengymnasien sind dafür der praktische Beleg, den gewisse Kritiken wohl unzureichend gewichten (vgl. R. Schwager, Das dramatische Kirchenverständnis bei Ignatius von Loyola, Einsiedeln 1970).

[128] So für die Aktualität der Exerzitien: K. Rahner, Das Dynamische in

Neben dieser bis ins einzelne überlegten und seit ihrem Entstehen im 16. Jahrhundert theoretisch wie praktisch immer wieder durchdachten Entscheidungslogik der ignatianischen Exerzitien gibt es allerdings noch weitere Ansätze zur besseren kritischen Erkenntnis einer persönlichen Berufung wie hinsichtlich der daraus wachsenden Antwort in einer existenziellen Vorentscheidung. Zu denken wäre da vor allem an die Vorbildfunktion, welche die Lebensentscheidung großer Christen für die eigene Entscheidungsfindung und -klärung haben kann. Insofern einem hier Menschen mit konkreter Biographie begegnen, deren Charaktereigenschaften und Lebensumstände somit bekannt sind, ergeben sich geglückte konkrete Modelle von aus christlichem Vorentscheid gewachsenen Lebenshaltungen, die besonders auch als treu trotz aller Schwierigkeiten durchgehaltene im Vergleich mit der eigenen Lebenswirklichkeit Herausforderung wie Kritik für die eigene Entscheidungssituation abgeben können.

Gestalten wie Paulus († 67), der aus einer visionären Berufung vom Eiferer für das jüdische Gesetz und daher gegen die Christen zum Apostel Jesu Christi wird, oder der Lebemensch und Erfolgsadvokat Augustinus († 430), der an der Predigt des Mailänder Bischofs Ambrosius († 397) zum Glauben findet, oder Franz von Assisi († 1226), der aus evangelischer Verpflichtung allem Reichtum in demonstrativer Geste und radikaler Konsequenz entsagt, sind dafür aus der Vergangenheit ebenso anregend wie zeitgenössische christliche Persönlichkeiten, also etwa der zum Urwaldarzt gewordene Theologe und Musiker Albert Schweitzer († 1965), der aus religiöser Verpflichtung sich einsetzende UNO-Generalsekretär Dag Hammarskjöld († 1961) oder die das sichere Kloster zur Sterbebetreuung der Elenden verlassende Mutter Teresa von Kalkutta. Die Liste solcher Vorbildgestalten, in welcher wohl jeder Mensch eine ihm innerlich verwandte und ihn so ganz direkt ansprechende Persönlichkeit finden wird, ließe sich beliebig verlängern.[129] Immer

der Kirche, a. a. O., 76, unter ausdrücklicher Ablehnung einer individualistisch verengenden Interpretation der Exerzitien; betr. Gruppen-Exerzitien vgl. K. Frielingsdorf, G. Switek (Hrsg.), Entscheidung aus dem Glauben, Mainz 1978.

129 Da legendäre, gelegentlich auch ideologisch gefärbte Idealisierungen von Heiligen in sog. „heroischer" Tugendhaftigkeit einem als unerreichbar bzw. sogar als völlig unattraktiv vorkommen müssen (vielleicht bewundernswert, aber sicher nicht nachahmenswürdig), bedarf es historisch

aber geht es darum, daß Menschen aus ihrer christlich verstandenen Grundentscheidung heraus mit ihrer ganz persönlichen Eigenart und in den Bedürfnissen und Herausforderungen ihrer Epoche und Umwelt, in denen sie als sog. „Zeichen der Zeit" den Anruf Gottes erkennen, ihr Leben als persönliche Antwort darauf hin entscheiden und planen. In dieser spezifischen Konkretheit vermögen diese Personen dann auch ethisch als eigentliche Vorbilder dazustehen, die nicht wie die Idole aus Sport, Schaugeschäft oder Hofadel die Erfüllung unerfüllter Begierden ohne alle Schattenseiten und damit realitätsfern verführerisch vorgaukeln, aber auch nicht im Sinn von unwirklich „vergoldeten" Legendenheiligen oder „Lesebuch-Vorbildern"[130] einzelne, an sich gute Perspektiven pathetisch verabsolutieren, sondern als Modelle gelungenen Handelns mit der jeweiligen Entscheidungswirklichkeit inspirierend und kritisch in Verbindung gebracht werden können. So vermögen sie existenziell-ganzheitlich, also vor einer genaueren rationalen Analyse eine Lebensausrichtung anzuregen und zum entsprechenden Vorentscheid zu motivieren.[131] Daß auch in diesem Fall eine intellektuell-kritische Überprüfung einer solchen eher emotional bedingten Einsicht hinsichtlich ihrer realistischen wie ethischen Tragfähigkeit nötig ist, versteht sich.

sauberer, nicht legendär geschönter biographischer Übersichten, wie sie etwa geboten werden von K. Kranz, Politische Heilige, Bd. 1–3, Augsburg ²1964, 1959 und 1963, sowie ders., Sie lebten das Christentum, Regensburg 1978, und besonders für Zeitgenossen C. Feldmann, Träume beginnen zu leben, Große Christen unseres Jahrhunderts, Freiburg i. Br. 1983. Aus biblischer Sicht direkt diese Frage des Vorbilds betreffend vgl. schließlich F.J. Moloney, Disciples and Prophets, A Biblical Model for the Religious Life, London 1980.

[130] Vgl. dazu den Roman ›Das Vorbild‹ von S. Lenz, Hamburg 1973, wo eben an solcher klischeehafter Verzeichnung die Findung von Vorbildern für ein Schul-Lesebuch scheitert und, was nicht thematisiert wird, der junge Mensch so ohne die Orientierungshilfe des Vorbildes bleibt.

[131] Vgl. M. Scheler, Der Formalismus in der Ethik und die materiale Wertethik, Halle 1916 (Bern ⁵1966), 558–567, der die Bedeutung des Vorbildes als die reale Person übersteigendes Ideal in seinem ethischen Personalismus wert-ethisch thematisiert, dabei aber gerade die eigentliche Modellfunktion wiederum reduziert, wie K. Wojtyla in seiner christologischen Kritik an Scheler herausstellt, vgl. Das Prinzip der Nachahmung im Evangelium anhand der Quellen der Offenbarung und das philosophische System von Max Scheler, deutsch in K. Wojtyla, Primat des Geistes, München 1980, bes. 272–275.

Aber als eigentlich motivierender Anstoß für eine in komplexer Wirklichkeit zu fällende Entscheidung ist die Herausforderung durch ein Vorbild gerade auch für jüngere Menschen oft unerläßlich; entsprechend groß müßte daher die Aufmerksamkeit der Ethik für diese entscheidungsermöglichende Funktion von Vorbildern gerade in entscheidungsschwacher Zeit sein.[132]

Wahre Vorbilder im christlichen Sinn zeichnen sich dabei stets dadurch aus, daß sie, wie alle echten Vorbilder, nicht bloß für eine bestimmte Fähigkeit, sondern als ganze Persönlichkeit wirken und daß sie als christliche gemäß dem Urbild Christi, in dessen radikaler Nachfolge sie stehen und in dem sie folglich letztlich gründen, stets auch ebenso gottbezogen wie mitmenschlich engagiert sind. Christliche, an solchen Vorbildern bemessene Berufung ist daher stets wesentlich ebenso vertikal gottbezogen wie sie horizontal mitmensch- und gesellschaftsbezogen sein muß. Was, wie schon der jüdische Philosoph H. Bergson († 1941) bemerkte, bei allen großen christlichen Heiligen auffällt, kann daher bei all ihren sonstigen Verschiedenheiten als Kennzeichen für die Echtheit jeder christlichen Berufung gelten. Wenn aber Vorbildgestalten schon in einer indirekten Begegnung mit ihren Schriften und der Biographie ihres christlich gelungenen Lebens klärend auf die Findung der eigenen Berufung und der diese annehmenden Vorentscheidung einwirken, so werden sie dies als direkte Gesprächspartner trotz eines noch nicht abgeschlossenen und damit definitiv gelungenen Lebens noch mehr tun.

So ist es nicht erstaunlich, daß als dritte eine Berufung klärende Möglichkeit stets und beileibe nicht nur in der christlichen Tradition auf das beratende Gespräch mit einem geistlichen Berater oder Meister hingewiesen wurde. Angefangen mit der säkularen, aber sachlich fachkundigen Berufsberatung zur Abklärung von gesellschaftlichen, sozialen und wirtschaftlichen Gegebenheiten wie den subjektiven Begabungen und Neigungen sollte eine solche Beratung aber vor allem die menschlichen und geistlichen Dimensionen des mitmenschlichen Dienstes im Willen Gottes zur Sprache bringen.

132 Moralpädagogisch wären diesbezüglich weitere Untersuchungen zur ethosprägenden Funktion von Idol und Vorbild ein dringendes Desiderat; einige Ansätze, angeregt u. a. von Schelers phänomenologischem Einstieg, finden sich immerhin bei G. Stachel und D. Mieth, Ethisch handeln lernen, Zürich 1978, bes. 86 ff., 110 f., 157 f., und vor allem bei G. Biemer, A. Biesinger (Hrsg.), Christwerden braucht Vorbilder, Mainz 1983.

Wenn im Mittelalter das Ratgeben als eines der sieben Werke geistlicher Barmherzigkeit und damit moraltheologisch als Pflicht galt, so zeigt dies, welch hohen Wert man einem solchen Gespräch beimaß. Nur sollte man dann nicht übersehen, daß es folglich auch für den in einer Entscheidungssituation Suchenden zur Pflicht wird, sich um ein solches Gespräch zu bemühen, und zwar sowohl hinsichtlich der sachlich objektiven Information wie besonders hinsichtlich des existenziell beratenden, klärenden Dialogs. Reine Selbständigkeit diesbezüglich ohne jeden Berater, wie ihn alle großen Religionen mit dem Guru im Hinduismus, dem Roshi im Zen-Buddhismus, dem Sufi im Islam, dem jüdischen Zaddik oder dem christlichen Starzen in Rußland kennen, anstreben zu wollen, wäre daher eine den Vorentscheid selbst schädigende, also sündhafte Überheblichkeit.

Mit einer solchen sorgfältig abgewogenen Erkenntnis der eigenen Berufung ist dann zwar ein wesentlicher Schritt in Richtung auf die verwirklichende Antwort des Menschen getan; weiß er doch jetzt mit einer moralischen Sicherheit, die den vernünftigen Zweifel ausschließt, was eigentlich sein Weg wäre, was er eigentlich zu tun hätte. Aber die Vorentscheidung als solche ist damit als ein ganz persönlicher Akt des konkret entschlossenen Engagements der ganzen Existenz noch nicht erreicht. Aus Unentschlossenheit oder Furcht vor Konsequenzen kann sie, obwohl als eigentlich verpflichtende erkannt, nach dem Beispiel des reichen jungen Mannes im Evangelium (Mt 19, 16ff.) ausbleiben oder sogar trotzig ausgeschlagen werden. Auch kann sie zwar angefangen, aber dann nicht durchgehalten werden und dabei von ihrer eigentlichen Motivation abdriftend verkommen, wie dies oben schon für die Haltung in gewissen vorderasiatischen urkirchlichen Gemeinden (vgl. Offb 28, 3) zeitlos typisch angedeutet wurde. Ethisch wird somit alles davon abhängen, ob der einmal gefaßte Entschluß, sich auf einen bestimmten Lebensweg einzulassen, nicht nur gefaßt, sondern auch verwirklicht, d.h. in die konkrete Tat umgesetzt wird, ob er also zum Tatentscheid führt.

6. Der Tatentscheid

Wenn der Vorentscheid die prinzipielle Ausrichtung des Grundentscheids auf das Gute hin epochal wie individuell-persönlich konkretisiert und eine eigene Lebensausrichtung festlegt bzw. wenn nach dem christlichen Verständnis die im Grundentscheid gewollte

Ausrichtung auf den Willen Gottes im Vorentscheid zu einer persönlichen Lebensantwort auf den als Berufung erfaßten Anruf Gottes gefunden hat, dann muß der konkrete Vollzug im konkreten Handeln des Alltags nachfolgen; sonst würde der gesamte Entscheidungsprozeß sich einfach verlaufen. In diese notwendigerweise den Entscheidungsprozeß abschließenden Tatentscheide fließen dann als motivierend ausrichtende Momente die Gehalte des Vorentscheides bestimmend ein, so daß der Handelnde seine Hauptaufmerksamkeit auf die konkreten Sachumstände richten und vor allem der funktionalen Sachgerechtigkeit seine Sorgfalt widmen kann, ohne damit die sittliche Ausrichtung und den ethischen Wert seines Tuns als Ganzes aufs Spiel zu setzen. So wird etwa ein Chirurg im Tatentscheid zu einer Operation sein Augenmerk vor allem auf die Technik des Operierens, auf die Reaktion des Patienten usw. richten und dennoch voll in der sittlichen Ausrichtung seines Tuns als Dienst am kranken Mitmenschen bleiben, ja, dieser grundsätzlichere Lebensentscheid setzt ihn geradezu erst frei, sich voll auf die konkret technischen Belange konzentrieren zu können, die dann ihrerseits von der Intention der Lebensentscheidung getragen und gerichtet sind.

Diese Ausrichtung qualifiziert diese konkreten Taten sogar so sehr, daß sie auch dann der guten Grundausrichtung verpflichtet bleiben, wenn durch irgendwelche äußeren, vom Handelnden nicht beeinflußbaren Umstände die konkrete Tat nicht die gewünschte Wirkung zeitigt oder sogar Schaden stiftet. Die aus Grund- und Vorentscheidung stammende prägende sittliche Motivation hält sozusagen die konkrete Tat auch dann noch in ihrer Dynamik, wenn sie trotz bester Absicht im Konkreten scheitert. Dies setzt freilich voraus, was gleich noch deutlicher herauszustellen ist, daß ein Entscheid wirklich nach bestem Wissen und Gewissen (d.h. immer auch in der steten Bereitschaft zu sorgfältiger Selbstkontrolle) erfolgt ist. Es zeigt aber vor allem, wie die sittliche Entscheidung ihren eigentlichen sittlichen Schwerpunkt in der Setzung der aus der Dynamik der Grundentscheidung gefällten Vorentscheidung hat und entgegen einer auf den Einzelakt konzentrierten Moralkasuistik nicht so sehr im einzelnen Tatentscheid, der zwar auf diesen Vorentscheid um seines Bestandes willen folgen muß, aber dann nur von ihm her seine grundsätzliche Prägung erfährt.

Daß die ethische Reflexion sich daher vor allem auf die sorgfältige Klärung des die Ausrichtung des gesamten Handelns prägenden Vorentscheides wird konzentrieren müssen und für den Tatentscheid besonders auf dessen technisch sorgfältige, sachlich überlegte Durchführung Gewicht zu legen hat, versteht sich. Demgemäß sind dann auch Hinweise auf die angemessene Verwirklichung mit entsprechenden Richtlinien oder Verhaltensnormen gerade in einer in ihren konkreten technischen wie sozialen Entscheidungsstrukturen komplexen Zeit kaum je von der Ethik als solcher zu erwarten, sondern nur im interdisziplinären Gespräch zwischen sachbezogenen Fachleuten und dem Ethiker zu erarbeiten. Der Ethiker hat ja, auch als Moraltheologe vom religiösen Glauben her, für die konkreten Sachbelange keine besonderen Erkenntnisse einzubringen; dies ist die Aufgabe der verschiedenen Fachspezialisten in den konkreten Entscheidungsfeldern. Seine Aufgabe ist es vielmehr, auf die grundsätzliche Ausrichtung der Motivationen zu achten, und zwar sowohl in der Erstausrichtung wie auch bezüglich deren möglicher Abflachung oder unterschwelliger Pervertierung. Dabei stellt sich die schon angedeutete Frage nach Möglichkeit und ethischer Tragweite eines Gewissensirrtums bzw. nach einer entsprechenden konkreten Entscheidungskontrolle mit unausweichlicher Dringlichkeit.

7. Das Gewissen als fehlbare Entscheidungsinstanz

Daß die Gewissenserkenntnis vor allem dort, wo sie für die Feststellung einer Berufung auf emotionale Kriterien angewiesen ist, u. U. Täuschungen erliegen kann, wurde im Zusammenhang der sog. „Wahlbetrachtungen" in den geistlichen Übungen des Ignatius von Loyola schon einmal kurz erwähnt.[133] Die gewöhnliche, alltägliche Erfahrung zeigt aber, daß solche Täuschungen sich beileibe nicht nur auf jene Gebiete beschränken, wo das allgemein als weniger klar definierbar geltende Moment der Gefühle eine besondere Rolle spielt. Vielmehr macht gerade im Bereich der Tatentscheide, die sehr oft in einem sachlich komplexen Umfeld und erst noch unter Zeitdruck gefällt werden müssen und dazu noch auf eine ja immer bloß abschätzbare, nicht genau bekannte Zukunft hin bezogen sind und daher auf ebenfalls nur optimierte, aber nie völlig sichere Ermessensurteile aufbauen müssen, sich die Möglichkeit des trotz aller Sorgfalt nicht ausschließbaren Irrtums ebenfalls deutlich bemerkbar. So kann beispielsweise die Diagnose des Arztes, oft genug ein Ermessensurteil, unter einem um das Wohl des Patienten

[133] Siehe oben Abschnitt C. III, 5.

willen in Kauf genommenen Zeitdruck zum Entscheid eines operativen Eingriffs führen, der sich im Nachhinein als falsch erweist, obwohl nach menschlichem Ermessen alles vorgekehrt wurde, um der Grundabsicht, dem Patienten zu helfen, nachzukommen. Trotz bester Absicht entsteht somit ein nicht wiedergutzumachender Schaden, und oft genug werden sich in einem solchen Fall bei den betroffenen Handlungsträgern Schuldgefühle einstellen, die nach der Frage rufen, ob denn hier nicht auch ethisch von Schuld gesprochen werden müsse, und zwar obwohl man doch allgemein den Eindruck hat, daß dort, wo „nach bestem Wissen und Gewissen" gehandelt wurde, kein Verschulden vorliegen könne.

Um diese Frage klären zu können und ethische Schuld von bloß psychologischen Schuldgefühlen abheben zu können,[134] hat die ethische Tradition schon im Mittelalter zu unterscheiden begonnen zwischen einem „unüberwindbar irrenden Gewissen", wo ein Fehlentscheid trotz allem Bemühen um beste Beurteilung aller Umstände und in bester Absicht eintrat, und einem „schuldhaft irrenden Gewissen", wo aus verschiedenen Gründen der Irrtum hätte vermieden werden können[135]. Solcher schuldhafte Irrtum muß dort angenommen werden, wo aus einer besonderen fachlichen Qualifikation mit einem spezifischen Fachwissen eigentlich (d.h. aus sozialer Gerechtigkeit, weil man dies vom Fachmann ja erwarten können sollte) gerechnet werden muß. Wo solches Wissen dann, z.B. aus Vernachlässigung der beruflichen Weiterbildung, fehlt, kann entsprechend nicht von einem unschuldigen Irrtum geredet werden. Ebenso kann ein solcher schuldhafter Irrtum dort angenommen werden, wo jemand von einer rechtsgültig bekanntgemachten, allgemeingültigen Regelung wie etwa einer neuen Straßenverkehrsbestimmung behauptet, sie nicht gekannt zu haben.[136] Noch weniger kann dann natürlich dort von einem schuldlosen Irrtum gesprochen werden, wo jemand nach dem Grundsatz: „Was ich nicht weiß, macht mir nicht heiß", eigentlich von ihm zu erwartendes Wissen

[134] Vgl. zu dieser Problematik U. Rauchfleisch, Psychoanalyse und theologische Ethik, Freiburg i.d. Schweiz 1986, bes. 87–95, wo aus konkreter Erfahrung, aber leider in oft unzureichender Terminologie zahlreiche Phänomene von psychologischer „Schuld" so aufgearbeitet sind, daß vorschnelle ethische Urteile besser vermieden werden können.

[135] Vgl. im einzelnen zur Geschichte dieser Problematik: K. Golser, Gewissen und objektive Sittenordnung, a.a.O.

[136] Daher der Grundsatz: „ignorantia legis non excusat a lege."

von sich fernhielt, um davon in seinem Gewissen nicht behelligt zu werden und sich damit allenfalls sogar gewisse Vorteile zu sichern.[137]

Von einem wirklich unschuldigen und damit von den negativen Folgen einer Tat wirklich entschuldigenden Gewissen kann also nur dort die Rede sein, wo unter den gegebenen Umständen eine bessere Einsicht wirklich nicht möglich ist und jemand mit dem Martin Luther († 1546) zugeschriebenen Wort von sich sagen muß: „Hier stehe ich, ich kann nicht anders; Gott helfe mir!“[138] Damit jemand dies aber mit allem Respekt vor der autonomen Entscheidungsfähigkeit seines Gewissens wirklich ehrlich sagen kann, muß er die von ihm ins Auge gefaßte Entscheidungslösung sorgfältig in der sittlichen Erfahrung seiner Mitmenschen und unter Berücksichtigung der Ansprüche der gegenwärtigen Situation wie der absehbaren Folgen dahingehend überprüft haben, ob sie wirklich den ethischen Zielsetzungen von Gerechtigkeit und Liebe entspricht oder ob sie nur momentane Bedürfnisse, allenfalls auf Kosten anderer und künftiger Generationen befriedigt. Das heißt aber letztlich nichts anderes, als daß das Gewissen gerade als eigenständige Entscheidungsinstanz des Menschen verwiesen ist auf die aus der sittlichen Erfahrung der Menschen gewachsenen, konkreten ethischen Normen.

Wenn daher die ethische Reflexion sich über Normen Gedanken zu machen beginnt, so geschieht dies aus einer inneren Notwendigkeit, weil das als typisch menschliche Fähigkeit stets begrenzte Gewissen einer solchen mitmenschlichen Überprüfung bedarf, wenn es nicht unversehens in eine selbstherrliche und damit rasch mitmenschlich schädliche Isolierung fallen soll. Der Verweis auf sittliche Normen geschieht damit in keiner Weise aus einer Lust an verallgemeinernden, die spontane Gestaltungsfreiheit der einzelnen Person einschränkenden Normierungen; noch weniger soll damit ein wie auch immer gearteter Zwang ausgeübt werden. Vielmehr geht es darum, dem Gewissensentscheid zunächst eine zur Überprüfung seiner Vorhaben dienliche Hilfe anzubieten. Dann aber soll in den sittlichen Normen die in der Menschheit als geschichtlich-

[137] Die Tradition redet in solchen Fällen treffend von einer *ignorantia crassa et supina*, evtl. auch *affectata*, d. h. von einer durchtrieben gehätschelten, fetten Ignoranz.

[138] So die allerdings nicht authentische Zusammenfassung seiner Rede vor dem Reichstag zu Worms von 1521.

kultureller Gemeinschaft teilweise über lange Zeit gewachsene sittliche Erfahrung als richtungweisende Entscheidungshilfe für den einzelnen Menschen leicht verfügbar und so neu fruchtbar gemacht werden, nicht zuletzt, wo längst bewährte Lösungen als die am besten angepaßten gelten können und um das Gewissen so freizusetzen für jene Belange, wo wirklich eine eigene, originelle und persönliche Entscheidung gefordert ist.

D. NORMEN – ORDNUNGSSTRUKTUREN DES GEWISSENS

I. Normen als Bemessungsgrundlagen des Gewissens

1. Die Regelfunktion von Normen

Mit Normen im weitesten Sinn des Wortes bezeichnen wir Verhaltensanweisungen für den frei gestaltbaren, also ethisch zu verantwortenden Lebensvollzug des Menschen. Sie sind jedoch, wie gerade die Überlegungen zur Möglichkeit des Gewissensirrtums bzw. der daraus folgenden Notwendigkeit der Überprüfung des Gewissensurteils zeigen, in keiner Weise ein von außen auferlegtes Zwangsinstrument zur Gängelung eines allenfalls sogar als allgemein noch unmündig betrachteten Gewissens. Vielmehr sind sie, und zwar auch dort, wo sie in der Form von Gesetzen und Vorschriften vorliegen, Kriterien zur Überprüfung und damit auch zur einfacheren Bestimmung konkreter, sittlich verantworteter, d.h. den letzten Zielsetzungen dienender Gewissensentscheide. Gemäß der ursprünglichen Wortbedeutung von *norma* als Maß sind sie somit als sittliche Normen ethische Bemessungsgrundlagen. Ihre Gültigkeit beruht in keiner Weise auf Willkür irgendwelcher ortsfremder Autorität, sondern ergibt sich aus den inneren Sachzusammenhängen der Entscheidungswirklichkeit. Dadurch leisten sie zugleich einen wichtigen Beitrag zu ihrer besseren und rascheren Erfassung.

Sittliche Normen gehören also voll in das genannte Konzept einer im theonomen Sinn verstandenen teleologisch-autonomen Ethik[139] und können denn auch – wie nun näher zu zeigen sein wird – auch nur insofern ethisches Gewicht beanspruchen. Gerade weil die christliche Ethik in ihrer Tradition als kirchliche Moral sehr nachhaltig als Gesetzeskasuistik aufgetreten ist,[140] scheint es besonders wichtig, diese dienende Funktion der Normen, die keinesfalls einen Selbstzweck irgendwelcher Art darstellen dürfen, herauszustellen.

139 Vgl. oben Abschnitt A. III, 2 und 3.
140 Vgl. oben Abschnitt A. II, 3.

Dies geschieht sowohl, um an sich unberechtigte Vorurteile gegen eine die schöpferische Freiheit angeblich beeinträchtigende Moral abzubauen, anderseits aber auch, um einer das Gewissen des einzelnen bis zur Selbstzerstörung überfordernden „Moral ohne Norm“ vorzubeugen.

Von einem solchen Normverständnis her ist aber auch einsichtig, weshalb gerade die modernen Gesellschaften mit ihrer hochtechnisierten Zivilisation nur dank einem engmaschigen Netz von normativen Regelungen zu funktionieren vermögen: Die komplexen Handlungsabläufe erfordern nämlich häufig ein derart rasches, vielfältiges Erfassen und Kombinieren von Daten, daß nur die nach festen Vorschriften reflexartig gesicherte Reaktion die Handlungsabläufe für den Normalfall so zu garantieren vermag, daß auch noch eine ausreichende, schöpferische Entscheidungsfähigkeit für die Bewältigung von Ausnahmesituationen gewährleistet bleibt. Die Straßenverkehrsgesetze so gut wie die Bedienungsvorschriften technischer Apparate bis hin zum Drill von Piloten hinsichtlich der Flugsicherung dienen durchweg diesem Ziel und werden denn auch sinnvollerweise und trotz ihrer harten Durchsetzung von niemandem grundsätzlich in Frage gestellt. Auch radikal situationsethische Vertreter einer sog. „Moral ohne Norm“, nach welchen scheinbar der Zweck jedes Mittel zu rechtfertigen vermag,[141] werden bezüglich solcher Regelansprüche sich nicht zu völlig asozialen Anarchisten steigern, sondern sie zumindest pragmatisch dulden und ihre Theorie auf extreme Sonderfälle oder den rein privaten Lebensbereich beschränken. Sosehr Normen daher der stets neuen Überprüfung hinsichtlich ihrer entscheidungserleichternden Funktion bedürfen und daraufhin gerade von der systematischen Ethik hinterfragt werden müssen, so evident ist doch ihre alltägliche Notwendigkeit. Nicht die Frage des „Ob“, sondern diejenige nach dem „Wie“ bzw. dem „Wieviel“ von Normen ist daher die vordringlich hier zu erörternde. Wenn Normen wirklich Entscheidungshilfen sein sollen und Regelbefolgung nicht Zweck, sondern Mittel ist, dann muß für sie der Leitsatz gelten: „Soviel Regel wie nötig, soviel Freiheit als möglich.“

[141] So vor allem der amerikanische Vertreter der sog. „New Morality“ J. Fletcher, Moral ohne Normen?, Gütersloh 1967 (engl. Philadelphia 1966), 107, wobei als Zweck hier eine allerdings sehr vage gefaßte Nächstenliebe gilt. Vgl. dazu kritisch J. Gründel und H. v. Oyen, Ethik ohne Normen, Freiburg i. Br. 1970, sowie unten Abschnitt D. VI, 2.

2. *Die Faktizität von Normen in ethischem Verständnis*

So sehr sich der Mensch als wesentlich soziales Wesen, das für seinen Lebensvollzug grundsätzlich auf die Rücksichtnahmen anderer angewiesen und damit selbst zur Rücksicht verpflichtet ist, somit zumeist ganz selbstverständlich und oft weitgehend unbewußt in einem vielfältigen, sein alltägliches Verhalten regelnden Normengeflecht bewegt, so sehr gilt es, übrigens ganz im Sinn des eben genannten, aus der Erfahrung gewachsenen, recht pragmatischen Leitsatzes, eine offenbar besonders in den modernen technischen Gesellschaften und ihren Verwaltungen akute, doppelte Gefahr zu beachten: Einmal gibt es die Versuchung, durch ein möglichst dichtes Netz von Vorschriften und Verordnungen das menschliche Zusammenleben so lückenlos zu regeln, daß praktisch jeder Fehler im geregelten Ablauf von vornherein ausgeschlossen ist. Aber einmal abgesehen davon, daß in Anbetracht der menschlichen Spontaneität und der nie voll erfaßbaren Komplexität der Sachverhalte eine solche theoretische Konzeption sich, wie alle Versuche zu funktionierenden Planwirtschaften der Geschichte eindrücklich zeigen, ohnehin als Illusion erweist, schränken solche übersteigerten Regulierungsversuche auch schon als Tendenz die schöpferische Gestaltungskraft der Menschen so ein, daß die Formen des Zusammenlebens zu erstarren drohen und die zur Bewältigung unvorhergesehener Ereignisse nötige Phantasie zu fehlen beginnt. Dazu kommt, daß den solche Regelsysteme verwaltenden Instanzen leicht eine derartige Kontrollmacht zukommt, daß diese der freien Entfaltung der menschlichen Persönlichkeit in ihrer Würde, also dem Ziel jeder Ethik und damit auch aller Norm, abträglich zu sein beginnt.

Daneben haben konkrete Normen, die aus der reflektierten, praktischen Erfahrung gewachsen sind und sich über längere Zeit als nützliche Regelung bewährt haben, die Tendenz, sich so zu verfestigen, daß ihre stets auch irgendwie zeitbedingte Struktur in Vergessenheit geraten und sie als unbedingt und allgemein gültige angesehen zu werden beginnen. Damit werden sie aber leicht auch da noch durchgesetzt, wo sie unter veränderten Umständen längst obsolet geworden sind.[142] Die Folge davon ist, daß über kurz oder lang

[142] Man denke nur etwa an Toleranzen für Höchstgeschwindigkeiten im Kraftfahrzeugverkehr, die angesichts der damit verbundenen Umweltbelastung längst nicht mehr zu verantworten sind, oder den Wert, den man früher, angesichts der hohen Kindersterblichkeit sinnvollerweise, einer

sich nicht nur solche Normen selbst abschaffen, sondern daß der Sinn von ethischer Normierung überhaupt angezweifelt wird. Lebensfremde, für aktuelle Fragestellungen irrelevante, aber noch immer festgehaltene Normen zerstören, wie das Beispiel der kasuistischen Handbuchmoral in der Zeit vor dem II. Vatikanischen Konzil belegt, letztlich den ethischen Gehalt selbst.[143] Was damals allgemein als „Krise der Moraltheologie“ bezeichnet wurde, muß daher hinsichtlich eines differenzierten und flexiblen Umgangs mit Normen auch dann mitbedacht werden, wenn mittlerweile Normbegründungsuntersuchungen (vorab in metaethischen Analysen von sittlichen Werturteilen) manche Einseitigkeiten und ideologische Argumentationen, d. h. manche Engführung vermeiden helfen. Beim Einsatz von Normen zur Entlastung und Überprüfung von Gewissensentscheiden darf daher bei all seiner unerläßlichen Hilfe nicht vergessen werden, daß es eben doch nur um eine Hilfestellung geht, die den eigentlichen Entscheidungsakt des Gewissens zwar stützen, nie aber ersetzen kann!

3. Mögliche Bedenken gegen Normen aus christlicher Sicht

Obwohl somit die Tatsache normativer Bestimmungen des menschlichen Handelns in vielfacher Hinsicht feststeht und sich daher die Ethik der kritischen Auseinandersetzung mit diesen regulierenden Rahmenbedingungen für das menschliche Entscheiden keinesfalls entziehen kann, schon gar nicht in Anbetracht ihrer für die Gewährleistung eines erträglichen sozialen Zusammenlebens unbestreitbaren Nützlichkeit, kann sich doch die Frage stellen, ob diese Notwendigkeit auch für eine religiös begründete Ethik zutreffe, zumal wenn sich diese, wie die christliche, im Zeichen einer Liebesgemeinschaft und damit auch einer deutlichen Gesetzeskritik ankündigt. Muß da nicht der schon in den neutestamentlichen Schriften und ihren sittlichen Anweisungen an die ersten Gemeinden feststellbare neuerliche Rekurs auf normativ gesetzliche Vorschriften als ein Rückfall in eine bürgerliche Religiosität gewertet werden, der die offene Gnadendynamik des „Gesetz und Pro-

möglichst großen Kinderzahl zumaß, der sich aber angesichts einer der Welt drohenden Überbevölkerung in sein Gegenteil zu verdrehen und zerstörerische Folgen zu zeitigen beginnt.

[143] Vgl. oben Abschnitt A. II, 6 und 7.

pheten" grundsätzlich überspannenden Liebesgebotes[144] erneut in einen institutionellen Rahmen zwingen will? Wird da nicht die zum prophetischen, spontanen Liebeszeugnis gerufene Jüngergruppe „frühkatholisch"-kirchlich so vereinnahmt,[145] daß die moralisierende Gesetzesmoral, welche christliche Ethik ja dann tatsächlich über weite Strecken ihrer geschichtlichen Entwicklung geprägt hat, zur unausweichlichen Folge werden muß?

So verständlich solche Rückfragen angesichts so mancher institutioneller Erstarrungen im Verlauf der Kirchengeschichte und gerade auch im Umgang mit ethischen Problemen auch sind, so scheint es doch undenkbar, daß das, was für jede menschliche Gruppierung, und zwar auch für so spontan intime Gruppen wie etwa eine Familie gilt, nämlich daß sie ohne allenfalls noch völlig informelle Regelungen und Konventionen nicht in Harmonie lebensfähig sind, für eine religiöse Gemeinschaft, deren Glieder ja durch die Zugehörigkeit zu einer solchen Gruppe nicht aufhören, Menschen mit all ihren Wesenseigenschaften zu sein, auf einmal nicht mehr gelten sollte. Dies ist um so bedenkenswerter, als kein Versuch zum Aufbau solcher normfreier, religiöser Spontangruppen je die ersten Anfangsphasen, wo meist noch starke Gründerpersönlichkeiten autoritativ die verbindliche Norm darstellten, zu überdauern vermochte. Vor allem aber ist es nicht möglich, einsichtig zu machen, mit welchem Recht bzw. nach welchen Kriterien der Rekurs auf normative Momente, die sich auch in ältesten Traditionen der neutestamentlichen Schriften schon finden, dort als im Vergleich zu anderen Aussagen weniger bedeutsam eliminiert werden könnte – das einmal sogar abgesehen davon, daß damit entgegen allem sonstigen Verständnis[146] die Bedeutung der ganzen alttestamentlichen Tradition für das christliche Ethos fragwürdig würde.

In Anbetracht solcher Überlegungen hat man denn auch in der moraltheologischen Tradition die normativen Aussagen der neutestamentlichen Schriften stets als genuin dazugehörende ernst genommen[147] und damit auch für die urkirchlichen Gemeinschaften

[144] Vgl. Mt 22, 40 par.

[145] Für eine kritische Übersicht mit breiter Literaturangabe der vor allem im protestantischen Raum aufgeworfenen Frage des Frühkatholizismus vgl. F. Hahn, Frühkatholizismus als ökumenisches Problem, in: Cath 37 (1983), 17–35, sowie unten Anm. 157 die Studien von G. Theissen.

[146] So seit dem Ausschluß des das Alte Testament ablehnenden Markion († um 160) und seiner Gruppe.

[147] Vgl. dazu als Übersicht: K. H. Schelkle, Theologie des Neuen Testa-

das wesentlich zum Menschsein gehörende Bedürfnis, gewisse Belange normativ zu regeln, um die Mitmenschlichkeit zu gewährleisten, bejaht. Daß dies in keiner Weise eine blinde Gesetzesgläubigkeit nach sich ziehen darf, sondern bei aller grundsätzlichen Bejahung unter der Dynamik des grundlegenden Liebesgebotes auch eine konstante Gesetzeskritik gegen alle möglichen Formen von Übertreibung bedeutet, versteht sich und muß vor allem in den folgenden Überlegungen deutlich werden. Insofern ist es denn entgegen gewissen (und fälschlichen) sozialen Erwartungen keineswegs des Christen erste Pflicht als Staatsbürger, ein Garant von Ruhe und Ordnung im Sinn der jeweils geltenden Gesetze zu sein. Ohne daß er deshalb in kleinliche Krittelei zu verfallen bräuchte, hat er vielmehr stets ein kritisch waches Auge darauf zu haben, ob die normativen Strukturen auch wirklich der besseren Gewährleistung von Gerechtigkeit als minimaler Voraussetzung der Verwirklichung von Liebe dienen, bzw. hat er besonders darauf zu achten, ob allenfalls unterschwellig Rückfälle in Ungleichheit und Privilegien einzureißen beginnen oder ob nicht durch eine vielleicht umständehalber erst neuerdings möglich gewordene Veränderung von Normen der zwischenmenschlichen Gerechtigkeit noch besser gedient werden könnte.

Grundsätzlich aber hat auch der christliche Ethiker davon auszugehen, daß menschliches Entscheiden bei all seiner personalen Eigengestaltung nicht in all seinen Vollzügen, besonders auch in seinem alltäglichen Sozialverhalten immer neu auf originär eigenen Lösungen aufbaut, sondern sich an vorgegebene normative Rahmenbedingungen hält, die u.U. sogar sehr weitgehende Konkretionen als feste Regelungen, wie etwa im Straßenverkehr, erreichen können. Insofern sich aus diesen normativen Richtlinien erhebliche Entlastungen für sehr viele Entscheidungsprozesse wie auch wichtige Kontrollmomente ergeben, kann es keinesfalls die Aufgabe der Ethik sein, die Bedeutung solcher Normen herabzumindern oder gar zugunsten einer „Moral ohne Norm“ aufzuheben. Eine der Menschlichkeit im sozialen Verhalten nur abträgliche Verunsicherung (bzw. die Zuflucht zu unüberprüften, autoritären Sicherheiten[148]) wäre nur allzuleicht als Folge zu befürchten. Vielmehr

ments, Bd. 3: Ethos, Düsseldorf 1970 (aus katholischer Sicht), sowie H. D. Wendland, Ethik des Neuen Testaments, Göttingen 1970, E. Würthwein und O. Merk, Verantwortung, Stuttgart 1982 (aus protestantischer Sicht).

148 Diese Wirkung zeitigten denn auch gewisse situationsethische Strö-

muß es gerade auch der christlichen Ethik darum gehen, das Normbedürfnis des Menschen als vorgegebene Tatsache anzunehmen und sich von daher der Frage zuzuwenden, wie Normen gestaltet zu sein haben, damit sie ihrer einzig ethisch bedeutsamen Funktion der Entscheidungshilfe bestmöglich gerecht werden können. Daß sich für eine christliche Ethik als Moraltheologie dazu die Rückfrage nach dem biblischen Verständnis von Gesetz und Gebot aufdrängt, versteht sich.

II. Das biblische Verständnis von Gesetz und Gebot

1. Die Thora als ethische Weisung – das Gesetzesverständnis im Alten Testament

Wie sehr das Gesetz, allerdings im Sinn einer Bundessatzung für das in den Heilsbund aufgenommene Gottesvolk, für das Alte Testament prägendes Element ist, zeigt allein schon die Tatsache, daß das Gesetz als „Thora" im Sinn einer göttlichen Belehrung oder Weisung[149] geradezu zum Synonym für die Sammlung von Schriften werden konnte und man so mit „Gesetz und Propheten" noch im Neuen Testament das umschreibt, was man später als das „Alte Testament" zu bezeichnen begann. Tatsächlich hat dann auch das Kernstück dieser Weisungen, die Liste der Zehn Gebote, der sog. ›Dekalog‹ (Ex 20, 1–17 und Dtn 5, 6–21), wie wohl keine andere Zusammenstellung von Weisungen weit über den ursprünglichen Geltungsraum im Judentum hinaus eine ethosprägende Bedeutung erlangt. Vor allem über die christliche Katechese wurde dieser Deka-

mungen der sog. „New Morality" (vgl. oben Anm. 141 bzw. unten Abschnitt D. VI, 2), aber teilweise auch schon der (zu) rasche Übergang von einer übertrieben nominierenden Kasuistik in eine anspruchsvollere Entscheidungsethik im Gefolge der theologischen Erneuerungen nach dem II. Vatikanischen Konzil mit der Folge von jedem gesunden Ethos abträglichen, fundamentalistisch-legalistischen Verhärtungen, wie sie sich nicht nur in der Gruppierung um den dissidenten Bischof M. Lefebvre zu Wort melden.

[149] Die positiv offene Bedeutung des Wortes Weisung (im Sinn von Wegweiser u. ä.) trifft wohl besser das ursprünglich Gemeinte als die stets irgendwie autoritär klingenden Begriffe „Gebot" oder „Gesetz", vorausgesetzt natürlich, man assoziiere damit nicht den engen Sinn dessen, was in der Beamtensprache mit „weisungsgebunden" umschrieben wird.

log als Grundstock einer humanen Sittlichkeit nicht nur zum Leitfaden der Gewissensbildung und -überprüfung des christlichen Abendlandes, sondern über das ihm zugrundeliegende Menschenbild auch zu einem der Anstöße für die erste Menschenrechtserklärung in der sog. ›Bill of Rights of Virginia‹[150] bzw. der amerikanischen Unabhängigkeitserklärung, die seither zum Muster für alle weiteren Grundrechtskataloge wurde. Damit hat dieser ethische Ansatz menschheitsweite Bedeutung erlangt und sogar auch dort noch Einfluß ausgeübt, wo sich, wie dies für die spätere Aufklärung weitgehend zutrifft,[151] die ursprüngliche und tragende religiöse Bindung zu verlieren begann[152].

Allerdings verkennt gerade diese Loslösung der sittlichen Forde-

[150] Sowohl der Verfasser des ersten Entwurfs George Mason († 1792) wie Thomas Jefferson († 1826) scheinen neben den Ideen der Aufklärung mit stoischen Humanitätsideen das biblische Menschenbild als Anregung eigens bedacht zu haben (vgl. dazu die Präambel der Unabhängigkeitserklärung der USA von 1776, an der vorab Jefferson beteiligt war, wo man liest, wie „alle Menschen gleich geschaffen und vom Schöpfer mit gewissen unveräußerlichen Rechten ausgestattet" seien), wie denn auch der gemeinsame Erlaß ›Grundwerte und Gottes Gebot‹ (Gütersloh und Trier 1979) der Evang. Kirche Deutschlands (EKD) und der Deutschen Bischofskonferenz diese Parallele herausstellt.

[151] So bejahte etwa auch I. Kant († 1804) die Nützlichkeit einer dekalogischen Ethik für jene Volksschichten, denen der Zugang zu seinem ethischen Werk bildungsmäßig nicht möglich war. Aber auch die Fürsten eines aufgeklärten Absolutismus wie etwa der österreichische Kaiser Joseph II. († 1790) stützten eine ethische Katechese, die den Dekalog breiten Kreisen zu vermitteln vermochte.

[152] Auf dieser Linie dürfte dann auch die Tatsache liegen, daß in den letzten Jahren eine ganze Reihe von Aktualisierungen des Dekalogs im Sinn einer allerdings nun wieder vermehrt religiös motivierten, breitgestreuten ethischen Wegleitung erschienen. Vgl. dazu u.a. H. Albertz (Hrsg.), Die Zehn Gebote, 10 Bde., Stuttgart 1985 ff.; A. Deissler, Ich bin dein Gott, der dich befreit hat, Freiburg i. Br. 1975; A. Dosenberger u. a., Die Zehn Gebote – Gesetze des Lebens, Friedberg 1979; G. Ebeling, Die Zehn Gebote in Predigten ausgelegt, Tübingen 1973; F. Furger, Die Zehn Gebote – Spielregeln des Lebens, Freiburg i. d. Schweiz 1983; H. A. Gornik (Hrsg.), Du sollst in Freiheit leben, Freiburg i. Br.–Offenbach 1986; M. Limbeck, Aus Liebe zum Leben, Stuttgart 1981; J. M. Lochman, Wegweisung der Freiheit, Gütersloh 1979; O. H. Pesch, Die Zehn Gebote, Mainz 1976; S. Ben-Chorin, Die Tafeln des Bundes, Tübingen 1979; A. Schilling, Die Zehn Gebote, Luzern 1983; H. Schüngel-Staumann, Der Dekalog – Gottes Gebot, Stuttgart 1973.

rung von ihrer religiösen Grundlage im Schöpfungsgedanken und im Bundesverhältnis in manchem die genuine Bedeutung der biblischen Weisung. Denn so sehr die Inhalte dieser Forderungen, was das zwischenmenschliche Zusammenleben betrifft, durchaus der Vernunft einsichtig sind und als solche auch nicht aus der jeweiligen vorderasiatischen Kulturwelt stammen (also nicht genuin jüdischen Ursprungs sind), ihr eigentlicher Stellenwert liegt dennoch gerade nicht darin, für einfachere Gemüter mit einer göttlichen Autorität ein gewisses Ethos sicherzustellen und als reine Gesetzesforderung einzuschärfen. Vielmehr gelten dem Alten Testament die Gebote als eine von Gott selbst erschlossene Wohltat, die es dem Menschen ermöglichen soll, mehr und besser Mensch zu sein, d.h., sich als Geschöpf und Ebenbild Gottes zu verwirklichen. Nicht das Moment eines auferlegten, durch göttliche Strafen sanktionierten Gesetzes, das sich zudem über kleinliche Anwendungsbestimmungen bis in die Einzelheiten des Alltags verlängert und in einer lückenlosen Vergesetzlichung schließlich alle Spontaneität zu erdrücken droht, macht damit vom Ursprung her die biblische Weisung aus. Entgegen allen späteren Engführungen sowohl in Teilen des Judentums wie der christlichen Rezeption wird die Thora ursprünglich verstanden als eine gottgewollte Hilfe, auf die man dankbar stolz sein darf. So kann der fromme Israelit froh bekennen: „Jerusalem preise den Herrn, lobsinge, Zion, deinem Gott, denn ... er verkündet Jakob sein Wort, Israel seine Gesetze und Rechte. An keinem Volk hat er so gehandelt, keinem sonst seine Rechte verkündet" (Ps 147, 12. 19f.), oder stolz feststellen: „Welche große Nation besäße Gesetze und Rechtsnormen, die so sachgemäß sind, wie alles in dieser Weisung" (Dtn 4, 8).

Diese alttestamentliche Weisung ist somit nicht ein wenn auch aus einer göttlichen Verfügung stammendes, aber letztlich eben doch willkürliches, uneinsichtiges Gesetz, obwohl schon das in der griechischen Übersetzung der ›Septuaginta‹ verwendete Wort „nomos" in diese Richtung weist. Es ist vielmehr die Satzung jenes Bundes zwischen Gott und seinem Volk, in dem dieses aus der ägyptischen Sklaverei befreit wurde und der ihm auch am Sinai zu seinem eigenen Besten bestätigt wurde. Daher ist die Einhaltung dieser Weisung nicht irgendeine absolute Auflage seitens Gottes, sondern eigentlich eine Selbstverständlichkeit. Nicht „du sollst" ist daher die angemessene Einleitung der einzelnen Forderungen, sondern ein schlichtes „du wirst"; denn es gehört schlechterdings zum Bund mit Jahwe, dem Gott, der sein Volk aus Ägypten, dem Sklavenhaus, herausführte,[153] sich so zu verhalten. Deshalb ist die Gebotsliste denn auch vermutlich[154] weniger als eine Art für sich stehender Gesetzeskodex zu betrachten denn als eine Liste zur Selbstüberprüfung des Volkes hinsichtlich Lebensvollzug und Bündnistreue im gemeinsamen Gottesdienst.

In jedem Fall bedeutet diese Stellung der alttestamentlichen Weisung im Leben des Bundesvolkes, im Alltag wie im Kult, unter ethischer Rücksicht, daß es in dieser Sicht völlig undenkbar ist, ein gutes, gerechtes Verhältnis zu Gott unabhängig vom sittlichen Verhalten pflegen zu können. Gerade diese enge Verbindung von Religion und Sittlichkeit ist denn auch das, was das biblische Verständnis in ganz einzigartiger Weise auszeichnet und diesem Verständnis von Gesetz und Gebot auch eine spezifisch eigene Dynamik gibt, die zwar wiederum nicht der menschlichen Einsicht unzugängliche Inhalte erbringt, wohl aber die sittliche Forderung in einer einzigartigen Weise menschlich humanisierend bündelt. Drei Tendenzen treten dabei besonders deutlich heraus, nämlich einmal ein personalisierendes Moment, das sich zweitens verbindet mit einer die eigene Gruppierung überschreitenden Universalisierung der Geltung von Normen für alle Menschen und gleichzeitig doch als drittes eine hohe Flexibilität für neue Bedürfnisse und Möglichkeiten offenläßt. Es versteht sich, daß eine auf das biblische Ethos sich berufende christliche Ethik dann in ihrem Normbegriff diese Grundeigenschaften weiterzutragen und zu entwickeln haben wird.

So läßt sich als erstes eine solche human-personale Bündelung etwa feststellen, wenn das Verbot des Ehebruchs die Frau des Mitbürgers ursprünglich noch fast als einen Teil seiner Habe betrachtet und Ehebruch somit noch eine Art qualifizierten Einbruch in dessen Besitzstand darstellt, während spätere Schichten der Texte nicht nur den Abbau dieses Zustandes in Richtung einer personaleren Beziehung zwischen Mann und Frau aufzeigen, sondern auch belegen, wie die Polygamie sich über Zwischenstufen (Prestigepolygamie für Honorable wie Richter und Könige oder zur Sicherung von Nachkommen) zur grundsätzlichen, die Personalität der Frau ganz anders achtenden Monogamie entwickelt. Ausnahmen kennt diese Form der Einehe dann nur hinsichtlich der wiederum für die Sicherung von Nachkommen bedeutsamen sog. „Levirats- oder

[153] Vgl. Ex 20, 2, im Einleitungsvers zur Dekalogliste.

[154] Vgl. dazu N. Lohfink, Bibelauslegung im Wandel, Die Zehn Gebote ohne Berg Sinai, Frankfurt a. M. 1967, 129–157.

Schwagerehe“ und unter gewissen Voraussetzungen hinsichtlich der Scheidung. Auch sie wird jedoch schließlich neutestamentlich von Jesus als nur wegen der „Herzenshärte“ erfolgte Konzession abgelehnt, weil nur die ausschließliche und lebenslange Partnerschaft der offensichtlich gleichrangigen Gatten dem ursprünglichen Schöpfungsplan zu entsprechen vermag (vgl. Mk 10, 2–9).

In ähnlicher Weise läßt sich aber auch für die Belange des Strafrechtes feststellen, wie die ursprünglich ungezügelte Rache, die in der Blutrache immerhin schon eine gewisse Einschränkung erfahren hatte, durch die Annahme eines Talion-Strafgesetzes („Auge um Auge, Zahn um Zahn“) sich einer weiteren Abschwächung öffnet. Denn die Talionsregel setzt nicht nur einer sinnlosen Eskalation rächender Strafe ein Maß, sondern ihre Anwendung versucht, statt eine buchstäbliche Gegenschädigung als Strafe zu stipulieren, eine dem angerichteten Schaden angemessene Kompensationsleistung vorzusehen. Die letztlich im Gebot Jesu von der Feindesliebe (Mt 5, 43–47) wurzelnde Zurückhaltung der Strafgerechtigkeit gegenüber, die Gericht und Rache dem Herrn zu überlassen bereit ist[155] und (ohne deshalb jede Gerichtsbarkeit auszuschließen) eine entsprechende Verzeihensbereitschaft voraussetzt, läßt diese personalisierend humanisierende Dynamik im biblischen Normverständnis wiederum in der christlich-neutestamentlichen Entfaltung ihren Höhepunkt finden; statt das Böse in der Rache eskalieren zu lassen, führt die biblische Dynamik zur Weisung, das Böse durch das Verzeihen zu unterlaufen zu versuchen. Statt, wie es früher galt, Auge gegen Auge und Zahn um Zahn stets ausgleichen zu wollen, gilt es nun, dem Bösen keinen gewaltsamen Widerstand entgegenzusetzen und durch das Hinhalten auch der anderen Wange bzw. durch die Zusatzgabe des Mantels an den Hemddieb das Böse von innen her durch echte Großzügigkeit zu überwinden (vgl. Mt 5, 38–42). Dies bedeutet aber analog zur Entwicklung auf die Monogamie hin sinnvollerweise ein Mehr an Menschlichkeit. Die menschliche Einsicht in diese Richtung getrieben und sie in Christus selbst wie in seinen Jüngern (etwa Stephanus) sogar verwirklicht vorgelebt zu haben, stellt somit das Spezifische der biblischen Normdynamik dar.

Neben dieser personalistischen Humanisierung läßt sich aber als zweites noch eine weitere Stoßrichtung der Verstärkung von Menschlichkeit im biblischen Normverständnis ausmachen, näm-

[155] So vor allem unter Interpretation einer Lesart von Dtn 32, 35 in Röm 12, 19f., sowie im gleichen Geist Jak 4, 12.

lich diejenige einer zunehmenden Universalisierung. Die prinzipielle Gleichheit, die schon im Verständnis vom Menschen als dem gottebenbildlichen Geschöpf in der Genesis anklingt, die zwischen Mann und Frau keine grundsätzlichen Unterschiede zuläßt und schlechthin von Adam, dem Menschen, redet, kündet sich auch beim Normverständnis an, etwa da, wo sie für die Sabbatruhe nicht nur die Familienangehörigen, sondern auch das Gesinde und den Fremden in den eigenen Gemarkungen einbezieht, wie denn überhaupt der Einbezug des Fremden in der alttestamentlichen Weisung deutlich über die vom allgemeinen Gastrecht geforderte Achtung hinausgeht, um dann etwa bei Jesaja in der Vision vom endgültigen Jerusalem gar alle Völker in die Heilsdynamik einzubeziehen (Jes 66, 18ff.). Diese Vision setzt sich schließlich erneut in der neutestamentlichen Sicht voll durch, wo es für die Zugehörigkeit zum neuen Gottesvolk keine Rolle mehr spielt, ob einer „Jude oder Grieche" ist und alle Menschen entsprechend gleicherweise in den Anspruch des Liebesgebotes auch dort einbezogen sind, wo dieses, wie es etwa Paulus für seine Gemeinden verlangt, in situativ konkrete Weisungen mündet. Gerade diese Universalisierung von das konkrete Handeln des Menschen regelnden Weisungen ist jedoch jenes ethische Moment, das eine sozial konventionelle Regelung zu einer sittlichen Norm werden läßt, die unabhängig von den persönlichen Umständen des konkret betroffenen Menschen allgemeine Geltung beanspruchen kann, so daß „die Maxime des eigenen Willens jederzeit zugleich Prinzip einer allgemeinen Gesetzgebung" sein könnte (I. Kant). Der biblischen Norm eignet also, so sehr sie zunächst die Verhaltensregel eines partikulären Volkes ist, in ausgesprochen deutlicher Weise diese Tendenz zur ethischen Universalisierung, was dann auch die oben angeführte allgemein menschliche Bedeutung des Dekalogs erklärlich macht, der über lange Zeit und ähnlich den modernen Menschenrechten eine gewisse gemeinsame ethische Grundlage im allgemeinen Meinungspluralismus sicherzustellen vermochte.

Gerade weil diese prinzipiell universale Geltung im Fluchtpunkt der biblisch normativen Weisung steht, kann sie sich aber drittens auch umgekehrt als besonders flexibel und kulturell anpassungsfähig erweisen, und zwar nicht nur hinsichtlich aller möglichen legalistischen Spitzfindigkeiten, die eine von Jesus etwa hinsichtlich der Sabbatregeln mehrfach gerügte Entartung darstellen, sondern auch hinsichtlich jener eben genannten personalisierenden Dynamismen einer sich verdichtenden Achtung etwa von Lebensschutz oder ehelicher Partnerschaft. Dabei trifft dann der das biblische Gebot autoritativ tragende Zusatz, „ich bin der Herr", als Zeichen der unbedingten Gültigkeit auch für alle weiteren die Menschenachtung und Nächstenliebe konkretisierenden Weisungen zu,[156] und zwar so sehr, daß die Mißachtung solcher Weisung kultisch auch noch so schön angeordnete Opfer zu einer verabscheuungswürdigen Heuchelei degradiert, weil sie Gottes Willen für seine Schöpfung zu mißachten wagt (vgl. dazu etwa 1 Sam 15, 22ff.).

So kann man denn zusammenfassend vom alttestamentlichen Normverständnis festhalten, daß es seine Gebote zwar stets in ihrer religiösen und ihre Geltung letztlich begründenden Beziehung zu Gott versteht, ja daß ihre Auflistung sogar der kultischen Erinnerung an diese fundamentale Verbindung zwischen Gottesbezug und Lebenspraxis dient, daß sie aber gerade aus diesem Grund heraus in einer hinsichtlich ihrer jeweiligen konkreten kulturellen Verwurzelung flexiblen Dynamik der Personalisierung und Universalisierung stehen. Diese typischen Eigenheiten sind zudem jene Akzente, die dann vor allem im neutestamentlichen Verständnis ihren vollen Durchbruch erhalten und die für die Bedeutung eines religiös begründeten und motivierten Ethos in einer säkularisierten Gesellschaft eigentlich erst heute ihre volle Tragweite zu enthüllen beginnen. Bevor aber auf diese neutestamentlich-christliche Verdichtung der früheren Ansätze noch eigens eingegangen werden kann, muß die Frage geklärt werden, warum dieser ausgewogene Ansatz eines Normverständnisses so gar nicht mit der allgemeinen Meinung über den jüdischen Umgang mit Normen bzw. mit dem, was die neutestamentliche Gesetzeskritik vorab bei Paulus, aber offenbar doch auch bei Jesus selbst als Abirrung geißelt, zusammenstimmt.

[156] Vgl. dazu etwa hinsichtlich der aus solcher menschlichen Rücksicht aus Gottes- und Nächstenliebe (Lev 19, 18–34) sich verbietenden Lüge, Betrügerei und Ausbeutung (Lev 19, 11–14), Ehebruch, Inzest und Familienordnung (Lev 18, 6–20) bzw. hinsichtlich der Forderungen zur Hilfestellung dem Nächsten gegenüber (Dtn 15, 7–11) oder zu einer Art Asylrecht (Dtn 23, 16f.) usw.

2. Das Gesetzesverständnis des unterdrückten und deportierten Gottesvolkes

Normative Strukturen haben für das Verhalten und Entscheiden des Menschen eine regulierend ordnende Funktion, die normalerweise eine entlastende Erleichterung für ein rasches Handeln und damit aller Erfahrung nach für eine treffsichere, wirksame Bewältigung der sittlichen Ansprüche einer konkreten Handlungssituation erlaubt: Weil jemand beispielsweise einsehen gelernt hat, daß Unwahrhaftigkeit menschliches Zusammenleben langfristig bis zur Verunmöglichung kompliziert, kann er zwar auch selbst und in eigener Überlegung zum konkreten Urteil kommen, er hätte auf eine hier und jetzt vielleicht für ihn sehr vorteilhafte Lüge aus ethischen Gründen zu verzichten. Aber ein aus solcher Einsicht anerkanntes Gebot „du sollst nicht lügen" erleichtert den rasch und oft ohne lange Überlegungsmöglichkeiten zu fällenden Verzichtentscheid eben doch in erheblichem Maß. Daß diese das einfache sittliche Handeln befördernde Funktion von Normen durchaus dem biblischen Gesetzesverständnis entspricht, ja daß man eben deshalb dafür sich Gott auch froh und in gewissem Sinn stolz dankbar weiß, wurde soeben festgehalten.

Nur können das Verhalten des Menschen regelnde Ordnungen sozialpsychologisch gesehen auch noch ganz andere, sekundäre Funktionen haben. Am bekanntesten ist dabei wohl diejenige, daß eine gesetzte Macht und Autorität durch die Forderung von an sich belanglosen, ja unnötigen Verhaltensweisen sich zu demonstrieren und eben dadurch auch zu festigen sucht, so wie es etwa F. Schiller († 1805) in seinem ›Wilhelm Tell‹ mit der Forderung des Landvogts Geßler, seinen Hut öffentlich zu grüßen, in einer für totalitäre Diktaturen aller Zeiten typischen Weise trefflich schildert. Aber nicht nur in dieser abartigen Form machtsüchtigen Mißbrauchs, der so freilich auch der Bibel als durchaus realistische Versuchung bekannt ist (man denke etwa an die Weisung des Königs David, Urija so exponiert in den Kampf zu schicken, damit er fällt, und dies nicht aus einer strategischen Überlegung, sondern nur, um sich seine Frau Batseba nehmen zu können [vgl. 2 Sam 11 u. 12]), sondern auch sonst gibt es eher unterschwellige Zweckentfremdung ursprünglich durchaus sinnvoller gesetzlicher Regelungen. So können Gesetze und Verordnungen in einem bestimmten kulturellen Kontext zwar das Zusammenleben von Menschen in Wohlfahrt und Gesundheit sichern helfen, aber unter veränderten Umständen, vor allem in Belastungssituationen, die für eine Minderheitengruppe irgendwie identitätsgefährdend werden, beginnen sie völlig unabhängig von ihrem ethisch einsichtigen regulativen Sinn nur noch dem Zwecke zu dienen, einer Volksgruppe Identität, Zusammengehörigkeit und soziokulturellen Fortbestand zu sichern.

Genau diese Verschiebung erfolgte geschichtlich u.a. auch für einen guten Teil etwa der jüdischen Speise- und Ruhegebote: Ursprünglich für die klimatischen und kulturell-zivilisatorischen Verhältnisse eines vorderorientalischen Hirtenvolkes durchaus angepaßt und so auch, wie etwa das Verbot des Genusses von Schweinefleisch, keineswegs auf die Juden beschränkt, sondern auch anderswo üblich, werden sie unter den Belastungen des babylonischen Exils und den anschließenden hellenistischen und römischen Fremdherrschaften (wie dann später nach der Zerstörung des Tempels im Jahre 70 ganz allgemein in der Zerstreuung des Volkes) zum Identitätsmerkmal des Gottesvolkes schlechthin und damit auch zum Glaubensausdruck dieses Volkes. Unbedingte Gesetzestreue sichert so dem in seinem Selbstbewußtsein und Selbstwertgefühl zutiefst bedrohten auserwählten Volk seine Glaubensidentität. Die Verletzung solcher Vorschriften bedeutet damit nicht mehr einen Verstoß gegen ein an sich nützliches Gebot, über dessen Ausnahmen man allenfalls auch diskutieren könnte, sondern Bruch mit der Solidarität in der Volksgemeinschaft und zugleich Verleugnung des Glaubens an Jahwe, den Bundesgott. Bundestreue dagegen verlangt, wie es das Lebensopfer der makkabäischen Mutter mit ihren sieben Söhnen zeigt (vgl. 2 Makk 7, sowie in positiver Interpretation vgl. auch Dan 1), Einhaltung der Vorschrift bis zur Lebenshingabe, ohne jede Frage nach deren sittlich einsichtiger Sinnhaftigkeit. – Diese letzte Hingabe trägt als sog. „Ausdrucks- oder Zeichenhandlung" ihren symbolhaften Wert fraglos mit sich.

Zwar ist ein solches, die eigene Identität sicherndes Regelverhalten allen, vor allem aber religiösen Minderheiten eigen. Dennoch hat das frühe und lange Diaspora-Schicksal des jüdischen Volkes diese Bedeutung von Vorschriften besonders akzentuiert,[157] so daß

[157] Vgl. dazu für die besondere Situation des jüdischen Volkes vorab zur Zeit Jesu: G. Theissen, Soziologie der Jesusbewegung, München 1977. Für das Phänomen allgemein sei verwiesen auf das bis zu den Veränderungen im Gefolge des II. Vatikanischen Konzils bei den Katholiken der USA übliche Verhalten hinsichtlich des sog. „Abstinenzgebotes": Der Verzicht auf Fleischgenuß war einem da auch dann noch wichtig, wenn man sich an-

ein heutiger Vertreter dieses vorab für viele Pharisäer typischen Selbstverständnisses festhalten kann: „Außenseiter tun die zahlreichen Verpflichtungen im Judentum oft als bloßen Legalismus ab. Aber diese haben eine zweifache Aufgabe: einmal den Juden zu erinnern, daß er in der Gegenwart Gottes weilt – jederzeit; und zum zweiten, ihm einzuprägen, daß er sein Diener zu sein hat – jederzeit."[158] Damit liegt die Bedeutung von Verhaltensregelungen aber eindeutig nicht mehr auf ihrer ethisch-inhaltlichen Aussage als Entscheidungshilfe, sondern nur noch in der Form. Die Regel gilt als Regel, unabhängig von ihrem inhaltlichen Sinn und Zweck bzw. ihrer ethischen Bedeutung. Daß da das Verständnis Jesu, das sich als das ursprüngliche versteht und schlicht festhält: „Der Sabbat ist für den Menschen da, und nicht der Mensch für den Sabbat" (Mk 12, 27), nicht nur klar die Gegenposition vertritt, sondern als Religion und Volksidentität gefährdende Meinung kämpferischen Widerspruch provozieren muß, steht damit zu erwarten. Dennoch liegt gerade in diesem ursprünglichen ethischen Verständnis von Normen ein typisch christlicher Akzent, der allerdings auch jüdischen Gesetzeslehrern, die eben deshalb von Jesus als „verständige", also dem Gottesreich nahestehende bezeichnet werden,[159] nicht unbedingt fremd war. Sie gelten daher auch als diejenigen, welche die ursprüngliche Dynamik des göttlichen Bundesgebotes auf Menschlichkeit in Liebe weiterführen: Daß der „verständige" Schriftgelehrte das Doppelgebot von Gottes- und Nächstenliebe im steten Hören auf Gott mit einem Thora-Zitat[160] ausspricht, ist damit alles

deren kirchlichen Regelungen gegenüber eher distanziert verhielt. Das Einhalten der Vorschrift markierte so in den USA den Katholiken, während gleichzeitig etwa im spanischen Kulturbereich, wo es für das Abstinenzgebot eine alte Dispenspraxis gab, ein solcher Verzicht nur in seinem ursprünglichen Bereich der asketischen Übung eine Rolle zu spielen vermochte.

[158] H. Mantel, Gesetz – Form oder Inhalt, Die Heiligung des Lebens durch das Gesetz, in: Bibel und Kirche 29 (1974), 47.

[159] Vgl. Mk 12, 34, wobei vor allem die Schüler des Rabbi Hillel I. († um 10) diese Richtung gegen diejenige von dessen Zeitgenossen Schammai und seinen besonders gesetzestreuen Positionen vertraten. Vgl. dazu ferner M. Noth, Die Gesetze im Pentateuch: Gesammelte Studien zum AT, München [3]1966, 112–136, und E. Pax, Als Gerechte werden wir dastehen, wenn wir dieses ganze Gesetz getreulich halten (Dtn 6, 25), in: Conc 3 (1967), 807–812.

[160] Vgl. Dtn 6, 4 und Lev 19, 18.

andere als ein Zufall und verdeutlicht auch aus dieser Sicht das humanistisch-ethische Verständnis von Gebot und Gesetz als das gerade von der religiös-gottbezogenen Motivation her ursprüngliche. Seiner Wiederherstellung gegenüber den wohl zumeist durch die schicksalhafte Bedrängnis geschichtlich bedingten Engführungen gilt daher die Gesetzeskritik Jesu.

Nicht das Gebot, sondern seine die Menschlichkeit belastende Anwendung steht zur Debatte, wobei die besonders scharfe Verdeutlichung dieser Kritik bei Paulus offensichtlich noch ein zusätzliches, diesmal den Gottesbezug des Menschen gefährdendes Moment ins Auge faßt: Indem sich nämlich ein Mensch ohne jede Rückfrage und Rücksicht auf seine eigenen Interessen und Ziele an die in ihrer Aussage an sich als göttlich verstandene Weisung hält, kann er auf die Idee kommen, durch diese Gesetzestreue sich Gott gegenüber nun selbst ein Verdienst, also sozusagen ein Anrecht auf Gnade erworben zu haben. Unversehens stellt sich damit der Mensch auf eine Ebene mit Gott, die ihn zwar nicht schon gleichmacht, die es ihm aber doch erlaubt, Gott gegenüber Ansprüche stellen zu können, dieweil er doch ganz und gar und nur dank seiner Güte ist und auch das Gebot nur deshalb und zu eigenem Nutzen erhalten hat. Das heißt letztlich nichts anderes, als daß der Mensch in raffinierter Weise, nämlich in einer scheinbar besonderen Treue dem Gebot Gottes gegenüber, erneut versucht ist, sich als gottgleich zu betrachten. Paulus als ehemaliger gesetzeseifriger Pharisäer spürt mit besonderer Deutlichkeit die Gefahr dieser Verdrehung des ursprünglichen Sinnes der biblischen Gebote und reagiert in seiner Kritik dann auch, wie noch eingehender zu zeigen sein wird, besonders scharf darauf.

Damit ist aber auch diese Kritik am Gesetz indirekt eine Bestätigung des ursprünglichen Sinns aller biblischen Norm, nämlich ethisch Entscheidungshilfe zu sein für ein dem grundlegenden Schöpfungsplan angemessenes menschliches Verhalten, ohne das ein Leben nicht gottwohlgefällig sein kann und das allein folglich auch erst, wie die Propheten zu betonen nicht müde werden,[161] Opfer und Kult als Gottes-Dienst möglich macht. Voraussetzung

[161] So sind etwa Bußwerke ohne Gefolgschaft (Jes 58, 3) ebenso wertlos wie bloße Opfer (Jes 1, 11), und eine Beschneidung, die äußerlich bleibt und nicht das „Herz“ betrifft (Jer 4, 4) zieht den Zorn Gottes nach sich, wie denn überhaupt nur die Übung von Recht und Gerechtigkeit erst zum Gottesdienst legitimiert (Am 4–5, bes. 5, 21–24).

und Grundlage zur im Gottesdienst gefeierten Gottesnähe und Gottwohlgefälligkeit des Menschen ist folglich die Treue zu Gottes Willen und damit zur Ordnung seiner Schöpfung, wie sie sich ausdrückt in seinem Gebot, damit der Mensch sicherer und leichter in dieser Ordnung zu bleiben vermag.[162] Daß dieser schöpfungsbezogene, in keiner Weise willkürlich bestimmte, sondern ursprüngliche Sinn der biblischen Gebote auch der die neutestamentliche Sicht prägende ist, haben die eben genannten Hinweise auf die Gesetzeskritik von Jesus wie von Paulus schon verdeutlicht. Dennoch ist diese Kritik in keiner Weise bloß im Rückblick korrigierend; vielmehr ist sie zumindest ebensosehr aufbauend und vertiefend.

3. Die „Erfüllung von Gesetz und Propheten" im neutestamentlichen Verständnis

Im Vergleich zur vorausliegenden, in „Gesetz und Propheten" aufgezeichneten Heilsgeschichte des auserwählten Volkes, aus dem Jesus, der Messias, hervorging, betrachten die neutestamentlichen Zeugnisse die Botschaft Jesu, des Christus, vom angebrochenen Gottesreich als die „Erfüllung" der lange gehegten Erwartung und Hoffnung auf die von Gott geschenkte Erlösung und deren Heilsordnung. Daß diese Ordnung nicht einfach ohne alle Norm ist, sondern gerade als Heilsordnung für die göttliche Weisung besonders offen sein würde, ergibt sich schon aus den vorangegangenen Überlegungen, nur daß es dann das Normverständnis ebenfalls im Zeichen solcher „Erfüllung" zu verstehen gilt.[163]

Konkret heißt dies dann einmal, daß alle gesetzlichen Strukturen nicht nur nicht in sich selbst, in ihrem Buchstaben ihren Zweck und Sinn haben, sondern über ihre direkt menschlich-sittliche Bedeutung hinaus stets zugleich auch im Dienst von Heil und Erlösung, kurz des Gottesreiches stehen. Nicht im Dienst des Buchstabens,

[162] Vgl. dazu M. Limbeck, Die Ordnung des Heils – Untersuchungen zum Gesetzesverständnis im frühen Judentum, Düsseldorf 1971; R. Smend und U. Luz, Gesetz, Stuttgart 1981; sowie L. Jakobs, Die Bedeutung des Gesetzes im Judentum, in: Conc 10 (1974), 547–551.

[163] Vgl. dazu in Ergänzung zur atl. Sicht von L. Jakobs (Anm. 162): W. Davies, Die Bedeutung des Gesetzes im Christentum, in: Conc 10 (1974), 551–556, sowie knapp D. Mieth, Das Gesetz und der neue Geist Jesu, in: Orient 39 (1975), 99–101.

sondern des Geistes (2 Kor 3, 6) soll daher der Christ stehen und schon gar nicht für sein Heil auf Werke der buchstäblichen Gesetzeserfüllung hoffen. Denn das Heil ist freie Gabe Gottes, der dann die Hingabe des Menschen im Glauben als Antwort folgt. Was Augustinus († 400) gegen Pelagius († 418) herausstellte, was Martin Luther († 1546) gegen eine spätmittelalterliche Werkgerechtigkeit mit seinem *„sola fide“* ausschließlich gelten ließ und worin Karl Barth († 1968) ihm in der Ablehnung eines modernen Machbarkeitsdenkens folgte, gilt es daher für jede Auseinandersetzung mit normativer Ethik unter christlichen Vorzeichen am Ausgangspunkt gegen alle Selbstgerechtigkeit deutlich festzuhalten. Nicht weniger muß aber auch ein Gesetzesverständnis des bloßen Zwangs und der einsichtslosen Unterordnung unter einen autoritären allmächtigen Gotteswillen ausgeschlossen werden: Gottes Gesetz ist nicht Zwang, sondern wesentlich – und dies ist für die Erfüllungsdimension zunächst besonders deutlich festzuhalten – Ermöglichungsdimension von Freiheit. Daß damit zwischen dem „Gesetz des Glaubens“, das in der Erlösung Jesu Christi von der Knechtschaft der Sünde freisetzt, und Normstrukturen einer christlichen Ethik kein Gegensatz bestehen darf, versteht sich dann von selbst. Selbstüberhebliche Genügsamkeit aus buchstabengetreuer, also legalistischer Gesetzeserfüllung hat damit trotz aller gegenteiligen, bedauerlichen Engführungen im Verlauf der Kirchen- und Theologiegeschichte so wenig zu tun wie eine auf repressivem Zwang beruhende, bloße Machtsicherung durch Gesetz und Vorschrift.

Erst von diesen Voraussetzungen her wird dann auch verständlich, wie die frühe Kirche ganz allgemein und gerade auch der Gesetzeskritiker Paulus im Sinn echter christlicher Freiheit für seine Gemeinden auch eindeutige und verbindliche Vorschriften zur Wahrung etwa der Einheit und Ordnung erlassen konnte[164] und wie auch der staatlichen Struktur und ihren Gesetzen und Ordnungen gegenüber eine in manchem fast erstaunliche Loyalität festzustellen ist (vgl. Röm 13, 1–17 bzw. Mk 12, 13–17). Zwar erkennt der Mensch gerade auch an der Herausforderung des im biblischen Gottes-Gesetz formulierten sittlichen Anspruchs sein eigenes Ungenügen in einer Weise, die ihn vor allem auch davor bewahren sollte, in falscher

[164] Vgl. dazu etwa die sicher zeitbedingten, aber in diesem Zusammenhang klaren und eindeutigen Anweisungen über die Kopfbedeckung der Frau im Gottesdienst (1 Kor 11, 2–16) oder zur Gestaltung von Zu- und Unterordnungen in der christlichen Ehe (1 Kor 7, 1–16).

Selbstgerechtigkeit sich durch das eigene Gesetzeswerk vor Gott gerecht vorkommen zu wollen (vgl. Röm 3, 20). Aber diese Bedeutung der sittlichen Weisung ist im neutestamentlichen Zusammenhang weder erstrangig, noch hebt sie gar die direkt handlungsbezogenen Funktionen in ihrer Bedeutung für einen nach dem Willen Gottes sich richtenden Lebensvollzug auf.[165] So sehr es also eine Verkürzung der biblischen Verkündigung ganz allgemein und des Neuen Testamentes im besonderen darstellt, wenn man daraus eine normative Sittenfibel macht und so die gerade auch für die christliche Ethik wesentliche Dynamik der Botschaft vom zwar schon angebrochenen, aber in seiner Fülle noch ausstehenden Gottesreich und seinem Heil einebnet, so sehr versteht sich die Botschaft der Evangelien doch wirklich als Erfüllung von „Gesetz und Propheten", gerade auch hinsichtlich deren sittlicher Weisungen. Sie betont dies sogar so sehr, daß gerade auch deren Hochachtung (was offensichtlich dann etwas anderes ist als eine überhebliche buchstäbliche Beachtung) über die weitere Bedeutung eines Menschen im Gottesreich entscheidet.[166] Denn man soll das eine, nämlich die Einhaltung gesetzlicher Vorschriften, sehr wohl tun, ohne aber das andere, nämlich die umfassende übergreifende Liebe, deshalb zu vernachlässigen (vgl. Lk 11, 42); vielmehr geht es darum, Liebe gerade dank der Weisung vollkommener verwirklichen zu können. Konkret be-

[165] Dieser nach der reformatorischen Terminologie sog. *usus elenchticus* oder *theologicus* des Gesetzes darf also nicht so verabsolutiert werden, daß er den alltäglichen sog. *usus politicus* oder *civilis* zur Bedeutungslosigkeit reduziert und die evangelischen Weisungen, den *usus paraeneticus*, der ethischen Begründung enthebt, womit die normative Ethik theologisch auf die Stufe entweder einer rein weltlichen Organisationslehre oder einer bloß frommen Ermahnung reduziert und eine Moraltheologie als solche in einem systematischen theologischen Aufbau praktisch entfallen würde. Vgl. dazu oben Abschnitt A. II, 5, sowie G. Söhngen, Gesetz und Evangelium, Ihre analoge Einheit theologisch-philosophisch-staatsbürgerlich, Freiburg i. Br.–München 1957.

[166] Vgl. Mt 5, 17–20, der in dieser Formulierung wohl besonders eine judenchristliche Gruppierung anspricht, aber als solche doch eine allgemeine Aussage macht, die im übrigen durch das (von den Ausnahmen mit der Menschlichkeit nicht entsprechenden Konsequenzen abgesehen) durchaus aufgeschlossen gesetzestreue Verhalten Jesu selbst gedeckt wird (so auch die Interpretation jüdischer Autoren wie S. Ben-Chorin, Bruder Jesus, München 1967, oder D. Flusser, Jesus, Reinbek 1968, sowie aus christlicher Sicht: C. Thoma, Christliche Theologie des Judentums, Aschaffenburg 1978).

deutet folglich diese neutestamentliche Erfüllung, die nicht Bruch, sondern Übersteigerung meint, daß auch das neutestamentliche Verständnis bei all seiner Kritik an Engführungen die alttestamentliche Linie fortsetzt und daher nicht ohne diesen Rückbezug gelesen werden kann.

Damit entfallen als sittliche Verpflichtung zunächst dann all jene Gebote, die als Ritual- und Speisegesetz über ihre direkte kritische oder hygienische Bedeutung hinaus und bald einmal unabhängig von direkten ethischen Zielsetzungen nur mehr der Identitätssicherung des Gottesvolkes in Exil und Zerstreuung dienten, wie dies nicht nur das genannte Wort Jesu über den Sabbat, der um des Menschen willen da sei (Mk 2, 27), sondern auch die eindrückliche Vision des Petrus mit der Aufforderung zur Heidenmission (Apg 10, 9–23) belegen. Dieser Befreiung von einer engen Gesetzeslast steht aber umgekehrt zugleich stets die Herausforderung der Erfüllungsdimension gegenüber, wie sie sich im Liebesgebot als der „normativen Summe der Schrift“ und in dessen Ausfaltung in den Forderungen der Bergpredigt ankündigt. Im christlichen Sinn sittlich handeln heißt dann grundsätzlich leben in der Bereitschaft kompromißloser Einordnung unter den Willen Gottes, was aber wiederum nicht als blinde Unterwerfung unter eine autoritär absolute Allmacht zu verstehen ist, sondern im „Geist der Kindschaft“ (Mt 18, 3), der das restlose Vertrauen des Kindes zum sorgenden Vater auch dann als Leitmotiv annimmt, wo eine volle Einsicht in den Sinn seiner Vorsehung fehlt bzw. wo man glaubt, daß die daraus sich ergebende Forderung auf jeden Fall im Horizont eines Ideals wahrer Humanität steht und daher letztlich zum eigenen Besten des Menschen ausschlägt.[167] Oder anders gesagt: Wenn Jesus von sich festhält, es sei geradezu seine Speise, den Willen des Vaters zu tun (Joh 4, 34), dann muß diese Haltung auch das Leben derjenigen prägen, die sich in seiner Gemeinschaft zu seiner Nachfolge entschließen. Dabei erweist sich das umfassende Doppelgebot der Gottes- und Nächstenliebe natürlich auch dafür als die schlechthin gültige Bemessungsgrundlage bzw. als das „Formalprinzip“ für jedes menschliche Verhalten.[168]

[167] Vgl. dazu etwa den auf den ursprünglichen Willen des Schöpfers sich berufenden Ausschluß der Möglichkeit zur Ehescheidung durch Jesus und die Verständnislosigkeit, die diese Forderung bei den Jüngern auslöst (Mt 19, 3–12).

[168] Vgl. oben Abschnitt A. III, 2.

Trotz dieser grundsätzlichen formalen Forderung der liebenden Hingabe, die in der Nachfolge Christi durchaus auch mit innerweltlichem Scheitern und mit dem Mißerfolg bis hin zur Kreuzeswirklichkeit wird rechnen müssen, ist es für eine Entscheidungsfindung aus dem Geist Christi doch nicht unwichtig, dafür auch konkrete, inhaltliche Hin-Weise aus Leben und Botschaft Jesu zu erhalten. Dabei kann es selbstverständlich nicht darum gehen, aus dem konkreten Verhalten Jesu (sowenig übrigens wie aus Lebensweise und Maximen der biblischen frühen Christengemeinden) zeitübergreifend feste, also sozusagen rezeptartige Anweisungen für das christliche Verhalten ablesen zu wollen. Vielmehr geht es darum, aus einem bestimmten Muster der Bewältigung der sittlichen Ansprüche in einer damaligen konkreten Situation gewisse typische Fixpunkte so festzuhalten, daß sie im Sinn eines „Modells"[169] auf neue, kulturell-zivilisatorisch u.U. ganz andere Lebenswirklichkeiten übertragbar werden.

Dabei muß natürlich vorausgesetzt sein, daß der aus der Nachfolge Christi lebende Mensch, der sich nach dem Vorbild Jesu entscheiden will, sich grundsätzlich auf die Heilsdynamik des Liebesanspruchs Jesu bzw. auf die „Metanoia" als prinzipielle Sinnesumkehr und Abwendung von sündiger Selbstsucht eingelassen hat und ausschließlich nach deren bestmöglicher Verwirklichung im konkreten Alltag sucht. Dies bedeutet dann einerseits, daß christlicher Lebensvollzug sich gerade in den Unscheinbarkeiten des Alltags, etwa in der bescheidenen Hilfestellung den Bedürftigen gegenüber, zu bewähren hat und diesen Kleinigkeiten dann auch im Sinn der Gerichtsreden Jesu (Mt 25, 31–46) letztentscheidende absolute Bedeutung zukommt: Denn was am Geringsten getan oder unterlassen wird, ist Gott selbst angetan. Anderseits ist dieses auch die ganz alltäglichen Kleinigkeiten umfassende, heilsdynamische Ethos schon als solches nicht auf feste, zeitliche Regelung hin angelegt. Denn in der Spannung des „eschatologischen Vorbehalts", also des schon angebrochenen, aber noch nicht zur Fülle gelangten Reiches Gottes, müßte eine solche normative Statik zu einer Versteinerung der jeweiligen Regelstruktur führen, die epochal neu möglich werdende Verbesserungen übersieht und unterschwellige Verkrümmungen hinsichtlich

[169] Der Ausdruck „Modell" ist hier nicht im Sinn einer Punkt für Punkt dem Original verkleinert entsprechenden Kopie, etwa einer architektonischen Maquette, zu verstehen, sondern im Sinn eines Schnittmusters, das für die individuelle Ausgestaltung eines Kleides weiteren Spielraum läßt.

neuer Egoismen nicht zu bemerken vermag. Gerade die in der Gottesreich-Idee liegende Heilsdynamik zwingt dazu, bestehende Ordnungsmodelle als geschichtliche Gegebenheiten zu verstehen, die nie absolut gesetzt werden dürfen, sondern stets neu zu relativieren, d.h. in bezug zu den letzten Zielen vollkommener Liebe und Gerechtigkeit zu setzen sind.[170] Dies bedeutet in keiner Weise einen sittlichen Relativismus aus Beliebigkeit. Ebenso klar ist, daß eine solche grundsätzliche, endzielbezogene Relativierung aller bestehenden Ordnungsstrukturen angesichts dadurch stets betroffener Privilegien einzelner nicht ohne das Risiko des Kreuzes bleiben wird und daher auch nach entsprechender Einübung bzw. Askese in der täglichen Kreuzesnachfolge ruft.

Unter diesen Voraussetzungen einer nicht bloß auf ihre Einstellungen, sondern auch auf konkretes, geschichtlich äußeres Tun[171] bezogenen christlichen Heilsdynamik lassen sich dann vor allem folgende typische, für alles spätere christliche Handeln modellhaft prägende Züge im Verhalten Jesu festhalten.

[170] Der Einwand, einer solchen Relativierung stehe die Aufforderung zur Unterordnung unter die staatliche Gewalt, wie sie in Röm 13, 1–5, und in 1 Petr 2, 13–15, gefordert ist, entgegen, dürfte insofern nicht stichhaltig sein, als es sich hier offenbar entweder, wie in Röm (vgl. H. Schlier, Herders Theol. Kommentar, Bd. VI, Freiburg i. Br. 1977), nicht um eine prinzipielle, sondern um eine faktische Anweisung handelt bzw. (in 1 Petr) um eine grundsätzliche Anerkennung staatlicher Macht, für deren unrechten Gebrauch (etwa in den Verfolgungen von Christen, die entweder durch widrige Umstände oder persönliche Schuld bewirkt sind) mit Gottes Hilfe ein Ende erhofft wird (so K.H. Schelkle, ebd., Bd. XIII, Freiburg i. Br. ²1964, 2).

[171] Die vor allem von den verschiedenen Strömungen der Befreiungstheologie erhobenen Einwände gegen ein die konkrete geschichtliche Tat im individuellen wie vor allem im gesellschaftlichen Bereich vernachlässigendes Jenseitsethos unter den einzelnen Christen wie in der Kirche während der sozialen Umwälzungen seit der beginnenden Neuzeit bestehen daher angesichts des biblischen Verständnisses zu Recht.

4. Das Verhalten Jesu als normatives Modell christlichen Handelns[172]

Wie schon im Zusammenhang mit der Bestimmung des je persönlichen Lebensentscheids kurz angedeutet wurde,[173] lassen sich schon aus den Lebenshaltungen Jesu gewisse allgemeine Rahmenbedingungen für ein in seiner Nachfolge gestaltetes, christliches Verhalten ablesen. So sind etwa seine Großmut jedem Mitmenschen, auch dem Außenseiter gegenüber, seine von keiner Kleinlichkeit getrübte innere Konsequenz und Treue in seiner Sendung oder auch seine unprätenziöse, souveräne Autorität, die dem Machthaber nichts schenkt und doch für den geringsten Fremdling Aufmerksamkeit findet, Leitbilder für jedes weitere Verhalten des Menschen aus seinem Geist. In der Verlängerung dieser Grundhaltungen, die eher formal motivierend christliches Handeln bestimmen, lassen sich nun aber aus Wort und Tat Jesu noch weitere normative Aussagen für ein sittliches Verhalten nach seinem Vorbild festhalten, wobei als erstes auffällt, daß es dabei weitgehend nicht um Verbote und Einschränkungen, sondern um positiv herausfordernde Leitbilder und Appelle geht.

Zu denken ist in diesem Zusammenhang natürlich in erster Linie an die in den Seligpreisungen der Bergpredigt (Mt 5–7) enthaltenen Forderungen, die zwar ohne Zweifel nicht als buchstäblich und ohne alle Rücksicht auf weitere Folgen anzuwendende Tatgebote zu verstehen sind, sondern als Herausforderung zu einer schöpferisch und verantwortungsbereit je neu endgültigen Zielsetzung von Gewaltlosigkeit, Gerechtigkeit und Frieden in privilegien- und herrschaftsfreier Gemeinschaft.[174] Als solche sog. „Zielgebote", die menschliches Handeln in all seinen konkreten Ausfaltungen zu bestimmen hätten, gelten diese Forderungen dann auch keineswegs bloß für eine Elite[175] und charakterisieren auch nicht eine noch

[172] Vgl. dazu P. Hoffmann und V. Eid, Jesus von Nazareth und eine christliche Moral – Sittliche Perspektiven der Verkündigung Jesu, Freiburg i. Br. 1975.

[173] Vgl. oben Abschnitt C. III, 4.

[174] Vgl. neben den Ausführungen von P. Hoffmann und V. Eid a. a. O., auch bei H. D. Wendland, Ethik des Neuen Testaments, a. a. O., 16 ff.

[175] So etwa, wenn diese Forderungen der Bergpredigt besonders auf die Ordensleute bezogen wurden, während, wie eine Übersicht von Beichtspiegeln in vor dem II. Vatikanum erschienenen Gebetbüchern leicht

gänzlich ausstehende, endzeitliche Vollkommenheit. Ebensowenig betreffen sie nicht nur Absicht und Gesinnung des Christen, sondern nicht weniger auch dessen konkretes Tun und Lassen, für welches sie Leitlinien bestmöglicher Erfüllung abgeben wollen. So bedeutet etwa die eschatologische Zielsetzung vollkommener Gewaltlosigkeit (Mt 5, 5) in der noch von Sünde, also von Selbstsucht und Überheblichkeit geprägten Zeit, nicht einfach einen schlechthinnigen Verzicht auf jede Gewalt, was radikal buchstäblich genommen bedeuten müßte, den schutzlos Schwachen jeder skrupellosen Ausbeutung auszuliefern und so Gewalt letztlich sich sogar steigern zu lassen,[176] sondern das stets neue Suchen nach je größtmöglicher Gewaltminimierung. Ebensowenig meint die Aufforderung zu einem unbekümmerten Vertrauen auf Gottes Vorsehung nach dem Beispiel der „Vögel des Himmels und der Lilien des Feldes“ (Mt 6, 25–23) nicht eine fahrlässige Sorglosigkeit, die auf den Einsatz der von Gott dem Menschen auch zum konkreten Aufbau gesicherter Menschlichkeit gegebenen Talente verzichtet, sondern einen Appell zu einer von falschen Ängstlichkeiten um eine jederzeit umfassend gesicherte Bedürfnisbefriedigung freien, existenziellen Zuversicht. Was diesbezüglich Jesus selbst und in seiner Nachfolge Apostel wie Paulus in einmaliger Radikalität vorgelebt haben, gilt als Leitbild so für alle Glaubenden, nicht aber als buchstäbliche Forderung, für welche die konkreten Lebensumstände durchaus Differenzierungen zulassen, die dann nicht etwa bloß toleriert, sondern auch anerkannt und genutzt werden. Man beachte nur etwa, wie das Vermögen offenbar eher wohlhabender Christen die Infrastruktur für den Einsatz eines ohne weitere materielle Sicherheiten wandernden Verkündigers abzugeben hatte.

Neben solchen normativen Leitbildern möglichst gewaltloser Friedfertigkeit, einer bedürfnislosen vertrauensvollen Disponibilität oder auch der das äußere Ansehen nicht achtenden, mutigen Treue zur eigenen Überzeugung und Sendung, die unmittelbar aus Wort und Verhalten Jesu als Gestaltungsprinzipien für jedes Handeln aus seinem Geist herausleuchten, gilt es aber auch noch folgende vier Prinzipien als für jedes christlich geprägte Verhalten gültige festzuhalten: Einmal muß auffallen, wie jeder Anspruch Jesu

belegt, für die Gewissenserforschung der gewöhnlichen Christen ein dekalogisch geordneter Katalog sittlicher Verbote als ausreichend erschien.

[176] Näheres dazu vgl. F. Furger, Bewaffnet gewaltlos?, Freiburg i.d. Schweiz 1981.

sich an den einzelnen Menschen als wirkliche Persönlichkeit wendet. Seine Aufforderung zur Metanoia als einer existenziellen Sinnesänderung wendet sich stets an konkrete Menschen und achtet bei aller deutlich herausgestellten Dringlichkeit doch stets deren innere Freiheit.[177] So grundlegend verändernd Jesu Ordnung radikaler Gottes- und Nächstenliebe für das menschliche Zusammenleben auch ist, so wenig angemessen wäre es, den Ansatz dazu ausschließlich in einer gesellschaftlichen Strukturveränderung zu suchen. Der Versuch, das Individuum nur über die sozialen Strukturen, d. h. ohne die Notwendigkeit seiner zwar wohl erwünschten, aber nicht unbedingt erforderlichen Zustimmung und damit mehr oder weniger zwangsweise zu verändern, ist also diesem Ethikverständnis ebenso fremd wie die Idee des Gemeinwesens, des Kollektivs oder des Staates als einer dem einzelnen Menschen übergeordneten, idealen Wirklichkeit, der der einzelne sogar gegebenenfalls geopfert werden könnte. Was Plato sich in seiner Staatsauffassung vorstellte und im Dialog mit Kriton an Sokrates' Verweigerung der Flucht als Achtung vor den unbedingten, obwohl hier und jetzt ungerecht verurteilenden Gesetzen des Staates pries, ist dieser christlichen Sicht damit ebenso fremd wie die neuzeitlichen Ansätze einer Vorordnung von Staat oder Gesellschaft vor die menschliche Einzelperson, wie sie von Hegel bis zu verschiedenen Ausprägungen des Marxismus, aber natürlich auch in allen übrigen totalitären Gesellschaftsformen vertreten wird. Daß praktisch all diese Ansätze mit der christlichen Ethik oft bis zur blutigen Verfolgung der Christen in Konflikt gerieten, belegt zudem sozusagen von der Gegenseite her die Radikalität dieses personbezogenen Ansatzes, der das von Gott nach seinem Bild geschaffene Geschöpf in seiner personalen Freiheit und Verantwortlichkeit selbst unter dem Risiko der Sünde und auch noch im Angebot der Erlösung radikal ernst zu nehmen gewillt sein muß, wenn er im Geist Jesu und seiner Botschaft ernstgenommen werden will.

Eng verbunden mit diesem fundamental personalistischen Ansatz ist sodann zweitens die deutliche Vorsorge Jesu für alle irgendwie Benachteiligten, für die Armen, Fremden und Außenseiter, kurz für all jene, die aus gesundheitlichen Gründen wie Kranke und Krüppel oder von Berufs wegen wie die Hirten, Gerber und andere Vertreter

[177] Die oben schon erwähnte, schließlich von diesem ausgeschlagene Berufung des reichen jungen Mannes (Mt 19, 16–30) ist gerade auch in dieser Hinsicht typisch.

sog. „unreiner“ Berufe oder wegen ihrer Religions- und Volkszugehörigkeit wie die Samariter oder Heiden oder ganz einfach als öffentliche Sünder wie die Zöllner oder Dirnen nicht oder nicht voll zur kultischen und damit auch nicht zur Volksgemeinschaft zählen konnten. Im Gegensatz sogar zur sonst in manchem kritischen Sekte der Essener lehnt Jesus jede Ausstoßung solcher Menschen ausdrücklich ab und solidarisiert sich sogar öffentlich mit diesen wirklich „Beladenen“ (Mt 11, 28). Aber auch den in der damaligen Gesellschaft durchweg diskriminierten Frauen gegenüber verhält sich Jesus in aller Öffentlichkeit in einer selbstverständlichen Offenheit, die zudem zeigt, wie diese „prioritäre Option für die Benachteiligten“[178] nicht etwa eine Bevorzugung irgendeiner bestimmten Menschenkategorie meint, sondern aus der Motivation des Liebesgebotes die besondere Sorge für jene bezeichnet, die ohne eine solche eigens gepflegte Zuwendung nur allzu leicht vergessen und damit übergangen würden. Das von den alttestamentlichen Propheten immer wieder angesprochene Kriterium der Sorge für „Witwen und Waisen“ (als einer besonders schwachen Kategorie von Mitmenschen) für das gottwohlgefällige Verhalten kehrt hier folglich in radikaler Form wieder als schlechthin christliches Verhalten charakterisierendes Moment.

Damit ist aber eigentlich auch schon die dritte hier zu nennende normative Rahmenbedingung angesprochen, nämlich der Verzicht auf jede irgendwie geartete Form von Diskriminierung eines Menschen nach Geschlecht, Rasse, sozialer Herkunft, Religion usw. Ob Mann oder Frau, Jude oder Grieche, Armer oder Reicher, Pharisäer oder einfacher Fischer oder Hirt, Jude oder Samariter, alle sind gleicherweise von der Aufforderung zur Umkehr und damit zur Nachfolge gerufen, auch wenn sich diese Universalisierung erst mit dem Aufbruch der Jünger nach der Auferstehung und auch da nicht ohne erhebliche innere interkulturelle Spannungen zwischen Juden- und Heidenchristen voll durchsetzt.

Schließlich ist viertens die nun auch schon mehrfach angedeutete radikale Konsequenz im Verhalten Jesu als exemplarische Bedingung wahrhaft christlichen Handelns zu nennen, so wie er sie selbst

[178] So die Terminologie der diese Dimension der Ethik Jesu angesichts der schreienden Ungerechtigkeit und Not der großen Klassen in den sog. „Drittweltländern“ besonders hervorhebenden „Theologie der Befreiung“, die damit eine epochal besonders bedeutsame Rahmenbedingung christlicher Ethik benennt.

in einem völligen Gegensatz zu jeder sündigen Eigenmächtigkeit als besitz-, heimat- und familienloser Wanderprediger[179] vorlebte und vom engen Kreis seiner direkten Jünger ebenfalls verlangte. Zwar schloß eine weniger radikale, seßhafte Lebensweise wie angedeutet keineswegs von Zugehörigkeit und Gemeinschaft mit ihm aus (diese Gruppe stellte vielmehr die materiell ermöglichende Infrastrukturbasis für das radikale Zeugnis dar), sofern sie grundsätzlich von derselben Bereitschaft zum gleichen gänzlichen Einsatz für das Reich Gottes geprägt war, wie es zeichenhaft radikal von der Kerngruppe vorgelebt wurde. Die zahlreichen Märtyrer der frühen Kirche, die zu einem guten Teil aus diesen Kreisen stammten, zeigen, wie sehr diese wenigstens potentielle Radikalität jede christliche Existenz auch tatsächlich prägte.

Gerade die in dieser zweifachen Form von Christsein liegende Spannung, die aber trotz konkret stets möglicher Konflikte ihre Einheit nicht in Frage stellt, gibt der christlichen Botschaft aber auch jene stets neu virulente, latent gesellschaftskritische und damit -verändernde Kraft, die etwa bestehende Besitz- und Machtstrukturen immer wieder auf ihre Menschlichkeit zu hinterfragen wagt. Sosehr sich daher der christliche Anspruch stets an den einzelnen wendet, in seiner potentiellen Radikalität verbleibt er dennoch keinesfalls im individuellen oder gar bloß jenseitsbezogenen Bereich, sondern hat eine zugleich innergeschichtliche, gesellschaftskritische Stoßrichtung. Denn das zwar erst eschatologisch zur Vollendung gelangende Gottesreich ist durchaus ansatzhaft schon „mitten unter uns“ angebrochen und entsprechend zur bestmöglichen Verwirklichung aufgetragen; das Liebesgebot ist alles andere als bloße Verheißung, es ist konkreter Auftrag zu aktiver Selbsthingabe in der Nachfolge des eben darin radikalen Vorbildes Jesu selbst.

5. Der Lebensvollzug der Urgemeinde als verbindliches Vorbild

Mit dem Verweis auf die Jüngergemeinde als den engsten Kreis der Christusnachfolge ist zugleich aber auch schon der Kern der Urgemeinde angesprochen, die nach Tod und Auferstehung Jesu seine Botschaft weiterträgt und über die Grenzen des Judentums hinaus-

[179] Vgl. dazu G. Theissen, Soziologie der Jesusbewegung, a. a. O., sowie bzgl. der Vorstudien dazu ders., Studien zur Soziologie des Urchristentums, Tübingen 1979.

zustreuen beginnt. Insofern ihre Lebenstradition, die uns in den Schriften des Neuen Testamentes überliefert ist, als Glaubensregel der späteren Kirche gilt, ist dann neben dem Verhalten Jesu auch deren vom Glauben geprägter Lebensstil, vor allem auch deren Art und Weise, mit aufkommenden Konflikten fertig zu werden, für alle spätere christliche Ethik vorbildhaft regulativ. Dies freilich wiederum nicht im Sinn einer direkten kopierbaren Vorlage, sondern im genannten Sinn eines den kulturellen und zeitgeschichtlichen Unterschieden Rechnung tragenden, also angepaßten Modells.

Dabei fällt als erstes auf, wie sehr die ohne jede Diskriminierung auf alle Menschen bezogene Offenheit Jesu, verbunden mit seiner sich an einer radikalen Menschlichkeit bemessenden Kritik an einer bloß legalistischen Gesetzesauffassung, den jungen Christengemeinden eine zwar alles andere als konfliktfreie Kompromißfähigkeit erschloß, die es ihr ermöglichte, ohne Substanzverlust Menschen unterschiedlichster Herkunft neu zu integrieren. Die von Paulus (selbst ein Jude mit hellenistischem Hintergrund, der zugleich eifernder jüdischer Gesetzeslehrer und doch geborener römischer Bürger war) in der sozial wie herkommensmäßig besonders gemischten Gemeinde von Korinth vorgeschlagenen Konfliktregelungen geben davon beredtes Zeugnis, so etwa, wenn im Streit, ob es erlaubt sei, auf dem Markt angebotenes Fleisch von Opfertieren zu genießen, einerseits am Grundsatz, daß es keine geheimen magischen Verbindungen dieses Götzenopferfleischs mit dem heidnischen Kult gebe und somit Fleisch eben Fleisch bleibe, festgehalten wird, andererseits aber aus Rücksicht auf die schwächeren Glieder der Gemeinde, die sich von solchen Befürchtungen noch nicht völlig frei zu machen vermochten, von den „Starken" dann doch der Verzicht verlangt wird (1 Kor 8, 7–13). Aber auch die Schlichtung der Kontroverse zwischen Christen aus dem Judentum und sog. „Heidenchristen" hinsichtlich der Befolgungspflicht jüdischer Gebotsverpflichtungen im sog. „Apostelkonzil" (Apg 15, 6–29), die außer einigen den ehemalig jüdisch Glaubenden offenbar besonders wichtigen Vorschriften „keine weiteren Lasten" auferlegen will, zeugt von dieser flexiblen Kompromißbereitschaft, die sich übrigens auch darin zeigt, daß man als Kommunikationssprache sich schon sehr früh des allgemein üblichen Koine-Griechisch bediente, so daß vom ursprünglichen hebräisch-aramäischen Traditionsgut nichts mehr überliefert ist.

Der Zwang, sich in einer anderen, hier der griechischen Kultur ausdrücken und verwirklichen zu müssen, wenn man der eigenen inneren Dynamik folgend über die engen Grenzen des Ursprungs herauskommen wollte, gibt diesem frühen Christentum gerade auch hinsichtlich ethischer Kategorien eine Inkulturationsfähigkeit, die trotz mancher gegenteiliger Erfahrung im Verlauf der Geschichte (die übrigens stets ein Zeichen von Schwäche und nichtauthentischer Engführung war) als genuiner Wesenszug schlechthin zu gelten hat.[180] Wenn Paulus der Korinther Gemeinde zudem vorwirft, im Fall von groben Verstößen wie der Blutschande (1 Kor 5, 1–13) bzw. bei inneren Händeln unter Gemeindegliedern (1 Kor 6, 1–11) nicht sogleich selbst aktiv geworden zu sein, so deutet dies zugleich an, daß den Verantwortlichen einer solchen Gemeinde durchaus auch eine eigenständige ethische Autorität zugemutet wird.

In diesem Sinn haben die urchristlichen Gemeinden in manchen Belangen eigenständige normative Vorschläge erarbeitet, die modellhaft typisch sind für ein christliches Ethos überhaupt, so etwa wenn im Umgang mit irdischem Besitz der Verzicht darauf bzw. dessen Zusammenlegung zum Gemeingut (Apg 4, 32) – wie angedeutet – als besonders deutliches Zeichen der freien Disponibilität wie des Verzichts auf rein irdische Versicherungen herausgestellt wird, aber der Einsatz von bestehendem Eigentum zur Unterstützung missionarischer wie sozialer Belange ebenfalls seine Bedeutung behält. Eben dadurch wird aber Reichtum als Statussymbol wie als Machtfaktor so relativiert, daß die Mittelfunktion des irdischen Besitzes hinsichtlich wichtiger Zielsetzungen doch erhalten bleibt. Ein analog distanzierter und doch aktiver Umgang mit Weltwirklichkeiten läßt sich auch im Verhältnis der kleinen christlichen Minderheiten zum Staat ausmachen: Eine ausgesprochene Loyalität (vgl. Röm 13, 4; 1 Tim 2, 1f.; Tit 3, 1–8) im Normalfall erhält dort ihre Grenze, wo die Staatsmacht das Glaubensleben selbst zu verunmöglichen beginnt, wie dies etwa in der Offenbarung des Johannes sich abzuzeichnen scheint (Offb 14, 6–13). Hier kann die freilich

[180] Als besonders hinderlich in dieser Hinsicht muß die starre Latinisierung des gesamten weltweiten kirchlichen Lebens nach dem sog. „Ritenstreit" gelten, wo 1742/44 an die fernöstlichen Kulturen Chinas und Indiens angepaßte Riten verboten wurden und so auch Ansätze, die das genuine Ethos dieser Kulturen christlich aufzuarbeiten versuchten (so etwa durch R. de Nobili [† 1656]), bis in die neueste Zeit und sehr zum Schaden der christlichen Verkündigung abgeblockt wurden. Näheres dazu vgl. F. Furger, Inkulturation – eine Herausforderung an die Moraltheologie, in: NZM 40 (1984), 177–193 u. 241–258.

noch immer passive Ablehnung der Staatsmacht die Lebenshingabe fordern, wodurch diese aber selbst (und eben dies ist hier die ethische Pointe) in einem unrechtmäßigen Absolutheitsanspruch radikal in Frage gestellt ist. In beiden Fällen werden somit die rein weltlichen Wertkategorien von Besitz und Macht in ihrer Bedeutsamkeit zwar keineswegs einfach bestritten, wohl aber in ihrem unbedingten Anspruch grundsätzlich und für alle weitere christliche Ethik typisch abgelehnt. Die Relativierung und die entsprechende Entideologisierung dieser Kategorien muß daher als ursprünglich zum Programm christlicher Ethik gehörend gelten.

Nimmt man noch dazu, was hinsichtlich der inneren Struktur der Familien festgehalten wird (Kol 3,18–4,1), wo ganz im Gegensatz zur antiken, griechisch-römischen Umwelt, in der Frauen und Kinder oder gar Sklaven keine Rechte irgendwelcher Art hatten, für alle gegenseitige Achtung und Rücksicht verlangt wird, so sieht man, wie hier soziale Gegensätze zunächst ohne eine in der damaligen Situation ja ohnehin unmögliche Strukturveränderung sozusagen von innen her aufgelöst und umgekrempelt werden.[181] Daß es sich auch bei diesen Forderungen um den zwar noch weitgehend latenten Ansatz zu einem sozialethischen Gestaltungsprogramm für die menschliche Gesellschaft handelt, das auch für die christliche Ethik schlechthin exemplarische Bedeutung hat, läßt sich dann kaum mehr übersehen. Ein Rückzug in eine bestehende Sozialstruktur, um sie dann in religiöser Weltabgewandtheit einfach bestehen zu lassen (und sie damit letztendlich auf Kosten der Menschlichkeit duldend zu billigen), gehört folglich in keiner Weise zu einer genuin christlichen Haltung.

Nicht weiter erstaunlich ist schließlich die scharfe urchristliche Ablehnung von jenen übertreibenden Abweichungen, die aus der Relativierung des jüdischen Gesetzes und teilweise aus einem von außen kommenden, hellenistisch-gnostischen Libertinismus glaubten, leibliche und geistige Belange so trennen zu können, daß vor allem sexuelle Ausschweifungen für die Heilswirklichkeit bedeutungslos wären.[182] Jede Form von Unzucht sollte vielmehr unter

[181] Eine Bestätigung dieser Sicht findet sich hinsichtlich der Sklaverei auch in Phlm 8–20.

[182] So nach der Meinung des neueren Exegese Eph 5, 2 (vgl. J. Gnilka, Herders Theol. Kommentar, Bd X, Freiburg i. Br. 1971, 2, 251), aber in etwa auch für die Anspielungen in Offb 2, 14 u. 20f. in den Sendschreiben an Pergamon bzw. Thyatira.

Christen nicht einmal genannt werden (Eph 5, 3f.); Feigheit, Treulosigkeit, Mord und Lüge gelten genau wie die Unzucht geradezu als „zweiter Tod“ (Offb 21, 8). Dabei ist freilich nicht diese selbstverständliche Ablehnung das, was für eine christliche Ethik besonderer Erwähnung bedarf. Vielmehr ist es die Selbstverständlichkeit, mit der diese trotz aller Anfangsbegeisterung einer jungen Glaubensgemeinschaft dennoch notwendige Abgrenzung vorgenommen wird. In aller Klarheit, aber ohne daß hier ein besonderer Schwerpunkt gesetzt würde, wird schlicht festgehalten: Nicht einmal genannt werden sollte so etwas. Im übrigen aber geht es weniger um Verbot und Grenze als um positiv kritische Aufmunterung in der Dynamik des Liebesgebotes.

Dieser Dynamik entspricht es schließlich auch, daß normative Strukturen auch unabhängig von ihrer Herkunft interessieren, sofern sie sich zur Konkretion von Mitmenschlichkeit aus Liebe als dienlich erweisen können. Wegleitend ist dabei der Grundsatz, alles zu prüfen und das Gute zu behalten (1 Thess 5, 21). Während jeder Synkretismus mit gnostischen Ansätzen (vgl. etwa Offb 2, 15) auf klare Ablehnung stößt, erweist sich vor allem die Übernahme von Elementen aus dem für seine Mitmenschlichkeit in mancher Hinsicht vorbildlichen stoischen Ethos als einladend. So wurden beispielsweise nicht nur die Form der sog. „Tugend- und Lasterkataloge“, freilich mit eigenem Inhalt, vorab durch Paulus übernommen,[183] sondern auch die das Zusammenleben in der Großfamilie gestaltenden sog. „Haustafeln“ in „personalistischer Selektion und christologischer Sicht“ weitergeführt[184]. Was sich an ethischer Offenheit gegenüber gutem umliegendem Ethos schon für die alttestamentliche Normfindung festhalten ließ, bestätigt sich somit auch hier und müßte damit für eine christlich verantwortete Normenethik in der heutigen multikulturellen und pluralistischen Weltgesellschaft wohl erst recht gelten.

Damit sollen die damals schon trotz aller kritischen Prüfung nicht völlig vermiedenen Gefahren einer mit solcher Offenheit verbundenen Übernahme auch von gewissen Einseitigkeiten nicht unterschlagen werden. Daß über stoische Ansätze ein gewisser Hang

[183] Vgl. u. a. Röm 1, 29–31; 1 Kor 5, 10f. u. 6, 9f.; 2 Kor 12, 20; Gal 5, 19.

[184] So vorab unter Verweis auf Eph 5, 21–6, 9: W. Schrage, Zur Ethik der neutestamentlichen Haustafeln, in: NT Stud 21 (1974), 1–22, der sich im übrigen auch dagegen verwahrt, daß eine solche Übernahme eine verbürgerlichende Anpassung bedeute (vgl. oben Anm. 145).

zu ethischem Rigorismus und mit den Beziehungen zum Neuplatonismus eine Neigung zu Leib- und Sexualfeindlichkeit zumindest nicht so ausgeschlossen waren, daß sie nicht später erheblichen Einfluß auszuüben vermochten, wurde schon angedeutet,[185] genauso wie übrigens die spätere Verrechtlichung der christlichen Ethik durch Anleihen aus der sauberen Systematik des römischen Rechts erste Impulse erhalten hat. Völlig unangemessen aber wäre es, wegen solcher Gefahren die bereichernden Einflüsse, die von anderem menschlich hochstehenden Ethos ausgehen, nicht zu beachten und so übrigens auch noch die Sauerteig-Wirkung, die das Evangelium selbst dabei sozusagen rückgekoppelt freisetzt, zu schwächen. Nicht Anpassung an die „Welt", sondern deren Ernstnehmen in einer im wachen Glauben gegründeten Kritik, die gegebenenfalls, vorab wo es um den Bestand des Glaubens als solchen geht, auch klare Grenzen zu setzen vermag[186] und schon von den ersten Zeiten an Glaubende sogar zur Notwendigkeit des Blutzeugnisses führte, charakterisiert damit eine am Modell der urchristlichen Gemeinde sich orientierende Ethik.

Es versteht sich, daß diese Hinweise auf normative Elemente in der neutestamentlichen Verkündigung der frühen Gemeinde keine normative Systematik bieten. Denn es geht in diesen apostolischen Schreiben an die Gemeinden weitgehend um situative Ermahnungen, die meist aus konkretem Anlaß erfolgten. Nicht das argumentative Begründen der vorgebrachten Weisung steht daher im Vordergrund, sondern deren tatbezogene Einschärfung. Damit wird hier denn auch weniger Ethik im strengen Sinn des Wortes als vielmehr eine aufmunternde oder auch ermahnende Paränese zur Lebensgestaltung im konkreten Alltag geboten.[187] Obwohl man sich im Glauben als nicht mehr „von der Welt" versteht, weiß man

[185] Vgl. oben Abschnitt A. II, 1 und 2.

[186] Vgl. dazu die harten Ausschlußstrafen über Hymenäus und Alexander in 1 Tim 1, 18–20.

[187] Vgl. dazu K. Kertelge (Hrsg.), Ethik im Neuen Testament, Freiburg i. Br. 1984. – Auf die innerexegetische Diskussion, ob die hier mit „Paränese" umschriebene Rede über sittliche Inhalte nicht besser als „Paraklese" bezeichnet würde, kann hier nicht weiter eingegangen werden; entscheidend ist, daß das Sprachspiel dieser auch in sittlichen Belangen ermahnend aufmunternden Reden nicht im strengen Sinn als ethisch, d. h. argumentativ begründende, sondern eher als appellative Aussage zu bezeichnen ist und daher, gerade weil man sie so ernst nimmt, nach der ethischen Begründung ruft.

doch sehr genau darum, daß man noch „in der Welt“ ist (vgl. Joh 17, 14–16) und sich auch hier zu bewähren hat. Diese Bewährung erfolgt dann gerade auch in der konkreten Tat, ohne die der Glaube ein toter Glaube wäre (Jak 2, 26), wie in einem trotz aller Widerwärtigkeiten geduldig treuen Ausharren in der einmal als richtig erkannten Zielsetzung (Jak 5, 7–11). Normative Aussagen erweisen sich somit, weit davon entfernt, die ursprüngliche Dynamik der Heilsbotschaft Jesu und deren Liebesgebot nach dem Ausbleiben der naherwarteten Wiederkunft Christi dem Gang der Welt anzupassen, als flexible Hilfen zur besseren konkreten Verwirklichung des Liebesgebotes. Als solche sind sie für eine christliche Ethik über den jeweiligen situationsgebundenen Entstehungsanlaß hinaus aber im selben Geist modellhaft weiter zu bedenken und nun im eigentlichen Sinn ethisch begründet zu systematisieren. Denn erst so werden sie auch für unsere Zeit eine kritisch dynamische Entscheidungshilfe zur Verwirklichung einer vom umfassenden Gebot der Gottes- und Nächstenliebe geprägten, personalen Nachfolge Christi in der geschichtlich und kulturell sich ändernden Welt und Gesellschaft.

III. Probleme hinlänglicher Normbegründung

1. Normen als Indikatoren des sittlich Richtigen

Weil der Mensch, der sich selbst in nüchterner Existenzerhellung mit seinen eigenen Entscheidungsstrukturen konfrontiert, sich nicht nur darüber Rechenschaft gibt, daß er entgegen besserer Einsicht seinem Gewissen schuldhaft zuwiderzuhandeln versucht ist, sondern auch entdeckt, daß er trotz subjektiv bestem Wissen und Gewissen objektiv Schaden anrichten kann, sieht er sich veranlaßt, sich um Hilfsstrukturen zu kümmern, die solche Fehler oder „Irrtümer“ wenn nicht verhindern, so doch abbauen helfen. Gleichzeitig erweist sich aber auch ein alle Umstände und die nie voll überblickbaren Verhaltensfolgen berücksichtigender, also sittlich wirklich verantworteter Prozeß der Entscheidungsfindung als derart aufwendig, daß er nur für die wirklich personal einzigartigen, den einzelnen als solchen betreffenden Entscheide, also für persönliche Lebensentscheide und für die Bewältigung von den jeweils Betroffenen direkt einfordernden Ausnahmesituationen reserviert bleiben muß. Für die zahllosen zwar wichtigen, aber dennoch nicht außerordentlichen Alltagsentscheide bedarf dagegen gerade auch der sittlich handeln wollende Mensch dringend einer verantwortbaren Entlastung. In beiden Fällen, sowohl für die Irrtumsvermeidung wie zur sinnvollen Entlastung, erweisen sich, zunächst einfach von ihrem pragmatischen Einsatz her, die sittlichen Normen als solche Entscheidungshilfen, indem in ihnen sittliche Erfahrung und Reflexion oft von Generationen von Menschen gespeichert sind. Solcherart dienen sie als Direktiven, die zumindest für den Normalfall das sittlich Richtige (bzw. gangbare Wege darauf hin) aufzuzeigen oder doch wenigstens das zumeist in Anbetracht von schädlichen Folgen sittlich Falsche als Grenze zu markieren vermögen.

Solche Weisungen in einem Entscheidungsprozeß in den Wind zu schlagen würde entsprechend jeder Vernunft zuwiderlaufen. Vielmehr bedarf es für ein verantwortetes Nichtbeachten so verstandener Normen offensichtlich guter Gründe, welche die allerdings stets denkbare Ausnahme vom Norm- und Regelfall zu belegen haben. Dabei zeigt, wie eben dargelegt, eine Analyse des in den biblischen Schriften sich spiegelnden christlichen Selbstverständnisses, daß sich dessen Konzeption über die Bedeutung von sittlichen Normen durchaus mit dieser Grundauffassung deckt: So ist etwa die Ruheordnung des Sabbats durchaus als eine das normale Verhalten regelnde Norm anzuerkennen, obwohl sich in Ausnahmesituationen ein ihr widersprechendes Verhalten als denkbar, ja um des eigentlichen Sinnes des Sabbats willen sogar als nötig erweisen kann; denn der Sabbat ist eben um des Menschen willen da und nicht der Mensch um des Sabbats willen (Mk 2, 27).

Sosehr sich Normen also als Entscheidungshilfen erweisen und nur als solche sinnvoll sind bzw. keinen Selbstzweck an sich darstellen, sowenig ist damit aber schon gesagt, wie denn eine solche entscheidungsleitende Norm aufgestellt und begründet zu werden vermag. Das faktische Vorliegen einer Norm oder ihre bloße Gültigkeit bzw. das soziale Funktionieren einer Norm vermag ihr ja offensichtlich noch nicht eine ethische Geltung zu sichern, da nur allzuoft faktisch gültige Normen krasse Ungerechtigkeiten, etwa hinsichtlich Diskriminierungen und Ausbeutungen, abzudecken vermögen. Aber auch auf eine übergeordnete Autorität, die über die sittliche Geltung bzw. über die ethisch verantwortete Feststellung der berechtigten Ausnahme (wie beispielsweise Jesus, der Menschensohn, als Herr des Sabbats [Mk 2, 28]) befinden würde, kann man sich nur in den seltensten Fällen berufen. Vielmehr muß die ethisch argumentative Reflexion Geltung und Tragweite von Normen aufarbeiten, wobei es gilt, das aus praktischer Erfahrung

Gewachsene wie das aus sittlicher Intuition als wünschenswert Erfaßte im Licht der ethischen Zielsetzungen (christlich gesehen also in der Dynamik einer vom Liebesgebot des Evangeliums getragenen, zu je größerer personaler Intensität bestimmten Menschlichkeit) kritisch zu überprüfen und zu begründen. Damit ist auch klar, daß es sich bei diesem ethischen Bemühen um eine systematische Normbegründung noch nicht um das sittlich Gute oder Böse handelt, das erst in der personalen Entscheidung als der nach bestem Wissen im je eigenen Gewissen gefällten Zustimmung (oder Ablehnung) des sittlich Richtigen (bzw. Falschen) gesetzt wird. Es geht vielmehr erst um das im allgemeinen rational-argumentativ Überprüfbare, aller menschlichen Erfahrung nach den sittlichen Zielsetzungen Dienliche, also sittlich Richtige (bzw. Abträgliche und daher sittlich Falsche).[188]

Während für die Bestimmung sittlicher Gutheit die Intention des Handelnden, also das in der persönlichen Gewissensentscheidung eigentlich Gewollte, den Ausschlag gibt und Sittlichkeit sich folglich nach dem festen Willen, unter den gegebenen Umständen soweit irgend möglich das Gute zu tun bzw. den Willen Gottes bestmöglich zu erfüllen, definiert, umschreibt sittliche Richtigkeit das aller Erfahrung nach und unter den gegebenen Umständen der anerkannten sittlichen Zielsetzung normalerweise am besten Dienende. Erste Aufgabe einer handlungsbezogenen Ethik muß es daher sein, sittliche Gutheit und sittliche Richtigkeit zur Deckung zu bringen. Deshalb versucht sie einerseits den Entscheidungsablauf bzw. das Gewissen in seinen fundamentalen Entscheidungsfunktionen zu verstehen, wie sie anderseits bemüht ist, jene grauen Randzonen zu klären, wo, wie beim unschuldig irrenden Gewissen, die sittliche Absicht zwar intakt, die sittliche Gutheit also gewährleistet ist, aber die objektive sittliche Richtigkeit aus Mängeln in der Einsichtsfähigkeit, aus Ermessensirrtum, Zeitdruck oder aus sonstwie nicht behebbarer Unerfahrenheit verunmöglicht wurde. Da eine weitere Auseinandersetzung mit der Absicht des Handelnden, deren innerster Kern sich der Beurteilung durch außenstehende Dritte ohnehin entzieht und letztlich Gott allein zusteht,[189]

[188] Vgl. W. Kerber (Hrsg.), Sittliche Normen – Zum Problem ihrer allgemeinen und unwandelbaren Geltung, Düsseldorf 1982 (dort vor allem J. Fuchs, „Intrinsece malum", 74–91).

[189] So hält das Konzil von Trient im Kap. 16 seiner Sessio VI ›De fructu iustificationis, hoc est de merito bonorum operum, deque ipsius meriti

unmöglich ist, muß die Ethik sich darauf beschränken, durch bestmögliche Klärung der objektiven Belange sittlicher Richtigkeit, deren Beachtung damit natürlich selbst zu einer sittlichen Pflicht wird, die Grauzonen zu verringern. Daß dies dann vor allem durch eine umsichtige Begründung von Normen als Entscheidungshilfen geschieht, erhellt aus den bisherigen Überlegungen und verlangt entsprechend nach einer Normenethik, die sich freilich stets bewußt zu bleiben hat, daß sie als solche sich vorab mit den Problemen des sittlich Richtigen befaßt, das erst durch den Entscheidungsakt des Gewissens als das sittlich Gute (bzw. durch dessen freie Verweigerung dem sittlich Richtigen gegenüber sündig als das Böse) verwirklicht wird.

2. Normenbegründung unter dem Anspruch von Glaube und Einsicht

Bedenkt man, was oben zu einer christlichen Ethik als einer theologischen Reflexion in „theonomer Autonomie", also aus Einsicht in das eigene, aber von Gott geschaffene Menschsein, gesagt wurde bzw. wie dort eine von Gott als seiner Schöpfung zutiefst innerlich gewollte Zielsetzung menschlicher Selbstverwirklichung in Gerechtigkeit und Liebe dem Mitmenschen, ja der gesamten übrigen Kreatur gegenüber als eine „deontologische Teleologie", als die all sein Handeln bemessende Finalität festgehalten wurde,[190] so versteht sich, daß dieser methodologische Ansatz gerade hinsichtlich einer Erarbeitung von ethisch begründeten Normen zum Tragen kommen muß. Dies bedeutet dann genauerhin, daß zunächst diese letzte Zielsetzung als Richtmaß im Sinn der Botschaft Jesu verifiziert und in seiner dem Menschen zugänglichen Einsichtigkeit erhoben wird. Dies bedingt, daß Normen weder in einem sog. „naturalistischen Trugschluß" (vielleicht sogar fast unbemerkt) einfach aus tatsächlichen Gültigkeiten, also vom faktischen Sein zum sittlichen Sollen, zu ethischer Geltung kommen, noch daß sie, weil man nicht

ratione‹ ausdrücklich fest: „omnis hominum vita non humano indicio examinanda et iudicanda est, sed Dei", was natürlich auch ein Urteil, ob (bzw. wie) ein bestimmter Akt, und mag er objektiv noch so sittenwidrig sein, Sünde sei, ausschließt. Die Moraltheologie hat sich hier folglich – soll sie sich nicht vermessener Anmaßung schuldig machen – auf die Beurteilung der sittlichen Richtigkeit zu beschränken.

[190] Vgl. oben Abschnitt A. III, 2 und 3.

auf ihre prinzipielle Universalisierbarkeit (als Geltung für alle Menschen unter gleichen Umständen) achtete, christliche Ethik in eine Binnenmoral einer partikulären Gruppe entarten lassen. Vielmehr gilt es gerade unter dem universalen, überregionalen und überzeitlichen Anspruch des Evangeliums die aus der Dynamik des christlichen Glaubens gefundenen ethischen Normen als prinzipiell geltende, d.h. ohne ein *sacrificium intellectus practici* grundsätzlich einsichtige und folglich wahrer Menschlichkeit dienliche herauszustellen.

Wenn I. Kant seinen „Kategorischen Imperativ" als das grundlegende Kriterium einer Vernunftethik in zwei Formulierungen ausdrückte, nämlich in der die Verallgemeinerung jeder konkreten Handlung bestimmenden Maxime, „daß sie jederzeit zugleich als Prinzip einer allgemeinen Gesetzgebung dienen könne", wie in der die Zielsetzung allen sittlichen Tuns andeutenden Forderung, so zu handeln, daß die Menschheit sowohl in der eigenen Person als in der Person eines jeden anderen jederzeit zugleich als Zweck, niemals bloß als Mittel gebraucht werde,[191] dann verweist methodologisch auch dieser ethische Ansatz jede Normbegründung, die nicht bloß willkürliche Spielregeln für partikuläre Gruppen festlegen will, auf diese im folgenden also zu beachtenden Voraussetzungen: Weder ein Rekurs auf einen neben und über seiner Schöpfung als vom absoluten und allmächtigen Gesetzgeber vorgegebenen, verbindlichen Gotteswillen noch die Berufung auf einen demokratischen Mehrheitsentscheid, in welcher die *vox populi* als *vox dei* verstanden wird, kann daher ethische Geltung sittlicher Normen begründen. Dies vermag allein die Einsicht in deren Zielbezogenheit auf die Verwirklichung jener unbedingten Mitmenschlichkeit und Gerechtigkeit, wie sie sich dynamisiert und radikalisiert in dem alle vorangegangene Heilsgeschichte, also „Gesetz und Propheten", zusammenfassenden Liebesgebot Jesu findet. Dabei bezeichnet aber dieses Doppelgebot der Gottes- und Nächstenliebe keineswegs eine neue und zusätzliche göttliche Anordnung. Es zieht vielmehr nur die ethische Konsequenz aus der Schöpfungswirklichkeit, deren innere Struktur und Ordnung gottgewollt ist und in welcher der Mensch ohne Rücksicht auf weitere Unterscheidungen von Geschlecht, Rasse oder Stand sein Ebenbild ist. Die als Erkenntnis der Vernunft des Menschen besonders der Philosophie der Aufklärung bedeutsam gewordene Einheit, wie die in seiner freien Selbstbestim-

[191] Vgl. I. Kant, Kritik der praktischen Vernunft, A 54 bzw. A 237.

mung wurzelnde Würde des Menschengeschlechts als Fundament der Ethik, erweist sich damit ebenso als autonome Einsicht der praktischen Vernunft, wie sie theologisch die christliche Sicht vom Menschen als dem abbildhaften Geschöpf wiedergibt und damit theonom die gottgewollte Zielsetzung allen ethischen Bemühens umschreibt. Normfindung und -begründung muß sich daher, soll sie vernunftgemäß und damit auch umfassend kommunikationsfähig und ideologiekritisch sein, als ethische ebenso auf dieses Fundament stützen wie sie christlich in diesem Ansatz die Grundstruktur der anthropozentrischen Schöpfungsordnung als moraltheologisches Leitkriterium erkennt.

Dies bedeutet dann aber nichts anderes, als daß eine ethische Normbegründung offenbar nicht darum herumkommt, sich mit den Ordnungsstrukturen der der freien Eigengestaltung durch den Menschen überlassenen Schöpfungswirklichkeit zu befassen, um aus den Wesenszusammenhängen, der *natura*[192] dieser Wirklichkeit, das ihrer eigentlichen Zielsetzung Dienliche als das Sittliche zu eruieren und um dieses von bloß zeit- und interessebedingten Forderungen ideologiekritisch unterscheiden zu können. Ein solcher Einstieg in die Problematik der Erkenntnis des sittlich Richtigen und damit der Normfindung ist dann aber auch alles andere als eine freventliche Anmaßung des Menschen, folgt sie doch mit innerer Konsequenz aus der freien Ermächtigung Gottes an den Menschen zu solcher Erkenntnis wie zu dem dieser Erkenntnis als Verwirkli-

[192] Unter *natura* sei hier, wie in der traditionellen Moraltheologie üblich, im Sinn der hochscholastischen Übersetzung des griechischen *physis* nur das Wesen einer Sache, also das, was sie als solche ausmacht, verstanden. Natur (bzw. „natürlich") in einem biologischen Sinn als eine vom Menschen nicht kulturell veränderte Umwelt oder Körperlichkeit oder gar im soziologisch-statistischen Sinn, wo „natürlich" oft nur das statistisch selbstverständlich gewordene und häufig auftretende Mehrheitsverhalten umschreibt, ist in diesem ethischen Zusammenhang als Bedeutung folglich ausgeschlossen. Da aber der Natur-Begriff trotz solcher Präzisierungen sogar in moraltheologischen Dokumenten nicht immer klar gebraucht wird und in mißverständlicher Weise die Wesensbedeutung mit der die unbeeinflußten Naturabläufe bezeichnenden vermischt wird, empfiehlt es sich zudem, den Begriff nur dort zu gebrauchen, wo sich dies aus geschichtlichen Gründen aufdrängt. Vgl. dazu F. Furger, De notione thomistica naturae hominis ut fundamentum ethicae: De homine, Akten des VII. Internationalen Thomisten-Kongresses, Bd. II, Rom 1972, 150–153 sowie unten Abschnitt D. III, 5.

chung folgenden Tun. Denn entgegen einem vom sprachlichen Ausdruck her oft gegenteiligen Eindruck zeigt ein genauerer Blick auf das biblische Gesetzesverständnis, daß auch hier die Normbegründung keineswegs bloß auf der Autorität einer willkürlichen Anordnung Gottes beruht, sondern, sosehr diese Autorität Gottes als des Schöpfers und geschichtsmächtigen Bundesherrn seines Volkes besonders hinsichtlich der verbindlichen Gewichtigkeit der Gebotsforderung ebenfalls herausgestellt wird, durchaus in den wirklichkeitsinhärenten Sachstrukturen der Schöpfung ihren Grund hat. So heißt es etwa schon im alttestamentlichen Zusammenhang vom göttlichen Gebot, daß es dem Menschen nicht über seine Kraft gehe oder fern von ihm im Himmel oder jenseits des Ozeans liege: „Nein, es ist ganz nah bei dir, es ist in deinem Mund und in deinem Herzen, du kannst es halten" (Dtn 30, 14). Die Kontakte zur hellenistischen Philosophie verstärken dieses ethische Verständnis weiter, das seine Forderungen nun rational und doch gottbezogen zu begründen versucht, da ja Gott selbst diese Ordnung geschaffen hat. Entsprechend konnte dann auch in diesem anderen kulturellen Kontext das mosaische Gesetz nicht nur bewahrt, sondern sogar „als der vollendete Ausdruck des Sittengesetzes"[193] begriffen werden.

Nicht nur zwischen den Kulturen vermittelnde Denker wie der jüdische Philosoph Philon von Alexandrien († 50) oder der Historiker Josephus Flavius († um 100), sondern auch der auf Gesetzestreue bedachte Verfasser einer geistlich-sittlichen Ermahnungsschrift aus jener Zeit hält fest: „Wir glauben dem, dessen Gesetz von Gott stammt, wir wissen aber auch, daß der Gesetzgeber der Welt das Gesetz gemäß der Natur gibt."[194] In dieser Tradition liegt aber auch Paulus, der trotz seines scharfen Bewußtseins von der Verderbnis, die durch die Sünde die menschliche Natur betroffen hat, in einer von universaler Erlösungshoffnung getragenen Zuversicht gegenüber dem Menschen als solchem auch von den „Heiden, die das Gesetz nicht haben (und) von Natur aus das tun, was im Gesetz gefordert ist", festhalten kann, daß diese Heiden dann eben sich selbst Gesetz seien und so zeigten, „daß ihnen die Forderungen des Gesetzes ins Herz geschrieben seien" (Röm 2, 14f.).[195]

[193] So unter Verweis auf Spr 3, 13–26, K.H. Schelkle, Theologie des Neuen Testaments, a.a.O., 34.

[194] Zit. nach Schelkle aus 4 Makk 5, 25.

[195] Vgl. dazu auch T. Herr, Naturrecht aus der kritischen Sicht des Neuen Testaments, Paderborn 1976.

Wenn sich somit der christliche Ethiker für die Begründung sittlicher Normen auf diese Einsicht in das eigene, freilich von Gott geschaffene Wesen stützt, dann setzt er damit nicht nur ein altes, auf die Kirchenväter zurückgehendes Verständnis von Moraltheologie fort, sondern er steht auch ganz in der biblischen Tradition.[196] Gleichzeitig ermöglicht ein solches Verständnis aber auch, die sittliche Erkenntnis und Erfahrung aller Menschen ebenfalls in den Prozeß einer christlichen Normfindung einzubeziehen und, ähnlich wie die Kirchenväter das menschlich hochstehende Ethos stoischer Denker wie eines M. T. Cicero († 43 v. Chr.), eines Seneca († 65) oder Marc Aurel († 180)[197] in ihre Ethik integrierten, auch heutige ethische Einsicht fremder Philosophien oder der Weltreligionen als eine echte Bereicherung einzubringen, was gleichzeitig eine stets ideologieanfällige und zu falschen Erstarrungen neigende Vereinheitlichung von Normsystemen in dynamischer Kritik vermeiden hilft. Bevor nun aber auf dieser Basis einer auch theologisch verantworteten Einsicht in die Wesensart des Menschen ein die sittliche Richtigkeit systematisch vermittelnder, normativer Rahmen christlicher Ethik erarbeitet werden kann, gilt es, einen kurzen Blick auf andere Ansätze der Normbegründung und Normfindung zu werfen, um an deren Grenzen und Anregungen das eigene Vorgehen auch dann

[196] Kritisch zu diesem Ansatz stehen vor allem M. Luther und seine Tradition, deren Verständnis von der völligen Verderbtheit des menschlichen Wesens einer von dessen „Natur" ausgehenden Ethik (trotz Röm 2, 14f.) skeptisch begegnen muß, während Calvin und Zwingli ihm zumindest faktisch näher stehen. Vgl. dazu aus katholischer Sicht: B. Schüller, Die Herrschaft Christi und das weltliche Recht. Die christologische Rechtsbegründung in der neueren prostestantischen Theologie, Rom 1963; K.H. Peschke, Naturrecht in der Kontroverse, Kritik evangelischer Theologie an der katholischen Lehre von Naturrecht und natürlicher Sittlichkeit, Salzburg 1967, sowie T. Herr, Zur Frage nach dem Naturrecht im deutschen Protestantismus der Gegenwart, Paderborn 1972. Aus protestantischer Sicht: Ernst Wolf, Gottesrecht und Menschenrecht, München 1954; Erik Wolf, Das Problem der Naturrechtslehre, Karlsruhe ³1964; für die spezifische Sicht von Zwingli vgl. A. Rich, Zwingli als sozialpolitischer Denker, in: ZEvE 13 (1969), 257–273, bzw. von Calvin: D. Ritschl, Der Beitrag des Calvinismus für die Entwicklung des Menschenrechtsgedankens, in: Ev. Theol. 40 (1980), 333–345.

[197] Zu denken wäre hier etwa an die Maxime Senecas, „homo homini sacer", oder Marc Aurels, „hostis dum vulneratus frater", die sogar Ideen der Menschenrechtserklärungen bzw. der Genfer Konventionen schon implizit vorwegnehmen.

und sozusagen von außen kritisch zu verifizieren, wenn sich diese Ansätze als unzureichend erweisen sollten.

3. Unzulängliche Ansätze ethischer Normbegründung

Wenn Normen als Entscheidungshilfen sittliche Erfahrungen der Menschen bündeln, liegt es eigentlich nahe, Verhaltensnormen, die sich in einem Gemeinwesen als für ein möglichst konfliktfreies Zusammenleben praktikabel erwiesen haben, auch gleich als ethische Verhaltensmaximen gelten zu lassen. Die Norm im sozialen Sinn, also das, was „man tut" und unter der Gefahr gesellschaftlicher Sanktion, nicht mehr „dabei", also aus dem sozialen Verband irgendwie ausgeschlossen zu sein, auch zu tun hat, wird so zugleich auch zur ethisch verpflichtenden Norm dessen, was an sich zu tun ist. Das tatsächlich funktionierende Verhalten wird so *pragmatisch* zur ethischen Maxime, von der man entweder annimmt, sie würde sich, ähnlich der darwinistischen Evolutionstheorie für die Entstehung der biologischen Arten, durch Erfolg und Mißerfolg mit der Zeit von selbst optimieren (so etwa nach H. Spencer [† 1903]) oder aber wie in einem Organismus zu einem Gleichgewicht einpendeln (so z. B. E. Durkheim [† 1917]). Für die Ethik genügt es nach diesem Verständnis jedenfalls, daß sie, statt sich als normative Reflexion mit dem Menschsein und seinen Zielsetzungen zu befassen, als „Wissenschaft der Gesittung", als «science des mœurs» im Sinn etwa von L. Lévy-Bruhl († 1939), die funktionierenden Abläufe feststellt und sie allenfalls gegen Störungen abzusichern sucht. Insofern dann ein solches einigermaßen reibungslos eingependeltes Funktionieren der sozialen Funktionen aller Erfahrung nach auch ein gewisses Wohlergehen wenigstens einer Mehrheit der Betroffenen sichert und sich dieses somit für die meisten Beteiligten als recht nützlich erweist, kann sich ein so begründeter *Utilitarismus* als eine Art Sozialeudaimonismus leicht mit diesem pragmatischen Einstieg verbinden und so unter dem Leitsatz vom „größten Glück der größten Zahl" (J. Bentham [† 1832]) ein für das alltägliche Zusammenleben recht brauchbares Verhaltensmodell abgeben,[198] so brauchbar jedenfalls, daß man meint, es damit bewenden lassen zu können.

[198] Der angelsächsische Lebensstil, dem die meisten Vertreter dieses pragmatischen Utilitarismus (so neben den schon Genannten etwa auch J. S. Mill [† 1873], W. James [† 1910] oder J. Dewey [† 1952] sowie der

Dennoch vermag eine solche pragmatisch-utilitaristische Normbegründung nicht zu genügen; denn entweder erhebt sie völlig unkritisch tatsächliche Funktionsabläufe zu ethischen Kriterien (sie macht sich folglich des sog. „naturalistischen Trugschlusses" schuldig), ohne zu fragen, ob solche soziologisch feststellbaren Normsysteme überhaupt der Entfaltung von Menschlichkeit dienen,[199] oder aber sie stellt zwar utilitaristisch mit dem sozialeudaimonistischen Leitsatz vom größten Glück der größten Zahl ein gewisses ethisches Leitziel auf, vermag dann aber nicht auszuschließen, daß eine solche Optimierung unter Umständen auf Kosten zumindest einiger Schwacher geht. Damit ist aber, obwohl utilitaristische Maximen im gewöhnlichen Alltag für das konkrete Zusammenleben von ungefähr gleich starken Mitbürgern recht brauchbare und damit von einer umsichtigen Ethik auch in ihre weiteren Überlegungen einzubeziehende Verhaltensregeln zu eruieren vermögen, nicht nur theoretisch das Prinzip der Universalisierbarkeit ethischer Normen verletzt, sondern die Geschichte lehrt auch, daß in einem solchen Denkhorizont – der Wirtschaftsliberalismus im Sinn von A. Smith († 1790) und D. Ricardo († 1823) zu Beginn der Industrialisierung und die daraus folgende Proletarierverelendung sind dafür neben dem gesamten Kolonialismus der Neuzeit ein typisches Beispiel – tatsächlich eine solche Ausklammerung der Schwächeren aus dem ethischen Gefüge droht. Daß außerdem jeder Pragmatismus von sich aus wie vor allem wegen der von ihm geschützten Privilegien der Stärkeren dazu neigt, Veränderungen und Verbesserungen in gegebenen sozialen Normsystemen abzulehnen und so in einer letztlich stets konservativen Beharrungstendenz einer dynamischen Flexibilität in einer ja stets auch geschichtlich bedingten Normfindung entgegensteht, zeigt zusätzlich, daß eine den Menschen als

Behaviorist J. B. Watson [† 1958]) entstammen, dürfte dafür einen eindrücklichen Beleg darstellen.

[199] Als besonders typisches Beispiel für einen solchen soziologistisch-naturalistischen Trugschluß mag der Umgang mit den sog. ›Kinsey-Reports‹ über das Sexualverhalten von Männern und Frauen in den USA (Philadelphia 1948 bzw. 1953, dt. Frankfurt a. M. 1954/55) gelten, wo das tatsächliche, meist im Vergleich zu den sonst anerkannten Regeln ungebundene Verhalten einer Mehrheit als neue sittliche Richtlinie ausgegeben wurde, ohne je die Frage zu stellen, welche Spätfolgen dies allenfalls aus Mangel an Stabilität beispielsweise bei späteren Generationen zeitigen könnte, wozu dann aber neuere Statistiken über Jugendverwahrlosung, Drogenkonsum und Verbrechensraten erhebliche Verdachtsmomente liefern.

solchen ethisch berücksichtigende Normbegründung über den pragmatisch-utilitaristischen Ansatz hinausgehen muß.[200]

Wenn somit aus der aus bloß faktischen bzw. aus soziologischen Erhebungen belegten Gültigkeit von Normen keine verbindliche ethische Geltung abgeleitet werden kann, so kann natürlich auch eine ethische Normbegründung aus Geschichte und Tradition, wie sie vor allem von der *rechtshistorischen Schule* in der Romantik, etwa von F.C. de Savigny († 1861), vertreten wurde, nicht genügen. Denn so sehr auch gewachsene Rechts- und Verhaltensnormen ebensogut wie die tatsächlich funktionierenden gesellschaftlichen Regeln als verhaltensprägende Momente zu beachten sind, so wenig können sie von der Ethik einfach unüberprüft aus dem „Volksgeist" übernommen werden. Nationale Überheblichkeiten, aber auch tief eingerastetes und ganze Gruppen diskriminierendes Unrechtsverhalten wie etwa Sklaverei oder Polygamie konnten sich aus solcher Traditionsbegründung teilweise über Jahrhunderte halten und würden von einem solchen Ansatz her einen Schein von ethischer Legitimation erhalten. So bedeutend der Einfluß geltender Rechtstradition für die Rechtsetzung und für die konkrete Gesetzgebung also auch sein mag, und so berechtigt die Ablehnung dieser geistesgeschichtlich der Romantik und damit den Gemütswerten der Geschichte verpflichteten Schule gegenüber rein rationalistischen Rechtsspekulationen war, für deren sittliche Begründung genügt sie ebensowenig wie ihre rechtstheoretische Gegenauffassung, der sog. *Rechtspositivismus*, nach welchem die Gültigkeit von Rechtsnormen darin besteht, daß sie von einer rechtmäßigen gesellschaftlichen Autorität erlassen[201] sind. Zwar wird gerade die auf demokratischer Wahl und Kontrolle aufbauende Staatsautorität, verbunden mit entsprechendem juristischem Sachverstand,[202] für eine konkrete Erarbeitung gesetzlicher Normen ebenfalls bedeutende Ein-

[200] Vgl. dazu O. Höffe (Hrsg.), Einführung in die utilitaristische Ethik, München 1975.

[201] Bzw. „aufgestellt" (lat. *positum*), daher „Positivismus".

[202] Gemeint ist hier im ursprünglichen Sinn die Juris-Prudentia, also der umsichtig kluge Umgang mit Recht und Gesetz. Es geht im Rechtspositivismus also nicht bloß um einen legalistischen Gesetzespositivismus einzelner normativer Bestimmungen, sondern wirklich um einen Begründungsansatz von Rechtsnormen in der Staatsmacht, und zwar in ihrer faktischen Bedeutung hinsichtlich einer rechtlich erzwingbaren Ordnung (vgl. W. Ott, Der Rechtspositivismus, Berlin 1976).

sichten beizubringen vermögen und durch diese Absicherungen auch kritischer sein als ein utilitaristischer Pragmatismus oder ein traditionsbezogener Rechtshistorismus, eine ausreichende Normbegründung aber ist damit noch nicht gewährleistet. Insofern hier wirklich Rechtswissenschaft als Jurisprudenz getrieben wird, ist Vertretern dieser Schule wie der sog. „reinen Rechtslehre" eines H. Kelsen († 1973) oder auch schon dem für die sog. „Weimarer Reichsverfassung" in Deutschland von 1918 bedeutsamen H. Preuß († 1925) zuzustimmen. Obwohl hier auch die Unterscheidung von Recht und Ethik und damit das Moment der Erzwingbarkeit von Normen und dasjenige deren sittlicher Einsicht im Sinn schon eines I. Kant zutreffend hervorgehoben wird, darf dies aber doch nicht auf eine Abtrennung der normativ-rechtlichen Belange von der Sittlichkeit als solcher hinauslaufen. Anders als noch die englische rechtspositivistische Schule des 19. Jahrhunderts mit J. Austin († 1859) oder heute mit H. L. A. Hart, die eine Überprüfung der Kongruenz von Recht und Moral vorsehen,[203] galt nämlich dieser Schule der sog. „reinen Rechtslehre" eine solche Rückkoppelung wenn auch nicht überall als ein überflüssiger „Ladenhüter"[204], so doch als eine ideologische Gefährdung, die sich so als metaphysisch oder gar weltanschaulich geprägte mit einer reinen, wissenschaftlichen Rechtslehre nicht vertrage. Auch wenn man ideologische Engführungen der verschiedenen naturrechtlichen Ansätze, wie noch zu zeigen sein wird,[205] keineswegs aus dem Auge verliert, muß diese Abkoppelung der Rechtsordnung von ihrem ethischen Fundament allfällige ethische Normen zur Belanglosigkeit und Rechtsnormen in eine autoritäre Beliebigkeit verweisen. Eine verantwortete Normbegründung wird dabei, wie auch in allen anderen auf der Faktizität

[203] Obwohl Lehrer des Utilitaristen J. S. Mill († 1873), sah J. Austin noch eine "Science of Legislation" als eine die bloß positive Normativität übersteigende Kontrollinstanz vor, womit die reine Rechtsnorm nicht mehr als sich selbst genügend angesehen wurde.

[204] So gab etwa der Art. 48 der Weimarer Reichsverfassung dem Reichspräsidenten direkt die Möglichkeit, Grundrechte der menschlichen Person „ganz oder teilweise" außer Kraft zu setzen, weil auch sie nicht vor-positiv als im Wesen des Menschen gründende gefaßt waren. Dies hat es dann den 1933 neu an die Macht gekommenen Nationalsozialisten ermöglicht, „rechtens" eine ganze Reihe dieser Rechte zu suspendieren und so den Weg für das sog. „Ermächtigungsgesetz" freizumachen.

[205] Vgl. unten Abschnitt D. III, 4 und 5, sowie auch neupositivistische Kritiken im Sinn Kelsens etwa seitens E. Topitschs u. a.

normativer Gültigkeiten und damit bloß auf einer sozialwissenschaftlichen Grundlage aufbauen wollenden Ansätzen, letztlich ebenfalls aufgegeben.

Wenn sich also auch dieser Zugang zur Normbegründung als unzureichend erweist, liegt es eigentlich nahe, statt auf der feststellbaren Tatsächlichkeit von Normen aufzubauen, nach deren ideellen Wert- und Geltungsgrundlagen zu fragen. Dies kann so geschehen, daß man sich „voluntaristisch" auf eine göttliche Verfügung beruft, die dann als letztlich irgendwie geoffenbartes göttliches Recht ein Fundament für alle weiteren daraus ableitbaren Normen abgibt. Dieser Ansatz wurde nicht nur vom mittelalterlichen Nominalismus seit Peter Abaelard († 1142) und W. v. Ockham († 1349) und dann vor allem im Gefolge der Reformationstheologie M. Luthers († 1546), teilweise ebenfalls in deutlich ideologiekritischer Absicht gegenüber einem soziale Privilegien stützenden verengten Naturrecht, versucht,[206] sondern auch von einigen neuthomistischen Naturrechtslehrern als dessen formaler Geltungsgrund insinuiert.[207] Damit wird jedoch der Geltungsgrund der Norm so in ein Glaubensfundament verlagert, daß die Norm als solche allein unter dieser Voraussetzung anerkannt werden und folglich nicht mehr prinzipiell universalisierbar sein kann. Zugleich vermag sie sich auch, was religiöse Fanatismen aller Zeiten aber als dringend nötig erscheinen lassen, der rationalen Überprüfung zu entziehen. Sosehr sittliche Verbindlichkeit und damit auch die Weisungskraft von Normen ihre letzte Wurzel in einer absoluten Dimension des Unbedingten haben, sowenig vermag ein solcher voluntaristischer Begründungsansatz, der stets irgendwie unvermittelt auf einen absoluten, also göttlichen Geltungsgrund von Normen rekurriert, dennoch auch theologisch nicht zu befriedigen; denn Gott ist als Schöpfer und nicht als eine Art absolutistischer Gesetzgeber Grund der sittlichen Norm, die eben darum vom Geschöpf als seinem Ebenbild in einsichtigem und nicht in blindem Gehorsam anerkannt wird.

Nicht weniger *nonkognitivistisch*, also der Einsicht der mensch-

[206] Vgl. dazu oben Abschnitt A. II, 5, sowie C. Urban, Nominalismus im Naturrecht, Düsseldorf 1979.

[207] So etwa V. Cathrein, Moralphilosophie, Bd. I, Freiburg i. Br. 1890, aber auch noch F. Utz, Sozialethik, Bd. I, Heidelberg ²1964, der festhält: „Der Charakter des Soll leitet sich vom Sein als solchem nicht ab, sondern nur von einem Befehl, den wir Christen einzig als göttlichen Befehl begreifen können" (ebd., 315).

lichen Vernunft entzogen, sind aber auch all jene Begründungsansätze, welche *emotivistisch* Normen auf rein gefühlsmäßig eruierten sittlichen Werten aufbauen wollen. Ausgangspunkt für diesen Ansatz ist sowohl bei der deutschen *Wertphilosophie* eines N. Hartmann († 1950) wie vor allem bei M. Scheler († 1928) als auch beim eher sprachanalytischen Einstieg des amerikanischen *Emotivisten* C. L. Stevenson[208] ein Wertgefühl, das den Menschen unabhängig von der feststellenden und analysierenden Vernunfterkenntnis, aber ebenso sicher wie die intellektuellen Fähigkeiten, Werte erfassen bzw. nach Sympathie anerkennen oder ablehnen und ordnen läßt. Denn „der sittlich Gute wählt nicht lange, vielmehr leitet ihn sein Wertgefühl sicher auch in axiologisch komplizierter Lebenslage". Die Werte, die jeweilig im Konflikt stehen, brauchen dabei eben nicht als solche „anschaulich" (also intellektuell einsichtig) zu sein. „Wie das möglich ist, das freilich ist das innerste Geheimnis des Wertgefühls."[209] Nun wird niemand bestreiten, daß zur menschlichen Vernunft neben den vor allem in den exakten Wissenschaften eingesetzten Verstandesfähigkeiten auch die emotionalen Kräfte gehören, ja daß diese für das Erfassen der sittlichen Belange, vor allem hinsichtlich der Motivation zur personalen Lebensentscheidung, von besonders wichtiger Bedeutung sind. So wichtig aber dieses dynamische Moment hinsichtlich der Entdeckung der sittlichen Herausforderung ist, gerade zur Überprüfung von deren objektiven sittlichen Richtigkeit, was ja eine wesentliche Funktion sittlicher Normen ist, taugt das Gefühl, wie gerade auch eine Hermeneutik der persönlichen Lebensentscheidung deutlich macht, eher wenig. Eine sog. „einfache Sittlichkeit", die in existenzialistischer Spontaneität sich zu genügen vermeint, reicht gerade in den komplexen Verhältnissen einer modernen Gesellschaft zur sittlichen Entscheidung nicht aus.[210] Sie bleibt situativ ihrem kulturellen Hintergrund verhaftet und vermag deren mögliche Vorurteile nicht universal kritisch zu hinterfragen; d. h., sie bleibt Meinung, statt begründetes sittliches Urteil zu werden.

Tatsächlich zeigen denn auch die von Wertethikern vorgelegten sog. „Werthierarchien" (wie etwa die steigende Folge von ange-

[208] Vgl. sein Hauptwerk: Ethics und Language, Yale 1944.

[209] So N. Hartmann, Ethik, Berlin 1926, ^{4}1962; Zitat nach der jüngeren Ausgabe, 386.

[210] Vgl. O. F. Bollnow, Einfache Sittlichkeit, Göttingen 1947, sowie oben Abschnitt C. III, 4 und 5.

nehm, edel, schön und heil von M. Scheler) bei näherem Zusehen eine deutliche Kulturabhängigkeit, die so einmal mehr der Forderung nach Universalisierbarkeit von Normen entgegensteht. Situativ, um die Zielsetzung der Menschlichkeit nicht preisgeben zu müssen, geforderte Umstellungen der Wertordnung werden zwar u. U. zugelassen, doch bleiben auch sie, weil ebenfalls nur aus dem Gefühl begründet, letztlich willkürlich. Bei aller Anerkennung der dynamischen Impulse, die von einer Wertethik für eine feinfühlig menschliche Sittlichkeit ausgehen können, haben Ethiker, welche die Anregungen der Wertethik kritisch weiterführend aufgriffen,[211] versucht, über einen solchen emotionalen Ansatz der bloßen Intuition hinauszukommen. Deshalb haben sie objektiv bedeutsame bzw. eigentliche Werte von bloß subjektiv bedeutsamen, nur für den je einzelnen wichtigen Werten unterschieden und für die ersteren eine letztlich in der Seinsordnung bzw. in der personalistischen Wesensstruktur des Menschen liegende Begründung gefordert. Wo dieser Schritt nicht vollzogen wird, ist dagegen eine diskursive ethische Rede in kommunikativen Begriffen nicht mehr möglich. Normaussagen entfallen; was bleibt, ist unter dieser Voraussetzung dann wirklich nur noch das Verdikt von L. Wittgenstein († 1951), es sei „Zeit, daß man all dem Geschwätz über Ethik ein Ende macht" und darüber „schweigt, wovon man nicht sprechen kann"[212].

Wer dann allerdings trotzdem, wie übrigens Wittgenstein selbst, der Ansicht ist, daß die Ethik zwar im Sinn der exakten Naturwissenschaft keine rein rational deduktive Wissenschaft ist, aber doch „Dokument einer Tendenz im Menschen ist, die hochzuachten ich nicht umhin kann und über die ich mich um keinen Preis lustig machen möchte"[213], der wird, wenn er davon dennoch glaubt sinnvoll reden zu können, ja als Ethiker sogar reden zu müssen, zu einer kognitivistischen Position, d. h. zu einer intellektuell verantwortbaren und in kommunikative Begriffe gefaßten Normbegründung voranschreiten müssen, zu einer Sicht, wie sie denn auch von den meisten Ethikern heute vertreten wird[214].

[211] Zu denken wäre dabei an D. v. Hildebrand († 1979), H. Reiner oder auch an K. Wojtyla (= Johannes Paul II.).

[212] Vgl. L. Wittgenstein, Schriften III, Frankfurt a. M. 1967, 68, bzw. Tractatus logico-philosophicus, London 1922, § 7 (dt. Frankfurt a. M. 1960).

[213] So L. Wittgenstein in seinem Vortrag ›Ethik‹ in Cambridge 1929 (evtl. 1930) – dt. veröffentlicht in: NZZ vom 14. 1. 1968, Nr. 27.

[214] Für Überblicke zu dieser Sicht vgl. F. Kaulbach, Ethik und Meta-

4. *Mitmenschlichkeit als normativer Grund*

Wenn es also zur Begründung von entscheidungsleitenden Normen nicht genügt, das sittlich Gute zu verstehen als das, was ein menschliches Zusammenleben bloß pragmatisch am Funktionieren hält, auch nicht, wenn dies von der Tradition des Volksgeistes geprägt ist, und wenn dazu auch ein motivierend anregendes Wertgefühl nicht ausreicht, so gilt es, um die Ethik sich nicht in harter Pragmatik oder in einer „Gefühlswolke" verflüchtigen zu lassen, sich nach einer intellektuell verantwortbaren Fassung des sittlich Guten umzusehen, die zudem noch die richtigen Elemente der pragmatischen und emotivistischen Einsichten miteinschließt und unter christlichem Vorzeichen auch moraltheologisch im Offenbarungshorizont integriert ist. Insofern spontan als „sittlich gut" zumeist jene Handlungen bezeichnet werden, welche die Menschlichkeit aufbauen helfen, und vor allem als „sittlich schlecht" jene, die andern Menschen zu eigenem Nutzen rücksichtslos Schaden zufügen, liegt es nahe, ein solches Fundament sittlicher Gutheit in dieser Richtung von Mitmenschlichkeit zu suchen, in welcher sowohl die Würde der einzelnen Person als solcher als auch gleichzeitig deren gemeinschaftsbezogene wesentliche Zuordnung zu anderen die tragenden Momente abgeben.

Dieser Ansatz ethischer Begründung entspricht übrigens ältester ethischer Tradition, hat doch schon Aristoteles († 322 v. Chr.) den Begriff eines bloß funktional Guten (wie etwa ein Werkzeug unabhängig von seinem Zweck als gut bezeichnet werden kann und man in diesem Sinn unabhängig von ihrem Zweck auch von einer „guten Waffe" redet) abgehoben von „gut" im sittlichen Sinn, wo von Zielsetzungen und von diesen im Sinn der Mitmenschlichkeit in der griechischen Polis geredet werden kann. Daß ein solches Ziel erstrebenswert sei, stand dabei für einen Griechen von der Kultur des Plato-Schülers Aristoteles zweifelsfrei als Evidenz fest. Analog war dem Mittelalter in seiner vom christlichen Glauben getragenen Reflexion fraglos klar, daß der Mensch als solcher, d. h. als wesentlich gemeinschaftsbezogenes Geschöpf und Ebenbild Gottes Ziel

ethik, Darmstadt 1974; I. Craemer-Ruegenberg, Moralsprache und Moralität – Zu Thesen der sprachanalytischen Ethik, Diskussion, Kritik, Gegenmodell, Freiburg i. Br. 1975; K. O. Apel (Hrsg.), Sprachpragmatik und Philosophie, Frankfurt a. M. 1976; F. Ricken, Allgemeine Ethik, Stuttgart 1983.

und Zweck menschlichen Handelns darstellt; schließlich ist im kategorischen Imperativ I. Kants († 1804) für die philosophische Ethik der Moderne diese Zielsetzung, die zugleich dem sicher bedeutsamsten und wohl einzigen globalen ethischen Aufbruch der Neuzeit, nämlich der Menschenrechtsbewegung, zugrunde lag, exemplarisch herausgearbeitet. Dennoch, und dies haben die metaethisch-analytischen Untersuchungen ethischen Argumentierens eindrücklich herausgestellt, ist diese ethische Grundlegung im menschlichen Wesen selbst trotz dieser langen geistesgeschichtlichen Tradition nicht einfach selbstverständliche Evidenz. Denn einmal gilt es, einen neuerlichen naturalistischen Trugschluß sozusagen auf höherer Ebene zu vermeiden, indem einmal mehr einfach das faktische Menschsein zur Grundlage der Ethik gemacht würde.[215] Dann aber erweist sich diese humanistische Zielsetzung, wie etwa die gegenteiligen, sinnskeptischen Ansätze bei F. Nietzsche († 1900) oder J. P. Sartre († 1980)[216] zeigen, keineswegs als selbstverständlich. Vielmehr beruht sie auf einer Art existenziellen Intuition des Menschseins als sinnhaftem Erleben (was übrigens die emotivistischen Anliegen einbringt), die dann aber entgegen prinzipiell immer noch möglichen Zweifeln, aber doch mit intellektuell guten und ausreichenden Gründen aus dem konkreten Lebensvollzug (was weitgehend auch die pragmatischen Erfahrungen berücksichtigen läßt) in einem positiven Akt der Wertsetzung angenommen werden muß.

Diese Grundlegung intellektuell verantworteter sittlicher Argumentation, die hier einleitend für die gesamte ethische Reflexion schon festgehalten wurde, betrifft dabei natürlich auch und sogar mit besonderer Deutlichkeit die Problematik der Normbegründung. Entsprechend hat sie sich denn auch in den modernen, weitgehend angelsächsisch geprägten und damit stark von einem pragmatischen Standpunkt aus auf die Normfindung und -begründung metaethisch-analytisch reflektierenden Ansätzen mehr und mehr durchgesetzt.[217] Noch weitgehend offengelassen bei G.E. Moore († 1958),

[215] Eine Engführung, wie sie der neuscholastisch-rationalistischen Naturrechtslehre offenbar unterlaufen ist, was zu deren weitgehenden Sterilität bzw. zur grundsätzlichen Kritik an dieser Theorie führte (vgl. unten Anm. 225).

[216] Vgl. dazu oben Abschnitt A. III, 1.

[217] Vgl. dazu als allgemeine Einführung, die den pragmatischen Ansatz noch spüren läßt, W.K. Frankena, Analytische Ethik, Eine Einführung, München 1972 (engl. 1963), sowie K. Baier, Der Standpunkt der Moral, Düsseldorf 1974 (engl. 1958).

dem Vater der analytischen Ethik, leuchtet sie in etwa auf in der Feststellung eines vor aller pragmatischen Überlegung liegenden Pflichtgefühls bei H.A. Prichard bzw. in der Erkenntnis von selbstverständlich vorgegebenen obligatorischen Pflichten, den sog. "*prima facie* duties" bei W.D. Ross.[218] Einen wesentlichen weiteren Schritt in die Richtung zur Annahme einer solchen letztverpflichtenden ethischen Zielsetzung stellt sodann der sog. „Präskriptivismus" von R.M. Hare dar[219]: Da pragmatische Begründungsversuche, auch wenn sie humanwissenschaftlich erhärtet sind, sowenig wie voluntaristisch-religiöse Rückschlüsse auf angeblich göttliche Befehle ausreichen, um ethische Verpflichtungen zu begründen, anscheinend begründete Aufforderungen als Pflichten aber wesentlich zu unserer Sprache gehören, unterscheidet Hare vom pragmatisch geprägten Inhalt einer Forderung das spezifisch auffordernde Moment, durch das ein genannter Inhalt erst zur Vorschrift wird.[220] Damit aber dieses auffordernde Moment sinnvoll sein kann, bedarf es zwar auch einer Zweckbestimmung, die im vormoralischen Bereich instrumentaler Eignungen einer empirisch feststellbaren Funktionalität (etwa eines „guten" Werkzeugs) liegt. Für die sittliche Verpflichtung aber muß zusätzlich nach einem die menschliche Existenz umgreifenden Ideal gefragt werden, d.h. nach einem Ideal, dessen (immerhin mögliche) Ablehnung menschheitszerstörende Folgen nach sich ziehen würde, wie Hare anhand der nationalsozialistischen Ideologie eindrücklich aufzeigt.[221] Dies bedeutet aber nichts anderes, als daß auch schon der ethische Sprachgebrauch als Spiegel des konkreten Lebensvollzugs nach einer solchen Annahme des sittlich-mitmenschlichen Zielideals ruft, wenn – was allerdings nicht zwingend ist – menschliches Leben sinnvoll bleiben soll.

In Verbindung zur Tradition des deutsche Idealismus, vorab zu Kant, wurde diese Sicht noch deutlicher betont: bei P. Lorenzen und

[218] Vgl. G.E. Moore, Principia ethica, Stuttgart 1970 (engl. 1903); W.D. Ross, The Right and the Good, Oxford 1930; H.A. Prichard, Moral Obligation, Oxford 1949.

[219] Vgl. R.M. Hare, Die Sprache der Moral, Frankfurt a.M. 1972 (engl. 1952), sowie ders., Freiheit und Vernunft, Düsseldorf 1973 (engl. 1963), und kritisch dazu H. Biesenbach, Zur Logik der moralischen Argumentation. Die Theorie R.M. Hares und die Entwicklung der Analytischen Ethik, Düsseldorf 1982, sowie J.C. Wolf, Sprachanalyse und Ethik, Bern 1983.

[220] So wird etwa das inhalt-bezeichnende sog. „Phrastikon": „Türe schließen" erst durch das auffordernde „Neustikon" zum Imperativ: „Türe zu!"

[221] Vgl. Hare, Freiheit und Vernunft, a.a.O., 179ff.

dessen Schüler O. Schwemmer, die unter dem Stichwort der „transsubjektiven Supernorm" dieses grundlegende ethische Prinzip unbedingter Mitmenschlichkeit als die verantwortete Annahme einer hier nun bewußt reflektierten Intuition zur Sprache brachten und damit einen überlegten Kognitivismus in die Problematik der Ethik- und Normbegründung einbrachten,[222] während J. Rawls in seiner „Theorie der Gerechtigkeit"[223] die bloß utilitaristischen Ansätze ebenfalls in Richtung einer ethischen Pflichtbejahung solcher umfassender Mitmenschlichkeit in Fairneß und Gerechtigkeit überschreitet. Dabei ist dieser somit von verschiedener Seite beleuchtete Ansatz ethischer Normbegründung in einer kritisch reflektierten und so bejahten sittlichen Intuition jedoch nicht nur unter methodologisch-analytischem Gesichtspunkt von Interesse; er ist es nicht weniger in direkt moraltheologischer Hinsicht. Denn wenn eine zwar begründete, aber doch nicht einfach selbstverständliche und schon gar nicht zwingend bewiesene existenzielle Annahme die Basis ethischer Begründung ausmacht, dann ist eine in religiösem Glauben sich gründende Ethik als Moraltheologie grundsätzlich davon nicht völlig verschieden und eine aus religiös verstandenen Motiven bejahte Würde des Menschen in aktiv gestalteter Mitmenschlichkeit methodologisch ebenso legitim wie eine bloß aus dem Sinnerlebnis einer faktisch gelebt vollzogenen Sozialnatur bejahte Sittlichkeit in Mitmenschlichkeit. Wenn sich daher die Moraltheologie für die Begründung ihrer Normstrukturen auf das Wesen des Menschen, also auf seine von Gott geschaffene *natura* beruft, steht sie damit ganz auf der Linie der Erkenntnisse der zeitgenössischen ethischen Forschung, wie sie umgekehrt von diesem der menschlichen Vernunft durchaus einsichtigen Ausgangspunkt her auch voll im Dienst christlicher Glaubensverwirklichung und -verkündigung bleibt. Denn „die Achtung vor der Menschenwürde ist tatsächlich Teil der Verherrlichung Gottes"[224].

[222] Vgl. P. Lorenzen, Normative Logic and Ethics, Mannheim 1969, bzw. O. Schwemmer, Philosophie der Praxis, Frankfurt a. M. 1971.

[223] Vgl. J. Rawls, Theorie der Gerechtigkeit, Frankfurt a. M. 1975 (engl. 1971).

[224] K. T. v. u. zu Guttenberg, Fußnoten, Stuttgart 1971, Aussage vor dem Bundestag der Bundesrepublik Deutschland.

5. *Der naturrechtliche Begründungsansatz: Kritik und Bestand*

Obwohl der Rekurs auf das Wesen des Menschen als Ansatz sittlicher Begründung von Ethik somit durchaus kritisch und folglich intellektuell verantwortet vollziehbar ist und ein solcher Rückgriff nach dem Zusammenbruch des Nationalsozialismus vorab im deutschen Sprachgebiet zunächst auch mit einigem Erfolg in Angriff genommen worden war, steht die eben darauf aufbauende moraltheologische Tradition dennoch in einem seltsamen Zwielicht.[225] Dies hat verschiedene Gründe, wobei terminologische Mißverständnisse noch die am einfachsten behebbaren darstellen. Denn der der lateinischen Hochscholastik geläufige, dem griechischen „Physis" entsprechende Begriff *natura* bezeichnet eben, anders als das modern deutsche „Natur", wirklich nur das „Wesen" eines Seienden, während „Natur" heute oft nur den reinen, durch keine menschliche Intervention gestörten biologischen Ablauf meint oder gar nur das statistisch häufigere Verhalten der Mehrheit als „natürlich" bezeichnet.[226] Da es aber gerade zum nur sehr beschränkt instinktgesteuerten Wesen, also der *natura* des Menschen gehört, durch eine Eigenprägung der biologischen Vorgegebenheiten sein Überleben zu sichern, kann ein biologistischer Naturbegriff nur zu irrigen, in besonders krasser Weise dem naturalistischen Trugschluß verfallenen ethischen Schlußfolgerungen führen, während ein Verweis auf das Mehrheitsverhalten sich die oben genannten Einwände gegen pragmatische Normbegründung zuzöge.

[225] Zur Naturrechtsproblematik vgl. als Standardwerk J. Messner, Das Naturrecht, Innsbruck 1950, [5]1966, sowie direkt dazu G. Höver, Erfahrung und Vernunft, Düsseldorf 1981. Zur Diskussion um das Naturrecht vgl. ferner F. Böckle (Hrsg.), Das Naturrecht im Disput, Düsseldorf 1966; E. W. Böckenförde, F. Böckle (Hrsg.), Naturrecht in der Kritik, Mainz 1973; J. David, Das Naturrecht in Krise und Läuterung, Köln 1967; T. Herr, Naturrecht aus der kritischen Sicht des Neuen Testaments, Paderborn 1967; W. Kroh, Kirche im gesellschaftlichen Widerspruch, München 1982; A. Laun, Die naturrechtliche Begründung der Ethik in der neueren katholischen Moraltheologie, Wien 1973; A. Müller, S. H. Pfürtner, B. Schnyder (Hrsg.), Natur und Naturrecht, Freiburg i.d. Schweiz 1972; H. Reiner, Grundlage, Grundsätze und Einzelnormen des Naturrechts, München 1964; H. D. Schelauske, Naturrechtsdiskussion in Deutschland. Ein Überblick über zwei Jahrzehnte 1945–65, Köln 1968; A. Verdross, Statisches und dynamisches Naturrecht, Freiburg i. Br. 1971.

[226] Vgl. oben Anm. 192.

Obwohl in der geschlossenen Gesellschaft des Mittelalters und in Anbetracht der geringen naturwissenschaftlichen Kenntnisse der damaligen Zeit an sich dem Menschen eigengestalterisch zugängliche Lebensbereiche (etwa hinsichtlich einer pluralistischen Gesellschaftsordnung oder mancher hygienischer Belange) zum fest vorgegebenen Wesensbestand gerechnet worden sein mögen, gab es damals grundsätzlich keine Zweifel daran, daß diese faktisch-biologischen und geschichtlich-gesellschaftlichen Wirklichkeiten nicht Teil des Wesens sein können und damit ethisch im Blick auf die als Naturrecht gegebenen Wesensziele der gestalterischen, freien Entscheidung des Menschen zugeordnet bleiben müssen. Wo eine spätere neuscholastische Naturrechtslehre, etwa in Belangen der Sexualethik oder Gesellschaftsgestaltung, neue Erkenntnisse unberücksichtigt ließ und festes Naturrecht selbst dort weiter postulierte, wo die Verbesserung von Menschlichkeit durch bessere Einsicht möglich und damit gefordert gewesen wäre, brachte sie sich daher selbst um ihre sittliche Relevanz und galt ensprechend leicht auch dort als ideologieverdächtig, d.h. partikulären Standesinteressen verpflichtet und damit unglaubwürdig, wo sie an sich wichtige Belange echter Menschlichkeit vertrat.[227]

Neben diesen eher über begriffliche Klärungen behebbaren Mißverständnissen bzw. der so möglichen Aufdeckung latenter Ideologisierungen beeinträchtigte aber auch eine erkenntnismetaphysische Verschiebung die ethische Tragweite der naturrechtlichen Theorie. Während nämlich die hochscholastische Sicht noch darum wußte, daß zwar die grundlegenden Wesensstrukturen des Menschseins sich aus reflexiver Einsicht in die eigene Existenz erkennen lassen, die sich dann im Licht der Offenbarung vertieft, änderte sich später dieser Ansatz. Menschlich wie christlich steht als ethisches Ziel die Erfüllung des Menschen als des in Christus erlösten und damit von Gott ursprünglich geliebten Ebenbildes zunächst fest. Dessen konkrete Ausfaltungen aber vollziehen sich nach dieser hochscholastischen Sicht in der geschichtlichen Situation nur in

[227] Daß in solchen Fällen dann auch kirchlich lehramtliche Stützungen zumindest nach außen, aber seit der geistigen Öffnung im II. Vatikanischen Konzil zunehmend auch im innerweltlichen Raum keine, wenn nicht gar kontraproduktive Wirkungen zeitigen, ist eine weitere moraltheologisch nicht unerhebliche Folge solcher argumentativer Mängel. (Vgl. dazu auch F. Böckle, C. Holenstein [Hrsg.], Die Enzyklika in der Diskussion, Zürich 1968).

Konfrontation mit der Wirklichkeit. Das heißt: Sie sind über die Erfahrung zu erarbeiten vermittels der Klugheit als jener koordinierenden Schlüsseltugend, die Erkenntnis und Strebevermögen des Menschen im Hinblick auf seine letzten Zielsetzungen zu bündeln und so sowohl die je beste einzelne Entscheidungsvariante[228] wie auch die verallgemeinerbaren normativen Rahmenbedingungen zu eruieren vermag. Hier wird also jene Einsicht weitergeführt, die schon in den Anfängen der abendländischen Philosophie von jenen frühgriechischen Lehrern des ethisch-politischen Redens, den sog. „Sophisten", entdeckt wurde und aus der Erkenntnis der großen Unterschiede in Gesetz und Sitte in den verschiedenen griechischen Gemeinwesen – man denke etwa an die gegensätzlichen Lebensformen von Athen und Sparta – doch gewisse allgemein menschliche Gemeinsamkeiten feststellten und diese als zum gewachsenen Bestand gehörend, d.h. *kata physin* geltend erkannten, während die unterschiedlichen Gesetzgebungen in diesem Rahmen *kata nomon* festgelegt werden konnten. Erstmals wurde hier auf „ungeschriebene, von der Natur mit uns verwachsene" Sittengesetze verwiesen, bei denen der Schaden einer Übertretung, auch wenn er allen Menschen verborgen bliebe, um nichts geringer wäre; denn der Schaden beruhe ja nicht auf Meinung, sondern auf Wahrheit.[229] Diesen ethisch ungemein bedeutsamen Ansatz führten anschließend Zenon († 430 v. Chr.) und seine stoische Schule weiter, wo dann vom Naturrecht als einem „göttlichen Gesetz" geredet wird, das „als solches die Macht besitzt, zu regeln, was Recht und was Unrecht ist"[230].

Die Vermenschlichung des Ethos, die von diesem Ansatz her in der römischen Spätantike auf Philosophen wie auf gewisse Kaiser ausging, ist ebenso bekannt wie der Einfluß, den die junge Christengemeinde aus diesem Ethos erfuhr.[231] Die Sicht der Hochscholastik

[228] Vgl. oben Abschnitt C. III, 3.

[229] So Hippias (um 400 v. Chr.), Antiphonfragment 44, der trotz der gegen die Sophisten geäußerten und bis heute nachwirkenden Vorwürfe Platos ethisch wesentlich differenzierter denkt als jener mit seiner Verabsolutierung der athenischen Gesetze, die auch dann noch gelten, wenn sie, wie bei der Verurteilung des Sokrates, unrechte Folgen zeitigen (vgl. dazu den Dialog ›Kriton‹, wo man den verurteilten Sokrates aus dem Gefängnis befreien will).

[230] Vgl. Zenon, Fragmentsammlung Arnim I 42, 35.

[231] Vgl. oben Anm. 197 die Hinweise auf die spätere Stoa, zu denen auch noch die Bestrafung von Sklaventötung durch Kaiser Hadrian († 138), die Festlegung von Asylbereichen durch Kaiser Antonius Pius († 161) oder das

steht damit nicht isoliert in der christlichen Tradition, schon gar nicht, wenn man die reiche ethische Tradition der spanischen Völkerrechtsschule des 16./17. Jahrhunderts betrachtet, deren Erfahrung mit den Indios in Amerika sie dazu brachte, diese Eingeborenen in den ethischen Anspruch naturgegebener menschlicher Rechte einzubeziehen und eine entsprechende Gesetzgebung, die sog. „Leyes nuevas" von 1542, durchzusetzen.[232] Indem diese ethisch aufmerksamen Theologen des Völkerrechts in diesen Eingeborenen (offenbar durch die trotz allen Schwierigkeiten mögliche Kommunikation wie vor allem durch die bald feststehende Tatsache möglicher Fortpflanzung zwischen Spaniern und Indios) Menschen und damit im Glauben auch zur Bekehrung berufene Ebenbilder Gottes erkannten, mußten sie für die konkrete Lebenswirklichkeit auch deren Achtung als Menschen, konkret deren Rechte als „Subjekte der spanischen Krone" anerkennen. Damit war eigentlich ein menschenrechtlicher Ansatz erreicht, wie er später aus Motiven der nunmehr beginnenden Aufklärung in den Niederlanden durch Hugo Grotius († 1645) und vor allem in Nordamerika – übrigens ebenfalls angeregt durch die alten stoischen Quellen, aber ohne sichtbaren Kontakt zur Völkerrechtsschule – durch Thomas

zeitweilige Verbot der Gladiatorenspiele durch Kaiser Marc Aurel († 180) hinzuzufügen wären; sowie Anm. 193 für die christlichen Parallelen, die durch Aussagen des stoischen Philosophen Epiktet († 138) wie: „Wir sind alle Brüder und haben Gott zum Vater" (Diss I, 13), oder Marc Aurels: „O Natur, aus dir ist alles, in dir ist alles, zu dir hin ist alles" (IV, 23,2), als Parallele zu Kol 1, 16 noch zusätzlich verdeutlicht werden.

[232] Im Sinn der römischen Rechtsterminologie, wo das *ius gentium* vom *ius naturale quod natura omnia animalia docuit* abgehoben wird als jenes Recht, das nur den Menschen unter sich gemeinsam ist (so Ulpian [† 228], Digest lib. I, tit. 1 no. 1 und ähnlich schon Gaius [† um 200] in seinen Institutiones I, 1), werden hier Wesensnormen des Menschen als „Völkerrecht" bezeichnet. Konkret zu denken ist dabei neben dem „Indianerapostel" Bartolomé de Las Casas († 1566) vor allem an Theoretiker wie F. de Vitoria († 1546) und G. Vasquez († 1604). Vgl. dazu J. Höffner, Kolonialismus und Evangelium, Trier ²1969 sowie speziell J. M. Galparsoro Zurutuza, Die vernunftbegabte Natur, Norm des Sittlichen und Grund der Sollensforderung, Systematische Untersuchung der Naturrechtsethik Gabriel Vasquez', Bonn (Diss.) 1972. Auffallend ist, daß trotz aller späteren rationalistischen Engführungen für Rechtsfragen der Kolonialvölker auch noch später nach diesem Modell argumentiert wird, so etwa vom Kasuisten A. Vermeersch, La question congolaise, Brüssel 1906.

Jefferson († 1826) zur ersten Menschenrechtserklärung der sich unabhängig erklärenden USA von 1776 führte.[233]

Neben diesem deutlich erfahrungsbezogenen, die geschichtliche Lebenswirklichkeit im Licht der gottgewollten Wesensstrukturen der Schöpfung beurteilenden, in seiner systematischen Klärung vorab auf der hochscholastischen Sicht des Thomas von Aquin († 1274) beruhenden Ansatz entwickelte sich nun aber seit dem 16. Jahrhundert mit dem beginnenden Rationalismus, also seit F. de Suárez († 1617) und vor allem dann durch die Wirkung des Jesuitenschülers (und dadurch von Suárez' Gedanken beeinflußten) R. Descartes († 1650), ein ganz anderes Verständnis von Naturrecht: Nicht mehr die von der menschlichen Vernunft aus der konkreten Erfahrung erkannte Sinn- und Zielstruktur der Wirklichkeit als *natura*, also die freie, aber sozial gebundene Wesensart des Menschen (bzw. der Mensch als Freiheit in Kommunikation und Geschichte[234]) bildete den Ausgangspunkt, sondern der menschlichen Ratio wurde nun eine direkte Einsichtsmöglichkeit in die Wesenskonformität jedes einzelnen Aktes zugetraut. Nicht mehr die „Ratio recta", die als Klugheit an den grundlegenden Wesensstrukturen der Schöpfungsordnung sich ausrichtende konkrete Erkenntnis, sondern die Ratio als solche erfaßt direkt das sittlich Richtige, das dann auch mit dem von Gott als dem Schöpfer Gewollten direkt identifiziert wird und, einmal erkannt, natürlich dann auch unveränderlich feste Geltung beanspruchen kann. Insofern sich solche sittlich als überzeitlich verbindlich geltenden Richtigkeiten als ethische „Naturgesetze" in ihrer Festigkeit durchaus mit den etwa gleichzeitig entdeckten physikalischen Naturgesetzen vergleichen und in logisch stringenten Schlüssen (also auch fast *more geometrico*) zu einer lückenlosen Kasuistik verbinden lassen, war dieser scheinbar durchgehend rationalen Moraltheorie systembedingter, zeitloser ethischer Verpflichtungen im Sinn der kasuistischen Aktmoral der klassischen Moralhandbücher Tür und Tor geöff-

[233] Vgl. für diese ganze Entwicklung F. Furger und C. Strobel-Nepple, Menschenrechte und katholische Soziallehre, Freiburg i. d. Schweiz 1985.

[234] Dies als heute mögliche Formulierung für eine Umschreibung des menschlichen Wesens, welche die geistesgeschichtliche Entfaltung der Selbsterkenntnis hinsichtlich Würde und Freiheit des Menschen seit Aufklärung und Idealismus anklingen läßt und auch für heutige moraltheologische Ansätze in etwa erkenntnisleitend ist. Vgl. dazu etwa F. Böckle, Fundamentalmoral, München 1977.

net.[235] In einem solchen System gelten dann naturrechtliche Aussagen nicht mehr als der *natura* des Menschen entsprechende (bzw. als zumindest nicht zuwiderlaufende und bestenfalls als hier und jetzt aller Erkenntnis nach bestmöglich denkbare) Weisung, sondern als schlechterdings richtige Norm, was einer geschichtslosen Erstarrung wie der Ideologisierung bestehender Weltstrukturen im Sinn eigener Interessen nur allzuleicht Vorschub leistet. Eine unsachgemäße Überschätzung der Einsicht menschlicher Ratio, welche deren Abhängigkeit von der notwendigerweise stets beschränkten konkreten Erkenntnis zu wenig ernst nimmt und deren Beurteilung einer Entscheidungssituation auf Zukunft hin dennoch dem immer unsicheren Ermessen überlassen muß, führt so zu einer Verabsolutierung inhaltlich konkreter Normativaussagen. Einem solchen Normurteil fehlt jedoch die epistemologische Grundlage und damit die Glaubwürdigkeit, so daß eine zusätzliche Verdeutlichung ihrer Verpflichtung durch gesellschaftliche oder kirchlich-religiöse Autorität ihre innere Fragwürdigkeit erst recht enthüllt.[236] Die unter

[235] Vgl. oben Abschnitt A. II, 2.

[236] Ebenso typisch wie einflußreich für diese dann vor allem in die neuscholastischen Ansätze übernommene Sicht eines naturalistischen Naturrechts sind die ethischen Werke von Christian Wolff († 1754), vor allem ›Ius naturae methodo scientifico pertractum‹ (8 Bde., 1740–48) und ›Philosophia moralis sive ethica‹ (5 Bde. 1750–53). Zur recht wechselvollen geistesgeschichtlichen Entwicklung der Moraltheologie im Spannungsfeld von Tradition und Aufklärungsphilosophie sind in den letzten Jahren zudem eine ganze Reihe von Monographien erschienen, so zu den ersten Reformansätzen: W. Fürst, Wahrheit im Interesse der Freiheit. Eine Untersuchung zur Theologie J. B. Hirschers (1788–1865), Mainz 1979, und J. Piegsa, Freiheit und Gesetz bei F. X. Linsenmann (1835–1898), Düsseldorf 1974; sowie in kritischer Auseinandersetzung mit der Verlängerung dieser Ansätze im Werk von A. Auer: K. Hilpert, Ethik und Rationalität, Untersuchungen zum Autonomieproblem und zu seiner Bedeutung für die theologische Ethik, Düsseldorf 1980; für das Spannungsfeld zur Neuscholastik vgl. bes. J. Reiter, Der Moraltheologe Ferdinand Probst (1816–1899). Eine Studie zur Geschichte der Moraltheologie im Übergang von der Romantik zur Neuscholastik, Düsseldorf 1978, sowie ergänzend dazu K. H. Kleber, Gerechtigkeit als Liebe. Die Moraltheologie Herkulan Oberrauchs OFM (1728 bis 1808), Düsseldorf 1982, und H. J. Münk, Der Freiburger Moraltheologe F. G. Wanker (1758–1824) und I. Kant, Düsseldorf 1985. Für die genuine Sicht des Thomas sei schließlich nochmals verwiesen auf K. W. Merks, Theologische Grundlegung der sittlichen Autonomie, Düsseldorf 1978. Für eine vorläufige Übersicht zur Geistesgeschichte des Naturrechts vgl. Art. „Naturrecht“, Staatslexikon III, Freiburg i. Br. [7]1987.

dem Stichwort der „Krise der Moraltheologie“ bekannt gewordene Auseinandersetzung der 1950er Jahre ist letztlich nichts anderes als der Spiegel dieser Situation.

Wenn daher im folgenden nach sittlichen Normen gesucht werden soll, die dem menschlichen Wesen entsprechen und dessen individuell-persönlichen Entfaltung in geschichtlich bedingter Freiheit und Mitmenschlichkeit voranhelfen sollen, so kann dies folglich in keiner Weise auf dieser Linie des rationalistischen Naturrechts liegen, sondern muß beim ursprünglichen Ansatz einer sich an den grundlegenden Wesenszügen des Menschen ausrichtenden konkreten Vernunfterkenntnis, also bei einer Ratio recta einsetzen, wobei als erstes natürlich die Prinzipien einer solchen „Rectification“ als deren Ermöglichungsgrund zu klären sein werden.

IV. Ethische Wesensstrukturen der Schöpfung

1. Grundgehalte des Naturrechts

Ausgangspunkt für eine ethische Überlegung hinsichtlich normativer, menschliches Handeln und Entscheiden regelnder Rahmenbedingungen ist somit der zu seiner eigenen Selbstverwirklichung weitgehend freie und damit in der ihm wesentlichen Gemeinschaftsbezogenheit verantwortlich geforderte Mensch, der sich existenziell auch selbst als im Sollen so Angesprochener erfährt. Die dabei im Urgewissen erfahrene ethische Grundforderung, das Gute zu tun und das Böse zu lassen, bleibt zwar zunächst noch völlig inhaltsleer und hält ausschließlich die rein formale Notwendigkeit der freien Zustimmung des Menschen zu dem seinem Wesen Entsprechenden fest bzw. sie verweist auf die Möglichkeit, sich dieser Zielsetzung trotzig zu verschließen. Da aber dieser formalen Urerfahrung des Sittlichen auch diejenige der Sozialbezogenheit des Menschen unter prinzipiell gleichen Mitmenschen ebenso ursprünglich zur Seite steht, verdichtet sich diese spontan zu der wohl dem Ethos aller Völker irgendwie geläufigen sog. „Goldenen Regel“, sei es in der gebräuchlicheren, negativen Form des: „Was du nicht willst, das man dir tu’, das füg’ auch keinem andern zu“, sei es in der anspruchsvolleren, auch dem Evangelium vertrauten (Mt 7, 12) positiven Form: „Alles, was ihr wollt, das euch die Menschen tun, das sollt auch ihr ihnen tun.“

Obwohl die „Goldene Regel“ als „Gegenseitigkeitsregel“

(H. Reiner) somit die spontane „einfühlend-autonome" sittliche Einsicht des Menschen ausdrückt, daß die wesentliche soziale Interdependenz des Menschen, ohne die er in kürzester Zeit zugrunde gehen müßte, mit den entsprechenden gegenseitigen Abhängigkeiten auch auf sein Verhalten und Entscheiden Wirkungen zeitigen, also sittliche Konsequenzen haben müsse und sie so also keinesfalls eine bloße Leerformel darstellt,[237] bleibt sie doch noch äußerst unbestimmt. Allerdings kann aber gerade aus der in ihr angesprochenen konstitutiven Abhängigkeit des Menschen auch eine erste und grundlegende Präzisierung durch deren direkte Analyse erfolgen, die, weil sie von nicht bloß faktischen, sondern eben wesentlichen Seinsdimensionen (ohne sie wäre der Mensch nicht mehr Mensch) ausgeht, keinen naturalistischen Trugschluß darstellt, sondern ein mit der menschlichen Existenz selbst gegebenes analytisches Urteil.

Eine solche Analyse zeigt dann rasch eine vierfache, derartig konstitutive Abhängigkeit des Menschen: Als sozialer ist der Mensch zunächst für seine Entstehung und sein Heranwachsen wesentlich abhängig von seinen Eltern, Betreuern und Erziehern sowie als Mitmensch später in einem ungemein vielfältigen, vor allem auch

[237] Das gilt so sehr, daß man sogar versucht, aus der bloßen Funktionalität der Gegenseitigkeit solcher zwischenmenschlicher Kommunikation eine wert- und moralfreie „Systemtheorie" (Vgl. N. Luhmann, Soziologische Aufklärung I, Opladen 1974) aufzubauen, welche die gegenseitige mitmenschliche Achtung aus funktionalem Eigeninteresse gewährleisten würde. Allerdings scheint die Bewältigung eines willkürlichen Durchbruchs solcher systemtheoretischer Funktionalität durch den jeweils Stärkeren in einem solchen kybernetisch-systemtheoretischen Modell doch nicht ausreichend gewährleistet. Obwohl es im Tierreich, außer eben gerade bei der Schwächung eines Partners, gelegentlich zu funktionieren scheint (vgl. die Computer-Versuche von Axelrod und Hamilton zu symbiotischer Zusammenarbeit an der Universität von Michigan, USA, gem. Bericht F. Baerlocher, Wie du mir, so ich dir, in: NZZ vom 29. Aug. 1984, Nr. 200), gibt es für den menschlichen Bereich, d. h. für die unbedingte Achtung der Menschenwürde ohne zusätzliche ethische Annahmen (vgl. oben Abschnitt D. III, 3 und 4), keine hinreichende Sicherheit. Für die ethische Analyse der „Goldenen Regel" als eine sowohl die Einfühlung in den anderen wie die eigene autonome Einsicht verbindende Gegenseitigkeitsregel, die auch das denkbare Verhalten des Mitmenschen zu berücksichtigen erlaubt, vgl. H. Reiner, Die goldene Regel: Die Grundlagen der Sittlichkeit, Meisenheim am Glan [2]1974, 348–379.

arbeitsteiligen Geflecht von Kollegen, Partnern, Freunden usw. Als körperlich-materieller ist er aber gleichzeitig ebenso unabdingbar abhängig von der physischen Umwelt und ihren, wie erst heute eigentlich bewußt wird, grundsätzlich knappen Ressourcen, während er als prinzipiell Endlicher und in seiner sterblichen Existenz auch zeitlich Begrenzter sich nicht selbst Existenzursache und Sinngrund ist, sondern als solcher von einem anderen, irgendwie Umfassenden und Absoluten (dessen nähere Umschreibung, sei es als Allnatur, Menschheit überhaupt, Gott oder wie immer, hier völlig offen bleiben kann) bedingt sein muß. Wenn aber der Mensch überhaupt nur entstehen und sein kann dank und in diesen Abhängigkeiten, muß sein eigengestalterischer Selbstvollzug unter der sonstigen sicheren Gefahr der Selbstzerstörung sich an die Rahmenbedingungen dieser Abhängigkeiten halten, obwohl er in seiner Freiheit, wie früher hier bedacht,[238] dennoch die widersinnig anmaßende, aber letztlich zerstörerische Möglichkeit hat, diesen Bedingungsrahmen zu sprengen und in frevelhafter Überheblichkeit sozusagen das Seil zu kappen, an dem er hängt.

So erstaunt es wenig, daß die aus diesen konstitutiven Abhängigkeiten sich ergebenden sittlichen Forderungen von einer systematisch-ethischen Überlegung schon früh festgehalten wurden. Deren wohl älteste abendländische Formulierung dürfte auf den römischen Rechtsgelehrten und stoischen Ethiker M.T. Cicero († 43 v.Chr.) zurückgehen, der in diesem Sinn die folgenden drei sittlichen Forderungen festhielt: „Ein höchstes Wesen ist zu verehren, die Eltern soll man achten und jedem ist (in Gerechtigkeit) das ihm Zustehende zuzuteilen“[239], lauten da die entsprechenden Gott- und Mitmensch-bezogenen Forderungen, denen sinngemäß aus heutiger Erkenntnis noch „die Umwelt ist zu schützen“ beizufügen wäre. Achtung vor einer absoluten sinntragenden Wirklichkeit, Pietät in der Generationenfolge, Gerechtigkeit sowie schonender Umgang mit der Umwelt sind damit als jene ethischen Forderungen zu bezeichnen, die sich direkt aus den grundlegend konstitutiven Abhängigkeiten des menschlichen Wesens, also aus der bloßen Analyse seiner *natura* ergeben. Deshalb wurden sie auch in der

[238] Vgl. oben Abschnitt B.II, 2.

[239] De invent. rhet. 2, 53: „summum numen est colendum, parentes sunt honorandi, suum cuique est tribuendum“, wobei die damals mögliche Nutzung der Umwelt noch keine Probleme stellte und so auch nicht erwähnt werden konnte.

hochscholastischen Tradition treffend als „primäres Naturrecht" bezeichnet.[240]

Gemeint waren damit jene Normen, die – weil direkter Ausdruck des menschlichen Wesens – in jedem Fall, also ausnahmslos universell oder – wie Kant es nennen sollte – „kategorisch" Geltung haben und damit alles Entscheiden, Tun und Lassen prägen müssen, wenn dieses als sittlich, also den ethischen Zielsetzungen unbedingter Menschlichkeit dienlich, bezeichnet werden soll. Tatsächlich kann man sich keine sich frei entscheidenden Menschen denken, die der Generationenverknüpfung, sei es in die Vergangenheit und, heute wohl noch bedeutsamer, in die Zukunft kommender Geschlechter, einfach spotten, sich rücksichtslos über die Gerechtigkeit hinwegsetzen und dabei auch noch skrupellos die Ressourcen der Umwelt ausbeuten würden (d. h. sich in vermessener Überheblichkeit selbst zum absoluten Kern der materiellen wie der lebenden Schöpfung aufwerfen würden) und deren Tun dennoch sittlich genannt werden könnte. In diesem Sinn muß auffallen, daß auch das dem biblischen Dekalog zugrundeliegende Ordnungsschema genau und bestimmt unabhängig davon nach diesen Grundgehalten aufgebaut ist. So stehen an der Spitze die die Gottesbeziehung betreffenden Gebote, gefolgt von der die Generationenbeziehung ansprechenden Forderung, denen sich die die Gerechtigkeit für einige Hauptverwirklichungsfelder menschlicher Existenz (Leben, Sexualität, Ruf und Besitz) stipulierenden Gebote anschließen.[241] Aber auch das Doppelgebot der Gottes- und Nächstenliebe spiegelt als letztes Maß christlicher Sittlichkeit noch einmal diese primäre Struktur der

[240] So sicher seit Alexander von Hales († 1245), S. th. lib. I inq. 1 no. 6, 93 a2, bzw. bei Thomas von Aquin, in: Eth. Nic. lec. 12 n. 1023 sowie S. th. II II 91,3, wobei die mittelalterliche Interpretation des „summum numen est colendum" sich fraglos auf Gott im Sinn der christlichen Theologie bezog, während sachlich auf dieser noch sehr allgemeinen Stufe, besonders in systematischer Hinsicht, auch eine nur sehr unbestimmte Absolutheitsbeziehung gemeint sein kann; vgl. dazu F. Furger, Gibt es eine Ethik ohne Gott? – oder: Wie stellt Ethik die Gottesfrage, Theol. Berichte Bd. 12, Zürich 1983, 63–93.

[241] Wie sehr diese Aufteilung in die gottbezogenen bzw. in die zwischenmenschlichen Abhängigkeiten als grundlegend empfunden wurde, zeigen auch die Darstellungen der Gebotstafeln in der bildenden Kunst, die selbst im symmetrieliebenden Barock die drei (bzw. vier) gottbezogenen Gebote auf der einen, den Rest auf der anderen Tafel abbildeten; daher rührt auch der in der christlichen Ethik gebräuchliche Ausdruck der „Gebote der Zweiten Tafel" für mitmenschliche ethische Forderungen.

ethisch relevanten, existenziellen Wesensabhängigkeiten des Menschen. Nicht weniger bezeichnen aber auch Fairneß und Universalität, die besonders von der kritischen philosophischen Ethik der Gegenwart herausgestellten Grundkriterien einer Ethik der Humanität unter prinzipiell gleichen und aufeinander wesentlich angewiesenen Menschen (allerdings meist ohne die Dimension der Letztbegründung anzusprechen), ebenfalls diese aus den konstitutiven Abhängigkeiten des Menschseins sich ergebenden sittlichen Forderungen.

Dabei zeigen aber gerade die hinsichtlich der Gerechtigkeitsforderung im Dekalog angeführten Konkretisierungen auf bestimmte zentrale Felder der Lebensverwirklichung, daß die bloße, noch völlig undifferenziert allgemeine Gerechtigkeitsforderung für eine entscheidungsleitende Normativfunktion als solche nicht genügt, sondern daß sie dafür der weiteren Konkretion bedarf. Da zwar jeder Mensch aus konkret gelebter, wenn auch vielleicht weiter nicht reflektierter Lebenserfahrung zumindest irgendwie „weiß", was er als Ungerechtigkeit empfunden hat, und da er folglich auch irgendwie eine Idee davon hat, was Gerechtigkeit konkret meint, ist diese wie übrigens auch die anderen genannten primären Forderungen und so gut wie die oben genannte „goldene Regel" keineswegs eine bloße Leerformel. Aus einem im konkreten Lebensvollzug gewachsenen Empfinden heraus vermag sie vielmehr schon sehr deutlich konkret alltägliches Handeln gerade im zwischenmenschlichen Bereich auf die grundlegenden mitmenschlichen Zielsetzungen hinzulenken. Obwohl man daher diese vorreflexe, eher empfindungsmäßige Steuerfunktion folglich keinesfalls in vorschnellem Rationalismus unterschätzen sollte, so bedürfen die primären Normen aber dennoch einer auch begrifflich aufgearbeiteten Konkretisierung.

Nur kann diese nun nicht mehr aus der bloßen Analyse des wesenhaft abhängigen Menschseins erfolgen, sondern muß die aus der Erfahrung des konkreten Lebensvollzugs in solchen Abhängigkeiten sich ergebende Erkenntnis beiziehen. Diese ist dann zwar nicht weniger als die Einsicht in die sittlichen Konsequenzen der menschlichen Abhängigkeit ein Ergebnis der Vernunft des Menschen selbst (also Teil einer von der grundsätzlich ermöglichenden Theonomie getragenen „autonomen" Ethik[242]). Aber es ist eine die bloße Existenzanalyse sprengende, synthetisch die Erfahrung berücksichtigende Vernunft, die freilich dann stets mehr ist als nur der

[242] Vgl. oben Abschnitt A. III, 2.

nüchtern und kritisch argumentierende Verstand und folglich auch Gefühl und Empfindungen mitbedenken sollte. Sie ist als erworbene und doch zugleich vom Geist Gottes gestärkte, also „eingegossene" Erkenntnisfähigkeit, d.h. als die alle Einsicht ordnende Tugend der Klugheit oder als Ratio recta das feinfühlig auf die konkrete Wirklichkeit sensibilisierte und zugleich an den sittlichen Grundgehalten ausgerichtete Erkenntnismedium und Kriterium ethischer Richtigkeit und Normativität. Damit ist sie als menschliche Fähigkeit wohl breiter gefaßt, als sie es gelegentlich in der thomasischen Tradition war, aber auch als sie es unter den rational kritischen Ansprüchen der modernen analytischen Ethik immer wieder einmal wird. Das heißt: Sie wird hier im Sinn des Thomas von Aquin verstanden als das gottgewollte menschliche Maß der Sittlichkeit.[243]

Indem diese Vernunft aber nun die gelebte Wirklichkeit einzubeziehen hat, ist sie notwendigerweise von den konkreten kulturellen, geschichtlichen und situativen Umständen solcher Lebenswirklichkeit mitgeprägt und daher nicht mehr im gleichen Sinn unveränderlich und bedingungslos geltend wie die sittlichen Forderungen des eben deshalb „primär" genannten Naturrechts. Diesen somit nun als „sekundär naturrechtlich" zu bezeichnenden Normbereich gilt es daher als ersten konkretisierenden Anwendungsbereich genauer zu fassen, damit die Normen als ethische tatsächlich wahrer Mitmenschlichkeit förderlich sein und damit – wie es die Ethiken von Aristoteles und Thomas immer wieder hervorhoben – auch dem wahren Glück des Menschen dienen[244] können.

2. *Das allgemeine Sittengesetz: Menschenrechte und „sekundäres Naturrecht"*

Während sich die ethische Grundforderung der Achtung von Gott, Mitmensch und Umwelt aus dem Menschsein schlechthin ergibt und daher, obwohl auch sie in sündiger Vermessenheit selbstzerstörerisch durchbrochen werden kann, in ihrer allgemeinen Verpflichtung zeitlos, unbedingte Gültigkeit beansprucht, muß jeder Versuch, diesen umfassenden Rahmen menschlicher Selbstverwirk-

[243] Vgl. Thomas von Aquin, De malo 14, 2 ad 8, sowie S.th. I II 94, 1 sowie zur Klugheit S.th. II II 47, bes. 1–7.

[244] Vgl. Aristoteles Eth. Nic. 6.5, 1140, bzw. bei Thomas S.th. II II 47, 2 ad 1.

lichung mit den konkreten Lebensvollzug betreffenden Weisungen zu verdeutlichen und damit für konkretes Verhalten anwendbar und nützlich zu machen, notwendigerweise über diese schlechthin gültigen Wesensbestimmungen menschlicher Sittlichkeit hinaus die ebenso wesentliche Tatsache berücksichtigen, daß der Mensch als körperlicher, also materieller nur in den Dimensionen von Raum und Zeit und damit von Geschichtlichkeit und Veränderlichkeit existiert. Was die die Grundforderung erfassende spontane Existenzerfahrung implizit je schon weiß, wovon sie aber zur Klärung ihrer letzten Rahmenbedingungen zunächst abstrahierend absieht, nämlich die geschichtlich situative Dimension, muß daher, wo immer die konkrete Interpretation und Anwendung von Normen ins Auge gefaßt wird, notwendigerweise zum Tragen kommen.

Obwohl eher einer Epoche der ruhigen gesellschaftlichen Ordnung als der bewegten geschichtlichen Veränderung verpflichtet, haben die mittelalterlichen Moraltheologen eben diese dem Menschen wesentliche Spannung eines zeitübergreifenden Wesens in je sich ändernder geschichtlicher Verwirklichung erfaßt und mit ihrer Unterscheidung in ein „primäres" und in ein „sekundäres Naturrecht" auf den Begriff zu bringen versucht. Daß sie dabei nicht zögerten, die umfassenden Rahmenforderungen in der Formulierung des heidnischen Rechtsgelehrten und Philosophen Cicero mit der Qualifikation „primär" zu versehen und deren zwischenmenschliche Anwendung auf der „zweiten Tafel" des Dekalogs trotz der biblischen Erzählung der Gesetzesübergabe am Sinai als „sekundär" bezeichneten, belegt die unabhängig klare Systematik dieses Denkansatzes. Entsprechend deutlich konnte so auch festgehalten werden, daß nur die primären Verpflichtungen absolut (wörtlich: losgelöst von allen raum-zeitlich bedingten Umständen) gelten, während alle weiteren konkretisierenden Normaussagen *ut in pluribus*, also im allgemeinen (und hier nicht „allgemein" im Sinn von „ausnahmslos") zutreffen.[245] Natürlich hat man gerade im Zusammenhang mit den dekalogischen mit der menschlichen Gerechtigkeit befaßten Geboten in der Praxis stets um solche möglichen Ausnahmen gewußt und in Notfällen, wie etwa bei Hungersnot, den Eigentumsschutz oder für die Notwehr den Lebensschutz rela-

[245] Vgl. dazu D. Capone, Intorno alla verità morale, Napoli 1951, als wohl erste Arbeit, die dieses in der neuscholastisch-rationalistischen Verengung weitgehend vergessene ursprüngliche Verständnis wieder zur Diskussion stellte.

tiviert. Dennoch ist das systematische Verständnis dafür – wie die spätere vermeintlich direkte Wesenseinsicht der Ratio auch in die konkrete Lebenswirklichkeit und die damit verbundene ideologisierte Erstarrung der neuscholastischen Naturrechtslehre zeigt[246] – nicht immer gleich wach geblieben. Deshalb sei hier als theoretischer Ausgangspunkt nochmals ausdrücklich festgehalten:

Menschsein verwirklicht sich als körperliches wesentlich in den Dimensionen von Raum und Zeit; daher geschieht auch der Vollzug der wesentlichen Abhängigkeiten des Menschen von Gott, Mitmensch und Umwelt stets in diesen der Veränderung ausgesetzten Dimensionen, und entsprechend können deren das menschliche Entscheiden und Handeln prägende Bestimmungen auch nicht von vornherein, sondern nur unter Beizug von aus einzelnen Erfahrungen verallgemeinerten Erkenntnissen erfaßt werden. Da aber eine solche Erfahrungserkenntnis induktiv vorgehen muß und eine alle denkbaren Fälle umfassende Induktion dem begrenzten menschlichen Erkennen bekanntlich unmöglich ist, bleibt in jedem Fall eine erkenntnistheoretische Restunsicherheit bezüglich möglicher Ausnahmen, dies um so mehr, als die in ihrem Existenzvollzug stets schöpferische menschliche Person sich immer wieder auch neue, völlig ungeahnte Selbstverwirklichungsmöglichkeiten (wie z.B. in den letzten Jahrzehnten hinsichtlich Raumfahrt oder Gentechnologie) erschließt, denen von vornherein ethisch Rechnung zu tragen völlig unmöglich ist. Diesbezügliche ethische Normen müssen folglich im Nachgang oder (besser) in Begleitung des entsprechenden wissenschaftlich-technischen Fortschritts neu erarbeitet werden. Eine einfache Deduktion aus bewährten bestehenden Normen ist aller Regel nach kaum sachlich möglich.

In diesem Feld der sich konkretisierenden Normen ist es daher aus erkenntnistheoretischen Gründen auch unmöglich, absolute, also theoretisch prinzipiell ausnahmslos geltende Verhaltensanweisungen aufzustellen. Was dagegen möglich ist, ist die Erkenntnis von praktisch so allgemein gültigen Verhaltensregeln, daß ihre Ausnahmefelder recht exakt angegeben werden können oder sogar die Aussage gewagt werden kann, daß aller menschlichen, in langer Geschichte überprüfbaren Erfahrung nach eine bestimmte Handlung niemals Menschlichkeit befördert hat, und ihr Verbot, wie etwa die Ablehnung der Folter, daher für den konkreten Lebensvollzug als

[246] Vgl. oben Abschnitt D. III, 5.

praktisch ausnahmslos geltendes anzusehen ist.[247] Wo von einem allgemeinen Sittengesetz bzw. in der Sprache der Tradition vom „sekundären Naturrecht" die Rede ist, geht es folglich um solche sittliche Normerkenntnis.

Wie schon angedeutet, gehören dazu die dekalogischen Gebote der sog. „zweiten Tafel", welche die primären Grundforderungen auf die für ein harmonisches menschliches Zusammenleben bedeutsamen Verwirklichungsbelange weitgehend unabhängig von kulturellen Verschiedenheiten und Entwicklungsstufen anwenden, nämlich die Sicherung von Generationenbeziehungen wie von Leben, Ehe, Eigentum und gutem Ruf. Unter Einbezug der geistigen, sozialen und technologischen Entwicklungen der Neuzeit und in Anbetracht der Tatsache, daß diese zunächst das Abendland seit der Aufklärung zunehmend prägende Entwicklung mittlerweile in mancher Hinsicht weltweite Bedeutung erlangt hat,[248] kommt aber

[247] Vgl. dazu F. Furger, Was Ethik begründet, a.a.O., wo für eine *a priori*, also direkt aus dem menschlichen Wesen einsichtige sittliche Sollensforderung der Ausdruck einer „primär deontologischen" Norm geprägt wurde, die sich folglich auf die Grundgehalte beschränkt, während die die aus Erfahrung (d.h. allen denkbaren Regeln nach) immer geforderten bzw. verbotenen Gehalte betreffenden Normen als „sekundär deontologisch" bezeichnet wurden. Daß dann die der klassischen Moraltheologie vertraute Bezeichnung einer bestimmten Handlung als „in sich schlecht" *(intrinsece malum)* nur in diesem zweiten Sinn zu verstehen ist, leuchtet ein, wobei eine zusätzliche Stärkung einer solchen Einsicht aus der Erfahrung und dem Vollzug des Glaubens an Christus und seine Botschaft bzw. an den in seiner Kirche und ihrer Lehre wirksamen Geist durchaus sinnvoll denkbar ist.

[248] Vgl. für diese Entwicklung mit einer guten Dokumentation früherer Ansätze vom Mittelalter an (z.B. der englischen Magna Charta von 1215) über die Menschenrechtserklärungen der USA (1776) bzw. Frankreichs (1789) bis zur UNO-Erklärung von 1948 und der Europäischen Menschenrechtskonvention (ab 1950): J. Musulin (Hrsg.), Proklamationen der Freiheit, Frankfurt a.M. 1959; für ein allgemeines in Sprichwörtern, Fabeln usw. sich ausdrückendes, implizit menschenrechtlich geprägtes Ethos vgl. J. Hersch (Hrsg.), Le droit d'être un homme, Paris 1968, sowie hinsichtlich des Bezugs zu christlichen Ansätzen F. Furger und C. Strobel-Nepple, Menschenrechte und katholische Soziallehre, a.a.O. Ähnlich wie früher der Dekalog, aber angepaßt an die Bedürfnisse der heutigen Zeit, vermögen diese Menschenrechte so im Pluralismus kulturbedingter Meinungen einer gemeinsamen ethischen Grundlage Ausdruck zu geben, wie dies der Einsatz des kirchlichen Lehramtes für die Menschenrechte seit dem II. Vatikanischen Konzil eindrücklich belegt (vgl. dazu unten Anm. 253).

heute vor allem den seit 1948 in der UNO-Charta umschriebenen und wenigstens theoretisch weltweit anerkannten Menschenrechten diese Bedeutung eines das menschliche Ethos prägenden Sittengesetzes zu. Insofern hier sowohl die individuellen Freiheiten als auch der Anspruch auf Befriedigung elementarer existenzieller Bedürfnisse der menschlichen Person gegenüber der Gesellschaft sowie deren genuines Anrecht auf Mitgestaltung der sie dann bestimmenden sozialen Strukturen verlangt wird, redet man von Freiheitsrechten, Sozialrechten und Teilhaberechten, ohne die normalerweise eine gerechte Entfaltung des einzelnen im Rahmen einer Gemeinschaft und doch nicht einfach auf Kosten der anderen nicht denkbar ist, ohne die aber auch der Aufbau einer menschlichen Gesellschaft nicht gewährleistet werden kann.

Dabei zeigt jedoch schon ein erster Blick auf die einzelnen in dieser von ihrer Absicht her universal konzipierten Charta festgehaltenen Rechte, daß sie keinesfalls eine schlechterdings absolute Geltung meinen können. Denn nicht nur muß ihnen je nach dem gesellschaftlich-kulturellen Umfeld (wie etwa dem Recht auf Bildung in einer komplexen Industriegesellschaft oder in einem auf Subsistenzwirtschaft beruhenden Nomadenstamm) eine andere Bedeutung zukommen, sondern sogar in einer einzigen gegebenen gesellschaftlichen Ordnung können einzelne, ausdrücklich als Rechte festgehaltene Belange so miteinander in Konkurrenz treten, daß nicht beide auf einmal in gleicher Intensität verwirklicht werden können. Man denke nur etwa an das Recht auf Freizügigkeit neben dem Recht auf Arbeit oder an den nicht seltenen Konflikt zwischen dem Anspruch des einzelnen auf den Schutz seiner Privatsphäre und der an sich ebenfalls vor allem zur Wahrnehmung der demokratischen Teilhabe nötigen Information der öffentlichen Meinung.[249] Trotz solcher Einschränkungen in der universalen Gültigkeit vermögen diese menschenrechtlichen Forderungen aber (und analog zu den trotz ihrer größeren Einfachheit ja ebenfalls von solchen Ausnahmen in Sonderfällen gezeichneten dekalogischen Geboten)

[249] So im Jahr 1973, als das Bundesverfassungsgericht in Karlsruhe dem Einspruch eines Mittäters am Mord an Wachsoldaten in Lebach gegen die Fernsehausstrahlung eines Films über dieses Verbrechen stattgab, um einer zusätzlichen Diskriminierung des Täters zuvorzukommen, oder 1983, als das Schweizerische Bundesgericht eine Radiosendung über eine 1939 erfolgte Hinrichtung zum Schutz eines Sohnes des verurteilten Mörders verbot.

für die sittliche Bewältigung des praktischen Alltags eine ungemein nützliche Direktive abzugeben, und zwar so sehr, daß deren Mißachtung vorab im gesellschaftlichen Bereich aller geschichtlichen Erfahrung nach ein eindeutiges Zeichen mangelnder Menschlichkeit und damit von Unsittlichkeit ist.

Die somit unerläßliche Feststellung gewisser Grenzen in der Allgemeingültigkeit solcher sekundär naturrechtlicher Forderungen bedeutet daher und entgegen immer wieder geäußerten Befürchtungen weder ein Absinken in einen Laxismus der Beliebigkeit sittlicher Forderungen noch die Behauptung eines allgemeinen sittlichen Kulturrelativismus, der Normen zwar nicht mehr individualistisch, sondern auf der sozialen Stufe der Beliebigkeit preisgibt. Außer den weltweit feststellbaren Konvergenzen im Ethos der Menschheit gibt es tatsächlich auch die offensichtlichen und denkende Menschen immer wieder schockierenden Divergenzen im Ethos der Völker. Neben den Ausschlägen hinsichtlich der Organisation von Eigentum, die vom schrankenlosen Privatbesitz bis zum Gemeineigentum reichen, oder der Spannungsbreite zwischen Monogamie und Polygamie sind es vor allem einige die Menschlichkeit direkt berührende urtümliche Bräuche, etwa die Witwenverbrennungen in Indien oder der bei gewissen Stämmen in Polarregionen geübte Elternmord, die zum Nachdenken zwingen. Dennoch ist die Folgerung aus diesen Tatsachen nicht zwingend, nämlich diejenige eines soziologistischen Positivismus oder Kulturrelativismus,[250] der die sittlichen Normen auf bloße «faits sociaux» (also: soziologisch feststellbare Regeltatsachen ohne innere Begründung, so E. Durkheim [† 1917] oder L. Lévy-Bruhl [† 1939]) reduziert. Denn einmal steht hinter solchen divergierenden Normen oft genug eine eindeutig der Menschlichkeit verpflichtete Grundausrichtung, die situativ eine wenn auch vielleicht fragwürdige, also verbesserungsfähige und -bedürftige Lösung fand; oder aber es handelt sich ganz einfach um einen schuldhaften kollektiven Irrweg, dessen inneres Unrecht aber nach und nach in Vergessenheit geriet, der sich aber

[250] Vgl. für eine differenzierte Sicht des Relativismus die Textsammlung von R. Ginters (Hrsg.), Relativismus in der Ethik, Düsseldorf 1978, in der nicht nur die ethikzerstörende Auswirkung eines metaphysischen Relativismus aus der vorgelegten Dokumentation erhellt, sondern auch, bei aller Beachtung der ethnologisch und kultursoziologisch richtigen Einsichten, ein radikaler Kulturrelativismus in seiner inneren Inkonsistenz dargetan wird.

dennoch meist zumindest einen Schein von Rechtfertigung zu geben suchte und gerade so die Notwendigkeit einer der ethischen Grundrichtung verpflichteten sittlichen Norm verrät.[251] Wo allerdings auch diese letzte Verbindung abreißt und ein allgemeiner pluralistischer Relativismus in einer Gesellschaft Platz greift, ist die Verunsicherung aller geschichtlichen Erfahrung nach über kurz oder lang so groß, daß es dann bis zum der Menschlichkeit nun von der anderen Seite drohenden Ruf nach dem „starken Mann“ bzw. nach „Ruhe und Ordnung“ nur mehr ein sehr kleiner Schritt ist.[252]

Gerade auch in Anbetracht dieser Gefahr einer letztlich ethikzerstörenden Abirrung geht es folglich darum, in der ethischen Erarbeitung eines menschenrechtlichen Sittengesetzes, allerdings unter Ausschluß eines letztlich stets die primär unbedingt festgehaltene, wesenhafte Menschlichkeit gefährdenden rigorosen Gesetzeslegalismus, also ganz im Sinn des jesuanischen Sabbatwortes, daß dieser um des Menschen willen da sei (und nicht umgekehrt) (Mk 2, 27), die im allgemeinen und aller Erfahrung nach für Gerechtigkeit, Menschlichkeit und Liebe bestmöglichen Verwirklichungsrichtungen aufzuzeigen und epochal festzuhalten. Dies schließt dann aber gerade auch die Erkenntnis ein, daß neue Einsichten und vor allem auch neue technische Möglichkeiten unter Umständen Verbesserungen im Sittengesetz erschließen können und diese deshalb dann in eine sittengesetzbezogene Sammlung wie etwa die Men-

[251] So versuchen manche unter extremen Lebensbedingungen existierende Stämme bei der dann meist bestehenden Überzahl an Frauen deren Integration und damit die zum Überleben der Gruppe unerläßliche Geburt von Nachwuchs über die Polygamie sicherzustellen, wobei die ethischen Ziele von Integration und Nachwuchs sich von denen der Monogamie keineswegs unterscheiden. Während sich sogar für Elterntötung u. ä. ebenfalls solche alles andere als ethikfremde, wenn auch offensichtlich fehlgeleitete Gründe ausmachen lassen, ist die schon genannte, seit dem 16. Jahrhundert im Abendland neu auftretende Sklaverei eine mutwillige Abirrung, die sich dann unter dem Vorwand der so möglichen Bekehrung zur christlichen Religion sogar eine besonders üble Rechtfertigung sucht.

[252] Was schon N. Machiavelli († 1527) in seinem Werk ›Il Principe‹ (1513) theoretisch erarbeitet hatte, bestätigte sich seither immer wieder, so etwa nach den Freiheitswirren der Französischen Revolution wie in den Faschismen aller Schattierungen des 20. Jahrhunderts, die scheinbar einer Auflösung der Moral gegenzusteuern vorgaben und z. T. dafür zunächst sogar bei engagierten Christen auf Anerkennung stießen (vgl. R. Morsey, Zeitgeschichte in Lebensbildern, vorab Bd. I, Mainz 1973).

schenrechtslisten, allenfalls unter Vornahme entsprechender Revisionen und Ergänzungen, eingefügt werden müssen. In diesem Sinn sind sekundär naturrechtliche Normen auf möglichen Fortschritt hin – man denke etwa an die Ausdehnung der Teilhaberechte über den politischen Bereich hinaus in denjenigen der Wirtschaft durch eine effektive Mitbestimmung in Betrieb und Unternehmung – durchaus offen, wie sie umgekehrt sich auch der Gefahr einer möglichen kulturell bedingten Depravation – man denke an die mit dem Kolonialismus des 16. Jahrhunderts auch von Christen wieder neu praktizierte und bald auch sittlich legitimierte Sklaverei – bewußt zu bleiben haben. Wie einst die spanischen Völkerrechtler des 16. Jahrhunderts fähig waren, die neuentdeckten Indios als Menschen in den Bereich der ethischen Verpflichtungen in sekundär naturrechtlichem Sinn einzubeziehen, so müßte unter den Leitideen der primären Grundnormen eine heutige Menschenrechtsethik daher in der Lage sein, neu entstehende Probleme menschlicher Sittlichkeit, etwa im Bereich von wirtschaftlicher Diskriminierung, Friedensgefährdung durch Überrüstung oder in ökologischer Hinsicht aufzugreifen, und versuchen, die sie betreffenden Entscheidungen und Verhaltensweisen durch das Aufstellen von Normaldirektiven normativ so in den Griff zu bekommen, daß deren das Überleben der Menschheit gefährdende Eskalation verantwortungsvoll gebannt werden könnte. Daß diese Herausforderung eine unter dem Anspruch des evangelischen Liebesgebotes stehende christliche Ethik noch besonders angeht, versteht sich dann eigentlich von selbst.[253]

Nimmt man diese geistesgeschichtlichen Beobachtungen und theoretischen Überlegungen abschließend zusammen, so ergibt

[253] Die besondere und konstruktive Sorge der christlichen Kirchen um die Menschenrechte sowohl im Rahmen des ökumenischen Rates der Kirchen, besonders seit den Weltkirchenkonferenzen von Uppsala (1968) und Nairobi (1975) bis hin zu Vancouver (1983) und in der katholischen Kirche seit dem II. Vatikanischen Konzil, besonders auch durch die entsprechenden Verlautbarungen der Päpste Paul VI. († 1978) und Johannes Paul II. (vgl. Die Kirche und die Menschenrechte [Arbeitspapier der päpstl. Kommission Justitia et Pax], München–Mainz 1976, sowie O. Höffe u. a. [Hrsg.], Johannes Paul II. und die Menschenrechte, Freiburg i.. Schweiz 1981) als auch im Einsatz zahlreicher Bischofskonferenzen in Regionen mit gefährdeten Menschenrechten bestätigt zunehmend die Einsicht in diese genuine Verantwortlichkeit christlicher Ethik. Vgl. dazu auch unter theoretischem Gesichtspunkt: J. Schwartländer, Menschenrechte – eine Herausforderung der Kirche, München–Mainz 1979.

sich, daß es Aufgabe der normativen Ethik sein muß, im Licht der primären normativen Rahmenbedingungen und unter Einbezug der geschichtlichen Erfahrung, vorab bewährter ethischer Traditionen, aber auch mit einer für neue Möglichkeiten menschlicher Entfaltung offenen und besonders vom Geist des Reiches Gottes christlich inspirierten Phantasie nach Richtlinien zu suchen, die epochal in einer bestimmten, heute aber zunehmend menschheitsweiten Gesellschaft hinsichtlich der wichtigsten Lebensbereiche die Menschlichkeit bewahren und verbessern helfen. Für Friedens- und Überlebenssicherung, für die Umweltbewahrung und die Gewährleistung von wirtschaftlicher und industrieller Existenz in möglichster Gerechtigkeit oder für die Entfaltung von Ehe und Familie usw. sollte gerade die vom Evangelium geprägte Ethik ein größtmögliches Maß an Menschlichkeit für alle zu umschreiben vermögen und Richtlinien, an denen sich dann alles weitere Entscheiden und Handeln ausrichten könnte, auszuarbeiten versuchen. Daß die um die Mitte des 20. Jahrhunderts aus diesem Bedürfnis entstandenen Listen sozialer und personaler Menschenrechte einen solchen der Verwirklichung des menschlichen Wesens unter den derzeitigen epochalen Lebensbedingungen entsprechenden Normenkorpus darstellen, wurde schon erwähnt. Wie früher der biblische Dekalog, dem sie übrigens als eine Art aktueller Entfaltung durchaus entsprechen, können auch sie daher zutreffend als ein Naturrecht zweiter (weil epochal angewandter) Ordnung bezeichnet werden.

Eigens nochmals hervorzuheben gilt es aber, daß der so erreichte Stand, sowenig übrigens wie frühere naturrechtliche Synthesen, keinesfalls als das nun endgültig erreichte, vielleicht sogar bestmögliche Niveau an Sittlichkeit angesehen werden darf. Angesichts der stets weiter sich entfaltenden Geschichte würde dies nichts anderes als eine den Status quo ideologisierende Erstarrung bedeuten, die – allenfalls sogar zugunsten gewisser Privilegien – mögliche Verbesserungen ebenso ausschlösse wie sie latente Ungerechtigkeiten festschreiben und so ihren inneren Abfall von den ursprünglichen Idealen mit großer Wahrscheinlichkeit selbst einleiten würde.

3. Wesensgerechte Normfindung und christlicher Glaube

Bedenkt man, was bisher über die ethischen Sachstrukturen der Schöpfung im Anschluß an die für das Wesen des Menschen konstitutiven Abhängigkeiten festgehalten und anschließend hinsichtlich eines epochalen Sittengesetzes vor allem mit Blick auf die Menschenrechte entfaltet wurde, dann muß auffallen, daß es sich im Grund ausschließlich um der menschlichen Vernunft zugängliche, also autonome Überlegungen handelte. Der Umstand, daß man sich dabei durchaus auch mit der großen theologischen Tradition des Mittelalters und deren differenziert verstandener Naturrechtslehre einig wissen konnte, ändert nichts an dieser Tatsache, so daß sich nun doch die Frage stellt, wie dieser Ansatz denn ausdrücklich im Licht des christlichen Selbstverständnisses zu verstehen ist.

Während es sich bei der Einsicht in die konstitutiven Abhängigkeiten des Menschen und bei den sich daraus ergebenden ethischen Konsequenzen noch um der biblischen Schöpfungslehre parallele Aussagen handelt, die sich eigentlich nur durch die begrifflich abstrakte Rede von der Bildersprache der Schrift unterscheiden, liegt trotz der mehrfach aufgezeigten Beziehungen zu den dekalogischen Normen die Sache für das auf konkrete Anwendung gerichtete Sittengesetz doch etwas anders. Insofern es sich nämlich hier um einen eigenen normativen Findungsprozeß handelt, der auch sittliche Erfahrung und Erkenntnis von außerhalb des eigenen Glaubensbereichs aufnimmt, geht es bei dieser theologischen Rückfrage zunächst um die Bedeutung des Glaubens in eben diesem Prozeß, wo die Zugehörigkeit zu Christus und seiner Botschaft offenbar weniger material kategorische Inhalte beizubringen und entgegen manchen Erwartungen weniger das „Was“ als das „Wie“ der Normfindung zu betreffen scheint.[254]

Erste Aufgabe einer christlichen Ethik dürfte es dabei jedenfalls sein, aus dem dynamischen Impuls des Liebesgebotes, dessen Fülle im endgültigen Gottesreich ja noch aussteht und das so zu stets neuer Annäherung herausfordert, auch auf der Normstufe des Sittengesetzes kritisch auf mögliche Lücken zu achten, stimulierend jede neu mögliche Verbesserung an Menschlichkeit voranzubringen und integrierend alle derartigen Ansätze, woher sie auch immer stammen mögen, auf ihre je größtmögliche Wirkung hin, und zwar vor allem im Sinn des Evangeliums zugunsten der Armen und

[254] So F. Böckle, Worin besteht das unterscheidend Christliche einer christlichen Ethik, in: ZEvE 11 (1967), 148–159, bzw. J. Fuchs, Gibt es eine spezifisch christliche Moral?, in: StdZ 185 (1970), 99–112. – Als Übersicht zu dieser Diskussion vgl. F. Furger, „Kenosis“ und das Christliche einer christlichen Ethik, in: K. Demmer, B. Schüller (Hrsg.), Christlich glauben und handeln, Düsseldorf 1977, 96–111, sowie oben Abschnitt A. III, 4.

Benachteiligten, deren berechtigte Interessen so leicht übergangen werden, zu bündeln.[255] Auch wenn dabei geniale Würfe wie seinerzeit die Menschenrechtserklärung der USA, die sog. „Virginia Bill" von 1776, wohl nur in seltenen ethischen Sternstunden entstehen, bleibt doch die stets aufmerksame, aber wohl selten spektakuläre Weiterarbeit ein festes Erfordernis der normativen Ethik, die oft unbemerkt ihre Früchte für ein sich weiter vermenschlichendes Sittengesetz zeitigt.[256] Das beharrliche Durchhalten im Sinn der neutestamentlichen Geduld[257] in diesem Bemühen um Vermenschlichung hat als ein typisches Charakteristikum des christlichen Einsatzes zu gelten, und dies selbst dort, wo man im Sinn der Kreuzesnachfolge auf Widerstände seitens jener stößt, die als Privilegierte bisher von direkt gewollten und mehr noch von langsam gewachsenen und so scheinbar gerechten Unrechtsstrukturen profitiert haben. Hier vor allem und nicht in besonderen inhaltlichen Forderungen oder sozialen Programmen liegt dann jenes spezifisch christliche Moment in diesem Normfindungsprozeß, das in den letzten Jahren vor allem von der lateinamerikanischen Befreiungstheologie thematisiert worden ist.[258]

Die Wirkung des Evangeliums bzw. des Glaubens auf die Normfindung liegt somit nicht so sehr bei den inhaltlichen Belangen. Hier hat die jüdisch-christliche Ethik seit je auch Anleihen bei umliegenden, auch heidnischen Kulturen gemacht (vgl. 1 Thess 5, 21) und damit angenommen, daß sich auch dort keimhaft Spuren[259] der göttlichen Wahrheit fänden, die es zu entdecken und

[255] Vgl. A. Auer, Autonome Moral und christlicher Glaube, Düsseldorf [2]1984, bes. 189–197.

[256] Als Beispiele für derartige ethische Weiterentwicklungen sei hingewiesen auf die die UNO-Erklärung von 1948 fortsetzenden Sondererklärungen zu den „Rechten der Kinder" von 1959 oder den „Rechten der geistig Behinderten" von 1971 bzw. den Behinderten überhaupt von 1975. Die derzeitigen Versuche zu einer internationalen Ächtung der Folter oder zu einer (allerdings im ersten Anlauf gescheiterten) Konvention über die Nutzung der Meeresböden wären als weitere diesbezügliche Initiativen zu nennen.

[257] Das griech. *hypomonē*, wörtlich: (unter einer Last) Bleiben, also „Ausharren", bezeichnet dabei das Gemeinte deutlicher als die gewöhnliche Übersetzung mit „Geduld".

[258] Vgl. dazu als Basisinformation: G. Gutiérrez, Theologie der Befreiung, München–Mainz 1973, sowie speziell dazu L. Boff, Kirche: Charisma und Macht, Düsseldorf 1985, bes. 46–64.

[259] So in der Vätertheologie schon Justin († 165), der dafür den der

zu nutzen gelte. Vielmehr geht es um eine in der Glaubenswirklichkeit gründende geistmächtige Dynamik, welche die dem Menschen als Gottes Geschöpf als Ideal durchaus zugänglichen Zielvorstellungen (sonst wäre er dafür ja gar nicht ansprechbar) radikal in den Bereich der sittlichen Pflicht stellt. So ist es etwa jedermann einsichtig, daß die Ehescheidung ein Übel darstellt. Daß sie aber von der ursprünglichen, schöpfungsmäßigen Ordnung her gar nicht in Frage kommen dürfte (Mk 10, 2–9), das ist erst in dieser Dynamik faßbar; oder ähnlich: Es bedarf nicht allzu vielen Nachdenkens, um zu verstehen, daß statt Gewaltanwendung verzeihende Liebe einem persönlichen Feind gegenüber den Teufelskreis eskalierender Gewalt am ehesten zu durchbrechen vermag. Aber – obwohl es dafür Zeugnisse hochstehender Ethiker im alten Orient gibt – zur allgemein im Glauben verbindlichen Verhaltensmaxime wird diese Einsicht doch erst im Evangelium (vgl. Mt 5, 5 u. 43ff.). Solche Beispiele ließen sich leicht vermehren: Immer wieder zeigt sich diese Heilsdynamik, die in der Welt nicht etwas völlig anderes hervorbringt, sondern das in der Welt Geschaffene nach dem Bild vom Sauerteig oder dem Salz und Licht der Erde (Lk 13, 21 bzw. Mt 5, 13f.) von innen her umgestaltet und erneuert. Es geht einer so verstandenen christlich-theologischen Ethik also keinesfalls darum, im Sinn des Pelagius († 418) ohne Gnade allein mit den Kräften der Natur oder nach einer Aufklärungshaltung des „Das-machen-wir-schon" aus einer bloßen Kenntnis der materiellen Sachstrukturen der Welt Sittlichkeit als reinen Humanismus zu realisieren. Vielmehr soll aus deren eigenen, gottgewollten Anlagen in Geist und Kraft des Evangeliums deren eigentliche Erfüllung angestrebt werden. Christliche Ethik ist dann nichts anderes als die theologisch denkerisch reflektierende Klärung zur Beförderung dieses Prozesses der erlösend erfüllenden Heilsdynamik, denn das vom Menschen erkannte „Naturgesetz ist nichts anderes als der Eindruck des göttlichen Lichts in uns, der Anteil des ewigen Gesetzes im vernünftigen Geschöpf"[260].

Entsprechend steht dann auch die Kirche in ihrem Zeugnis wie in ihrer verkündigenden Lehre in der Kraft und im Dienst dieser Heilsdynamik. Als verfaßte Gemeinschaft, der im Glauben der Beistand

ethisch ja besonders bedeutsamen Philosophie der Stoiker entstammenden Ausdruck der *Logoi spermatikoi* (im Latein der Scholastik *rationes seminales*) verwendet.

[260] Thomas von Aquin, S. th. I II 91, 2 c.

des Geistes zugesagt ist, hat sie in all ihren Gliedern, in den einzelnen Gläubigen wie in deren verschiedenen Gemeinschaften, vor allem aber auch durch ihre Amtsträger als ihren beglaubigten Sprechern zu dieser die Welt und die Gesellschaft umgestaltenden Heilsdynamik zu stehen. Zwar kennt die Theologiegeschichte keine ausdrückliche, dogmatisch verbindliche ethische Einzelaussage, wohl aber eine feste, in Gerechtigkeit und Liebe verwurzelte Lehre, welche die Verantwortlichen nach der Meinung aller Theologie[261] verpflichtet, in Fällen krasser Verletzung der Menschlichkeit klar, gelegen oder ungelegen (2 Tim 4, 2), Stellung zu beziehen[262]. Noch mehr aber gehört es zu einer solchen kirchlich-ethischen Verkündigung aus dem Geist des Evangeliums, daß sie aus aktuellen Bedürfnissen und Möglichkeiten als den „Zeichen der Zeit" immer neu die Chancen zu einer Verbesserung erspürt und vorantreibt. Was im Verlauf der Kirchengeschichte von Amtsträgern, religiösen Gemeinschaften oder spontanen Gruppierungen an sozialen Einrichtungen vor allem für die ärmeren Schichten, von Krankenhäusern über Schulen bis hin zu Sparkassen, aber auch an Pionierleistungen in der Entwicklungshilfe konkret geschaffen oder doch durch theoretische Überlegung initiiert wurde und heute oft säkularisiert in vielem die menschliche Lebensqualität der modernen Gesellschaften mitprägt,[263] bleibt unter stets sich verändernden Umweltbedingungen daher ethischer Auftrag der Kirchen. Daneben haben sie sich vor allem auch dort, wo äußerer totalitärer Druck eine offene, kritische Auseinandersetzung mit menschenrechtlichen Belangen nicht zuläßt, immer wieder als Ort und Hort der Freiheit bewährt, wo man in ihren Gemeinden und Gruppen nicht nur die konkrete

[261] So etwa auch die hinsichtlich lehramtlicher Kompetenz eher kritischen Ausführungen von E. Schillebeeckx, Gott, die Zukunft des Menschen, Mainz 1969 (dort bes. 119–141 zu: „Kirche, Lehramt, Politik"), oder H. Küng, Unfehlbar? – Eine Anfrage, Zürich 1970.

[262] Man denke etwa an die Enzyklika ›Mit brennender Sorge‹ von Papst Pius XI. († 1939) von 1937 angesichts des zunehmenden nationalsozialistischen Terrors bzw. die Predigten des damaligen Bischofs von Münster C. A. v. Galen († 1946) gegen das sog. „Euthanasieprogramm" im Jahr 1941 oder an die Verurteilung der Exzesse des Kapitalismus in den päpstlichen Sozialenzykliken seit ›Rerum Novarum‹ von 1891 bzw. in den entsprechenden Stellungnahmen der II. und III. Vollversammlung des lateinamerikanischen Episkopats in Medellín (1968) und Puebla (1979).

[263] Vgl. dazu F. Furger, Politische Theologie erst heute?, Freiburg i. d. Schweiz 1972.

Möglichkeit zu solcher Auseinandersetzung, sondern auch Mut und Kraft zum Durchhalten bis hin zur Kreuzesnachfolge fand.[264] Solchen Raum für die kritische Normfindung und -bestätigung aus dem Geist des Evangeliums auch in widriger Zeit tunlichst offenzuhalten ist dann ebenfalls Teil einer kirchlich getragenen, christlichen Ethik.

Daß sich diese Aufgabe der Kirche auf all ihren Stufen zu aktiver ethischer Mitgestaltung niemals auf den individuell-privaten Bereich der persönlichen Lebensgestaltung beschränken darf, sondern sich immer über diesen hinaus auf die Gesellschaft als ganze zu beziehen hat, bedarf angesichts der genannten Beispiele keiner weiteren Erläuterung. Bedeutsamer dagegen scheint der Hinweis, daß der Christ sich gerade dabei aber, so sehr er auf die erleuchtende und stärkende Kraft des Geistes zu bauen hat, dennoch nicht auf besondere Eingebungen verlassen darf, sondern die menschlichen Erkenntnisse, vor allem auch der spezialisierten Fachleute aus Technik, Natur- und Humanwissenschaften einbeziehen muß, um in aktiver Zusammenarbeit im Sinn des Evangeliums die jeweils unter den Gesichtspunkten der Menschlichkeit beste als die dann auch moraltheologisch gebotene Lösung herauszufinden. Christliche Ethik ruft daher gerade hinsichtlich einer weittragenden Normenfindung des Sittengesetzes nach umsichtiger und feinfühliger Teamarbeit, in der dann auch das verkündigende Zeugnis für die sittlichen Werte des Evangeliums an sich wie im treuen Durchhalten angesichts von gegenläufigen, meist direkt interessengebundenen Schwierigkeiten gefordert ist. Dies ist übrigens dann auch der „Beitrag zur Gewährleistung der Sittlichkeit“, den die Gesellschaft von der Kirche und ihren Gliedern erwartet[265] und auch zu Recht von diesem „Salz der

[264] So gemäß Berichten aus südamerikanischen Militärdiktaturen wie Chile oder aus dem kommunistisch beherrschten europäischen Ostblock wie der ČSSR. – Zum ganzen Problem von Kirche als „Raum und Anwalt der Freiheit“ vgl. (vorab im Rückblick auf die sog. „Barmer theologische Erklärung“ von 1934): W. Huber, Folgen christlicher Freiheit, Neukirchen 1983.

[265] So der Informationswissenschaftler K. W. Steinbuch, Mensch – Technik – Zukunft, Stuttgart 1971, 342, sowie zum Ganzen: F. Furger, Hilfe zur Freiheit, in: Stud Mor 15 (1977), 713–730. Der Beitrag von Moraltheologen hinsichtlich berufsethischer Richtlinien der Schweiz. Akademie der medizinischen Wissenschaften, etwa zu Tierversuchen (1983) oder zur In-vitro-Fertilisation (1985), oder der ›Bericht der Arbeitsgruppe: In vitro Fertilisation, Genomanalyse und Gentherapie‹ (sog. „Benda-Bericht“, Bonn 1985) können als Belege dieser Entwicklung gelten.

Erde“ erwarten darf, wo es gilt, die mahnend direktive Predigt der alttestamentlichen Propheten in angepaßter Form für die heutige Gesellschaft fortzuführen. Dazu muß die Führungs- und Lehrverantwortung des kirchlichen Amtes im Zusammenspiel mit der im interdisziplinären Diskurs stehenden und im Licht des Evangeliums kritisch reflektierenden Moraltheologie stehen und gleichzeitig das Glaubensgespür, den *sensus fidelium*, der engagiert in Welt und Gesellschaft stehenden Christen berücksichtigen, um stets neu im Geist des Evangeliums das rechte Wort der praktischen, hier und jetzt gültigen sittlichen Wahrheit als der *veritas practica* zu finden und auszusprechen. So bedeutsam nun aber für die gesamte Ausrichtung des sittlichen Lebens die Klärung solcher menschlich wesensgerechten Normen ist, und sosehr sich vom Liebesgebot Christi her der Christ in all diesen Belangen zur stimulierend kritischen Mitarbeit verpflichtet wissen muß, sowenig ist damit die für das konkrete Alltagshandeln im Sinn der nötigen Direktiven unerläßliche Normfindung schon zu Ende geführt. Denn auch die in bestimmten geschichtlichen Umständen als wesensgerecht erkannten, also die Grundgehalte angepaßt konkretisierenden Normen von Menschenrechten bleiben ja noch so allgemein, daß sie zur Entscheidungsfindung in den gewöhnlichen Alltagsbelangen noch zu wenig konkrete Aussagen machen und die sittliche Erfahrung und Erkenntnis anderer noch kaum nutzen. Weitere Schritte in Richtung solcher Konkretionen sind daher unerläßlich und entsprechend auch von einer christlichen Ethik zu bedenken.

V. Normen im Praxisbezug: sachgerecht und angemessen

1. Die ethische Bedeutung von Gesetz und Sitte

Alltägliche Entscheidungspraxis, die in ihrer Ausrichtung an den primären Grundgehalten und in deren großflächiger Übertragung auf die epochal bedeutsamen Verwirklichungsfelder menschlichen Lebens ihre ethischen Rahmenbedingungen findet und von da auch ihre sittliche Qualität erlangt, bedarf aber dennoch der weiteren präzisierenden, aus der praktisch-sittlichen Erfahrung wie aus der reflektiven ethischen Einsicht gewachsenen Richtlinien, wenn sie die mit dem konkreten Lebensverhalten sich unweigerlich einstellenden Probleme wirksam bewältigen können soll. Denn sowohl die meist sehr beschränkte Zeitspanne, die zur verantwortungsvollen Entscheidungsvorbereitung zur Verfügung steht, wie auch die vor allem in verantwortungsvollen spezialisierten Stellungen anfallende Entscheidungsdichte würde einen Menschen hoffnungslos überfordern, wenn er sich für den Normal- oder Regelfall nicht entlasten könnte. Damit würde er zugleich aber auch unfähig, Ausnahmesituationen, die eine eigene unvorhergesehene Lösung erheischen, überhaupt wahrzunehmen, geschweige denn könnte er die Kraft und den Mut aufbringen für das Durchsetzen einer dann ja meist nicht mehr von sozialen Konventionen gestützten Lösung. Ebensowenig könnte man unter einem solchen dauernden Entscheidungsdruck erwarten, daß neue Umstände, wie sie sich aus sozialen Veränderungen und technologischen Entwicklungen gerade in unserem Jahrhundert mit hoher Dichte einstellten, rechtzeitig und umsichtig erkannt und sittlich, d.h. im Rahmen der grundlegenden Forderungen der Menschlichkeit und deren Entfaltung etwa in den Menschenrechten, wesensgerecht bewältigt werden. Dies bedeutet dann aber nichts anderes, als daß die Erarbeitung solcher konkreter, für den Normalfall entlastender Richtlinien selbst zu einer ethischen Aufgabe wird.

Insofern ist es dann auch in keiner Weise erstaunlich, daß sich die Menschen, übrigens längst vor der Erarbeitung einer systematischen Ethik, solche Normen geschaffen haben, und zwar sowohl durch das ausdrückliche Aufstellen fest umschriebener (und dann bald auch schriftlich fixierter) Gesetze wie vor allem durch den von Kindheit an eingeübten Umgang mit den das konkrete, besonders das soziale Verhalten regelnden Sitten und Gebräuchen. Von dieser Erkenntnis her legt es sich auch nahe, diese praxisnahen Verhaltensregeln in einer Einteilung nach diesen beiden Typen, also den formellen, ausdrücklichen gesetzlichen Regelungen und den informellen, oft auch wenig reflex bewußten, aber deshalb keineswegs weniger bestimmenden Brauchtumsregeln genauer zu bedenken. Dabei lassen sich für beide Typen auch leicht verschiedene Grade an normativer Allgemeingültigkeit feststellen; deutlicher geordnet auf der formellen Seite der Gesetze ergibt sich eine Stufung, die von den direkt von den Menschenrechtsbestimmungen abhängigen Verfassungsnormen über das breite Feld der Gesetze bis hin zu den konkreten Verordnungen und Anwendungsbestimmungen reicht, während bei den das gelebte Ethos bestimmenden normativen Verhaltensweisen mit einem weniger eindeutigen Sprachgebrauch die Sitte wohl die allgemeinste Tragweite aufweist, während von Bräuchen eher in einem lokal oder kulturell begrenzten Raum die Rede ist; Gruppengewohnheiten, Umgangsformen und Modeströmungen umschreiben schließlich eine eher rasch wechselnde und begrenzte Form von Verhaltensregeln, die aber dennoch in den betroffenen Gemeinschaften und Gruppierungen gelegentlich einen hohen Grad an Verbindlichkeit erreichen können.

Dabei gilt es freilich, die alle menschliche Erkenntnis prägende Eigenheit zu beachten, daß nämlich auch Werte und Güter abwägende Beurteilungen als zu praktischen Regeln sich verdichtende Normativaussagen in ihrem Umfang an berücksichtigenden Entscheidungssituationen desto enger werden, je konkreter sie ihre Forderung ausdrücken. Das heißt: Je „griffiger praktisch" eine gesetzliche oder auch eine im Brauchtum feststehende Regel ist, desto mehr wird man in verantwortungsbewußter Ethik mit der Möglichkeit von Ausnahmen zu rechnen haben. Dazu kommt aber auch noch die Tatsache, daß das korrekte Erfassen einer konkreten Entscheidungswirklichkeit auch unter Zuhilfenahme der sittlichen Erfahrung so viele Unsicherheiten und damit Ermessensurteile über allenfalls mögliche Folgen enthält, daß eine solche, in Formulierung oder Ausdruck vielleicht sogar als unbedingte Norm sich gebärdende Regel niemals mehr sein kann als eine zwar nützliche Direktive, aber keinesfalls eine absolut und ausnahmslos geltende Norm. – Gerade, wo eine bloße Leitlinie sich als echte Hilfe empfehlen würde, haben Gesetze eine fatale Tendenz, sich autoritär als feste Sicherheitslinie zu gebärden; was bei Straßenmarkierungen gelegentlich beobachtet werden kann, erweist sich als eine allgemein menschliche, in gewissen Kulturkreisen sogar noch akzentuierte Tendenz, der gerade auch eine der Heilsdynamik verpflichtete christliche Ethik bei aller Achtung der Bedeutung sachgerecht angemessener Normen wehren muß, wenn sie nicht in einem dieser Dynamik keinesfalls entsprechenden, reinen Gesetzesdenken erstarren soll.

Damit ist aber auch schon angedeutet, daß die Geltung von solchen konkretisierenden Normen ihren Grund weder in der sie erlassenden oder bestimmenden behördlichen, politischen oder kirchlichen Autorität noch in einer demokratischen Mehrheit noch auch in einer bloß geschichtlich bewährten Rechtsstaatlichkeit oder einer soziologisch erwiesenen Funktionalität haben kann, sondern allein in ihrem ethischen Fundament, d.h. in den wesensgerechten Normen eines dem Menschen und seiner Würde angemessenen Sittengesetzes. Dessen Gehalt und Zielsetzung haben daher auch alle konkreter in positiven Gesetzen wie im ungeschriebenen

Brauchtum dieses Sittengesetz weiter präzisierenden Normen den jeweils gegebenen Umständen angepaßt der Verwirklichung näherzubringen. So bedeutsam die verschiedenen genannten Elemente von gesetzgebender Autorität, sittlicher Tradition usw. als Indikatoren wie als Kontrolle daher auch unter ethischem Gesichtspunkt sind, so wenig dürfen sie den Ausschlag für die normative Rechtmäßigkeit abgeben. Denn so wenig es klug wäre, Überblick und Erfahrung gesetzter Autorität zu übergehen und Mehrheitsmeinungen zu mißachten oder sich des rechtsstaatlichen Rahmens zu entledigen, sowenig dürfen daraus, wie die Geschichte von legal eingeführten Unrechtsordnungen (wie sie etwa im Fremden- oder Asylrecht, in Rassen- oder Wirtschaftsgesetzgebungen usw. festgestellt werden können) lehrt, ethische Folgerungen gezogen werden; sie wären naturalistische Trugschlüsse, die vom Bestehenden auf das Sein-Sollende schließen und damit, zumeist mit ideologischem Hintergrund, den Anschein von sittlicher Ordnung bloß vortäuschen, nicht aber begründet ihren ethischen Gehalt sichern würden. – Unter diesen Voraussetzungen, die trotz grundsätzlicher Bejahung der Notwendigkeit von konkreten Normen die Möglichkeit von Gesellschaftskritik und Strukturveränderung gerade aus ethischer Verantwortlichkeit keinesfalls ausschließen, sei daher auf dieses ordnende Element der Entscheidungshilfe weiter eingegangen.

2. Ethik und positives Gesetz

Obwohl in der spontanen Erfahrung wohl die weitaus häufigste Begegnung mit Normen sich im Zusammenhang mit Verordnungen und Gesetzen abspielt und diese zudem meist nicht so sehr als Entscheidungshilfe zu einer leicht handhabbaren Ausrichtung des eigenen Verhaltens auf größtmögliche Menschlichkeit, sondern als mehr oder weniger unausweichliche Einschränkung des eigenen schöpferischen Freiheitsspielraumes empfunden werden, entspricht dieser erste Eindruck gemäß allen bisherigen Überlegungen offensichtlich nicht dem eigentlichen Sinn solcher praxisbezogener Regelungen. Vielmehr sollten sie als positive, also vom Menschen auf Grund von Erfahrung und Einsicht „aufgestellte“ (vom lat. *positium*) Gesetze eine ebenso vernünftige wie praktikable Spielregel in den Belangen menschlichen Zusammenlebens auf dem freilich zunehmend auch in seinen Begrenzungen erfahrenen „Raumschiff“ Erde sicherstellen.

Es geht also nicht darum, eine fest vorgegebene, autoritativ festgelegte Ordnung immer neu nach festem logischem Schema auf konkrete Situationen kasuistisch anzuwenden, sondern eingesehene Grundzüge wesensgerechter Verpflichtungen umsichtig und klug (daher die dafür ursprünglich übliche Bezeichnung der *juris prudentia*) praxisbezogen zu entfalten. Dabei muß neben der ordnungsbezogenen gestalterischen Phantasie des Legislators stets auch das kulturell gewachsene Rechtsempfinden der von der Rechtsetzung betroffenen Rechtsgemeinschaft berücksichtigt werden. Daß angelsächsischem und französischem Recht, also etwa der Tradition des "common law" oder des «code Napoléon», ein anderes Rechtsempfinden zugrunde liegt, ist zwar allgemein bekannt; daß dies aber, um gesetztes Recht überhaupt akzeptabel und damit durchsetzbar zu machen, auch für die konkrete Erarbeitung von positiven Normen ganz allgemein zu beachten ist, übersieht der theoretisch um die Systematik bemühte Ethiker dennoch leicht. Anders als beim politischen Praktiker, der gelegentlich zu opportunistisch nur auf die bloße Funktionalität achtet, geschieht aber auch dies zum Schaden der praxisbezogenen Wirkung der Norm als Entscheidungshilfe. Da jedoch ohne solche praxisbezogenen, die wesensgerechte sittliche Grundnorm konkret präzisierenden Normen menschliches Zusammenleben kaum denkbar ist und ohne sie partikulärem Egoismus auch leicht Tür und Tor geöffnet wird, ist ihre Forderung, trotz solcher kulturell geschichtlichen und gesellschaftlichen Bedingtheiten und von den noch zu besprechenden, situationsbedingt berechtigten Ausnahmen einmal abgesehen, dennoch auch sittlich verpflichtend. Sie ist also keinesfalls bloß eine Art beliebiger Konvention, dies übrigens auch deshalb nicht, weil eine nicht normativ richtungsgestützte Entscheidungsanforderung den einzelnen mit seinen Problemen so allein ließe, daß er ohne die Möglichkeit zur Selbstkontrolle fast notwendigerweise in eine zerstörerische Beliebigkeit abglitte. Daß dies dann nach der schon genannten Maxime: „Soviel Regel wie nötig, soviel Freiheit als möglich", in einem nach Volks- und Individualcharakter etwas verschiedenen Ermessensspielraum weder eine lückenlose regelkreisähnliche Durchregulierung aller Belange noch eine zum Anarchismus neigende Beliebigkeit bedingen darf, versteht sich folglich von selbst.[266]

[266] Dieses Spannungsfeld, das sich schon im lateinischen Spruch *summum ius, summa iniuria*, d.h., daß das auf die Spitze getriebene Recht zum größten Unrecht umschlagen kann, äußerte, zeigt sich in den mo-

Solche positiven Gesetze gestalten so gerade in einer modernen Gesellschaft zu Recht die Entscheidungsprozesse und damit das gesamte Verhalten und Leben der Menschen auf vielfältige Weise. Schon auf der Ebene der freien Gruppierungen, in Vereinen und Verbänden gibt man sich Statuten, die oft noch sehr nah an gewachsenen Gewohnheiten und Gebräuchen das Zusammenleben regeln; aber auch die großen Berufs- und Wirtschaftsverbände, die industriellen Unternehmungen und Konzerne haben ihre festen und schriftlich niedergelegten Ordnungen, wie übrigens auch die Kirchen ihre eigenen Rechtsordnungen haben. Vor allem aber ist es natürlich das staatliche Gemeinwesen, das zumindest in einem sittlich verantworteten Rechtsstaat unter den Leitprinzipien einer menschenrechtlich abgestützten Verfassung Gesetze erläßt, die nicht nur direkt weite Gebiete des öffentlichen und in gewissen Sektoren sogar das private Leben regeln, sondern auch über die Regelungen und Rechtsbeziehungen der andern Gruppierungen eine gewisse Kontrolle ausüben und deren Statuten in gewisse Rahmenbedingungen einordnen.

Dies bedeutet dann unter ethischem Gesichtspunkt, daß eine sittliche Überlegung sich klugerweise zuerst der staatlichen Gesetzgebung zuwendet und dabei besonders darauf achtet, daß nach den eben erwähnten Grundsätzen peinlich und stets neu überprüft darauf geachtet wird, daß positive Gesetze sich wirklich im Bereich der Sittlichkeit befinden und nicht etwa, wenn auch vielleicht nur unterschwellig, partiellen Interessen und Privilegien dienen. Der alte Rechtsgrundsatz, daß solche Gesetze nur dann sittliche Verbindlichkeit beanspruchen können, wenn sie erstens gerecht, zweitens von einer legitimen Instanz erlassen und drittens angemessen promulgiert sind, versucht diesem sittlichen Erfordernis praktisch Rechnung zu tragen. Denn neben der sittlichen Einsicht garantiert die Bindung an eine legitime und damit bekannte gesetzgebende Autorität selbst dort, wo die seit der Aufklärung den Rechtsstaat ausgleichende Gewaltentrennung nicht oder nur teilweise eine Regierung prägt, eine gewisse Kontrolle, die bei geheimen, selbsternannten und willkürlichen Machtträgern entfallen würde. Rückwirkende, nicht hinreichend bekanntgemachte, also ungenügend

dernen Gemeinwesen auch etwa in den politischen Forderungen nach möglichster staatlicher Regelung aller Sozialbeziehungen im wirtschaftlichen Bereich, der dann unter dem Stichwort „weniger Staat" die freie Gestaltung dieser Belange kämpferisch gegenübergestellt wird.

„promulgierte“ Gesetze würden dagegen vollends der Willkür Tür und Tor öffnen. Zwar verhindern auch diese im Rechtsstaat selbstverständlichen Kautelen nicht jeden Mißbrauch von das Verhalten regelnden Gesetzen, aber wie die Gegenbeispiele aus totalitären Herrschaftssystemen zeigen, schränkt diese Unterwerfung der alle Bürger betreffenden Gesetze unter die Kontrolle der allgemeinen Öffentlichkeit die Willkür doch wenigstens für den Sektor der im gesellschaftlichen Bereich besonders bedeutsamen Verfassungs- und Gesetzgebungen so erheblich ein, daß ohne diese solche juristisch verfaßten Normen nicht mehr als ethische Entscheidungshilfen oder sittliche Normen gelten können, sondern nur noch als reine, die Freiheit des einzelnen zwingende, leere Ordnungsverfügung anzusehen wären.[267]

Neben solchen offiziellen Gesetzen im gesellschaftlich-politischen Raum wäre hinsichtlich der positiven Gesetze, wie schon angedeutet, auch noch zu denken an die vielfältigen, ebenfalls frei aufgestellten Statuten und Ordnungen aller nur möglichen Gruppierungen und Zusammenschlüsse, für welche ethisch in angepaßter Weise formal dann die gleichen Voraussetzungen zu verlangen sind, wie sie für den staatlichen Bereich gelten. Auch hier gilt es also zunächst, sich der Sittlichkeit des geforderten Inhalts zu versichern, was freilich hier bei recht vielen Belangen insofern leichter ist, als oft nicht so sehr das „Was“ wie vielmehr das „Daß“ einer Regelung wichtig ist. So ist es etwa für ein menschlich möglichst reibungs- und damit konfliktfreies Zusammenleben zwar absolut unerläßlich, daß bei dichtem Verkehr die Fahrbahnbenutzung geregelt ist; es bleibt aber gleichgültig, ob die linke oder rechte Seite als Fahrtrichtung den Vorzug erhält. Auch vermögen häufig sachlich überzeugende Gründe, wie etwa die Bevorzugung einer Hauptstraße mit hohem Verkehrsaufkommen bei einer Kreuzung, die Regelung rasch zu bestimmen. Oft aber gilt es dennoch, direkt ethische Belange der Gerechtigkeit zwischen den Betroffenen selbst, wie von diesen als einzelnen zur Gruppe bzw. der Gruppe zu diesen einzelnen, eigens zu bedenken,[268] wobei allerdings ein großer Teil

[267] Vgl. dazu vor allem für die Grenzgebiete gesetzlicher Verhaltensanweisungen, die besondere Gruppen oder Dienstträger in einer Gesellschaft eigens einschränken können, G. Hug, Wo liegt die Grenze der persönlichen Freiheit?, Zürich 1976.

[268] Diese Belange einer austauschenden sog. *iustitia commutativa* bzw. einer Gerechtigkeitspflicht des einzelnen gegenüber dem Gemeinwesen

dieser Belange im nichtstaatlichen Bereich auch durch gegenseitige vertragliche Abmachungen und nicht durch eigentliche Gesetzgebung geregelt werden kann. Wo immer dann als ethische Grundlage die am allgemeinen Rechtsempfinden sich ausrichtende Haltung von „Treu und Glauben" bzw. die Fairneß, also die grundsätzliche Gleichwertigkeit sonst oft recht ungleicher Partner, sowie die spätere Einhaltung der Abmachungen gesichert sind, sind solche vertraglichen Regelungen wegen ihrer höheren Partizipation der direkt Betroffenen, aber auch wegen der so möglichen größeren Flexibilität im allgemeinen vorzuziehen.[269] Sittlich bedeutsam bleibt aber auch hier das stete Bemühen um die durch Abmachung oder Erlaß festgelegten Regeln hinsichtlich ihres Dienstes zur Erleichterung und Verbesserung der Verwirklichung von Gerechtigkeit. Denn nicht die gesetzliche Ordnung um einer funktionalen Ordnung willen, sondern nur die Ordnung um ihres zielbezogenen Dienstes willen gibt der positiven Norm, sei sie nun staatliches Gesetz, vertragliche Abmachung oder verwaltungstechnische Verordnung, ihren ethischen Sinn. Wo dies aber bewußt angestrebt und unter der Kontrolle der betroffenen Öffentlichkeit auch immer neu überprüft wird, vermögen solche positiv normativen Ordnungen einen guten Teil der genannten, ethisch nötigen Entscheidungshilfe konkret situationsbezogen wirksam zu leisten.

Sich dafür, auch in Zusammenarbeit mit den einschlägigen Fach-

(etwa durch Steuern, Gemeinwerk, Wehrdienst usw.) als sog. *iustitia legalis* bzw. des Gemeinwesens zum einzelnen (etwa durch Sozialleistungen u.ä.) als sog. *iustitia distributiva* weiter zu entfalten, ist Sache einer speziellen Sozialethik. Vgl. dazu als Einführungen etwa J. Höffner, Christliche Gesellschaftslehre, Kevelaer [7]1978; W. Harth, Christlicher Dienst an der Welt, Paderborn [2]1979; O. v. Nell-Breuning, Gerechtigkeit und Freiheit, Wien 1980; sowie aus protestantischer Sicht: H. Schulze, Theologische Sozialethik, Gütersloh 1979; K. E. Wenke (Hrsg.), Probleme sittlichen Urteilens – Ansätze und Grundzüge evangelischer Sozialethik in der Gegenwart, Bochum 1986.

[269] So erlaubten es etwa die überschaulichen Verhältnisse des Kleinstaates Schweiz, die sozialpartnerschaftlichen Regelungen (inkl. der Gesamtarbeitsverträge) zwischen Gewerkschaft und Unternehmerverband in der Metallindustrie 1937 im sog. „Friedensabkommen" vertraglich zu regeln, was sich mittlerweile auch auf die andern Industriebereiche ausgedehnt und, immer wieder erneuert, seither über 50 Jahre bewährt und ein aufwendiges Gesetzeswerk mit entsprechendem Verwaltungsaufwand doch vermieden hat.

leuten, auf der politischen wie den übrigen gesellschaftlichen Ebenen einzusetzen ist daher Aufgabe gerade auch der christlichen Ethik, die sich dann hier kritisch-stimulativ um die Beachtung der Interessen derer, die sich weniger gut durchzusetzen vermögen, bemühen müßte. Neben dieser Mitarbeit nach außen dürfte es aber nicht weniger zu ihrer Pflicht gehören, auch im innerkirchlichen Raum bei den in dieser menschlichen Glaubensgemeinschaft zur Gestaltung des harmonischen Zusammenlebens seit allem Beginn ja nicht weniger nötigen gesetzlichen Regelungen auf diese auf Gerechtigkeit und Liebe ausgerichtete Zweckdienlichkeit aller normativen Ordnung zu achten, damit nicht unter dem fälschlichen Titel einer gottgewollten Ordnung Privilegien einzelner, unter Hintanstellung anderer gefördert werden oder eine vereinheitlichte Ordnung statt um des lebendigen Glaubenslebens nur um der Verwaltung willen durchgesetzt wird oder ähnliche Mißbräuche einreißen. Gerade im Umgang mit Normen hat sich die Kirche wohl mehr durch ihr Lebenszeugnis auf allen Stufen als durch eine noch so sauber gearbeitete Theorie für die Verwirklichung des evangelischen Liebesgebotes einzusetzen.

3. Normen in soziologischer und ethischer Sicht – die Bedeutung von Sanktion und Strafe

Sittliche Normen sind also Verhaltensanweisungen, die aus Einsicht und Erfahrung Rahmenbedingungen festhalten, innerhalb deren man sich den als wesentlich erkannten Zielsetzungen des Menschseins zumindest normalerweise annähern kann. Insofern sind sie sowohl Hilfen für eine konkrete Entscheidungsfindung wie auch Kriterien zu deren sittlichen Überprüfung. Daß damit Normen nur in dieser Verbindung zu sittlichen Zielsetzungen als ethische bezeichnet werden können, versteht sich aus dieser alle bisherigen Überlegungen zusammenfassenden Umschreibung. Dennoch haben verschiedentlich Hinweise auf andere Formen im Umgang mit Normen, vor allem deren Bedeutung als Garant eines eine Gruppenidentität stärkenden Verhaltens,[270] schon gezeigt, daß das ethische Verständnis nur einen Teil dessen abdeckt, was man umgangssprachlich, vor allem aber im Sprachgebrauch der das praktische Sozialverhalten von Menschen in Gruppen wie der Gruppen

[270] Vgl. oben Abschnitt D. II, 2.

unter sich untersuchenden Soziologie unter Normen versteht. Daß dann der mit dieser breiteren Fassung gemeinten Wirklichkeit für die das konkrete Alltagsverhalten betreffende Norm, sei es hinsichtlich der positiven Gesetze, sei es vor allem bezüglich normativer Sitten und Gebräuche, ebenfalls eine mitbestimmende Bedeutung zukommt, steht zu vermuten. Daher kann die ethische Überlegung nicht umhin, sich über diese allgemein soziale Tragweite von Normen einige zusätzliche Klarheit zu verschaffen.

Da die dem Menschen wesentliche Mitmenschlichkeit kein unstrukturiertes Zusammenleben bedingt, sondern ein auf gegenseitiger Ergänzung mit entsprechender Spezialisierung der einzelnen beruhendes organisches Ganzes, erweist sich die menschliche Gemeinschaft in ihren verschiedenen Gruppierungen bis hin zu den übergreifenden gesellschaftlichen Einheiten als ein komplexes Netzwerk wechselseitiger Zuordnungen, deren harmonisches, also möglichst konfliktfreies Funktionieren durch ein ebenso komplexes Netzwerk von zuordnenden, konfliktverhindernden und konfliktbehebenden Normen gewährleistet wird. Dabei ist es bei diesen meist informellen – die formellen, positiven Gesetze stellen in diesem Geflecht trotz ihrer großen und auffälligen Bedeutung nur sozusagen die oberste sichtbare Spitze dar – und oft sogar kaum bewußten Regelmechanismen zunächst noch nicht die Frage nach ihrer Sittlichkeit, sondern erst diejenige nach ihrer sozialen Funktionalität, d.h. nach ihrer effektiven Regulierfähigkeit für das Zusammenleben, die im Vordergrund des Interesses steht. So wird man etwa nach der Intensität der regelnden Dichte bloße „Kann-Normen" von verbindlicheren „Soll-Normen" abheben und dann etwa Freundlichkeit im Umgang von einem Servicemann zwar erwarten, fachliche Kompetenz in der Wartung der ihm anvertrauten Apparate aber verlangen und schließlich im Sinn einer unbedingten „Muß-Norm" ein betrügerisches Verhalten ausschließen: Unabhängig von der Frage der Sittlichkeit des Normeninhalts[271] wird von der Gesellschaft und ihren Autoritäten denn auch das Einhalten solcher Normen durch meist ebenfalls informelle Sanktionen durchgesetzt: Man „straft" Unfreundlichkeit etwa durch das Unter-

[271] Der im Beispiel genannte Service-Dienst könnte ja u. U. auch unsittlichen Zwecken dienen, so wie etwa der Dienst des deutschen Reichsbahnpersonals, das Häftlingszüge zu den nationalsozialistischen Konzentrationslagern führte und gerade durch das Einhalten solcher Soll- und Muß-Normen an den begangenen Verbrechen irgendwie mitschuldig wurde.

lassen eines sonst üblichen Trinkgeldes, Unzuverlässigkeit durch Vertrauensentzug, künftige Auftragsverweigerung und damit mehr oder weniger deutlich mit gesellschaftlicher Ächtung und klagt bei Betrug sogar formell beim Richter auf Bestrafung oder doch auf Schadenersatz nach den Maßgaben des Strafgesetzes.

So erweisen sich Normen unter diesem soziologischen Aspekt, solange sie aus vorgegebener Akzeptanz oder über Druck von Sanktionen auch durchgesetzt werden können, zwar als faktische Garanten einer sozialen Ordnung. Aber, wie oben schon gezeigt,[272] ist ihre Sittlichkeit mit dieser Funktionalität noch keineswegs gesichert, sowenig übrigens, wie die theoretisch überprüfte sittliche Zielkonformität einer Norm auch deren praktische Brauchbarkeit gewährleistet. So kann etwa eine kapitalistische Wirtschaftsordnung im offenen Wettbewerb zumindest über weite Strecken durchaus funktionieren, obwohl der Stärkere dabei den Schwächeren ausbeutet, während das Ideal eines Gemeinbesitzes im Sinn der christlichen Urgemeinde (Apg 2, 44f.) zwar sittlich durchaus zielkonform ist, in einer weltweit verflochtenen industriellen Wirtschaft sich aber als untauglich erweist. – Daß damit eine normative Ethik gerade auch als christliche sowohl dieses ethisch-kritische Moment wie auch dasjenige einer funktionalen Praktikabilität beachten muß, ergibt sich entsprechend als erste Folgerung aus diesen Überlegungen.

Als zweites wäre dann zu beachten, daß auch die die Einhaltung einer Norm garantierende Sanktion nicht als Zeichen für die Sittlichkeit derselben gelten darf, und zwar auch dann nicht, wenn diese nicht bloß informell durch irgendeine Form sozialer Ächtung geschieht, sondern strafrechtlich festgelegt ist. Gerade weil auch ungerechte Normen (wie etwa diejenigen eines bloß faktischen oder sogar eines legalisierten Rassismus) sanktionsbewehrt sein können,[273] hat die Ethik auch hier die Frage nach der Sittlichkeit zu stellen. Aber auch wo feststeht, daß der sanktionierte Tatbestand objektiv sittenwidrig und damit eigentlich sanktionsfähig ist, wird sie

[272] Vgl. oben Abschnitt D. I, 1 und 2.

[273] Der Durchbruch eines rassistisch geprägten Verhaltens kann so etwa in der südafrikanischen Gesellschaft informelle Sanktionen wie Ächtung im gesellschaftlichen Verhalten oder Nachteile für die berufliche Karriere usw. nach sich ziehen, aber auch strafrechtliche Sanktionen (wie Geldstrafen, Haft u. ä.) zur Folge haben, wobei die Legalität dieser Sanktionen nichts von ihrer Unsittlichkeit wegnimmt.

vernünftigerweise die Durchsetzung von Sittlichkeit nicht oder zumindest nicht allein auf dieses Abwehrmoment möglicher Bestrafung, sondern vor allem auf das Argument der vernünftigen Einsicht stützen müssen. Weil längst nicht alles, was der allgemein menschlichen Sittenordnung widerspricht, auch sanktioniert und schon gar nicht strafrechtlich geahndet werden kann, gilt es, den Grundsatz zu beachten, daß zwar alles, was irgendwie gesellschaftlich sanktioniert wird, der Sittenordnung zuwider sein muß, daß aber längst nicht alles, was der Ethik widerspricht, deshalb auch schon sanktioniert werden muß oder auch nur kann.[274]

Für eine christliche Ethik ist dabei außerdem noch besonders hervorzuheben, daß alle menschliche Sanktion bestenfalls Maßnahmen zu gerechtem Ausgleich, vorab über die Abklärung von Schadenhaftung oder zum Schutz unschuldiger Dritter vor Übergriffen asozialer Glieder der Gesellschaft bzw. zu deren reedukativer Resozialisation verfügen, keinesfalls aber Strafe im Sinn von Sühne für Schuld auferlegen kann. Denn einmal ist Sühne nicht von außen verfügbar, sondern nur aus einem personalen Akt der Annahme von und der Reue über eigene Schuld vom Betroffenen selbst zu leisten. Vor allem aber steht dem Menschen niemals ein Urteil über die eigentliche Schuld eines anderen zu. Seine letzten Motive wie der Grad seiner Freiheit entziehen sich für einen persönlichen Akt ohnehin dem menschlichen Urteil, was dann in Anlehnung an alttestamentliche Aussagen die neutestamentliche Paränese in aller Deutlichkeit festhalten läßt: „Nur einer ist Richter ... wer bist du, daß du über deinen Nächsten richtest?“[275] Dieser Verzicht auf das

[274] So ist etwa Ehebruch oder Abtreibung der Leibesfrucht im Frühstadium der Schwangerschaft durch abortive Pharmazeutika zwar sittenwidrig, aber, da kaum eindeutig beweisbar, dennoch nicht strafbar. Aber auch über solche offensichtlichen Inkongruenzen zwischen Unsittlichkeit und Strafbarkeit hinaus vermag die Sicherung von Ethos über das Strafrecht, wie sie in der mittelalterlichen Deckungsgleichheit von Kirche (als der ethischen Institution) mit Gesellschaft und Staat für die *minima moralia* wie Mord, Raub usw. von der Moraltheologie noch angenommen wurde, in der modernen, pluralistischen Gesellschaft nicht zu genügen. Denn abgesehen davon, daß Strafandrohung ohne sittliche Überzeugung oft genug zur Umgehung der Normen einlädt, ist die Strafandrohung ohne Konsens über die negative sittliche Qualität einer Handlung, wie die Diskussion über die Strafbarkeit der Abtreibung in mehreren Staaten in den 1970/80er Jahren deutlich belegt, überhaupt nicht durchsetzbar.

[275] So Jak 4, 12 und analog Röm 12, 19 (unter Bezug auch auf die atl. Tra-

selbstherrliche Urteil des Menschen über seine Mitmenschen und damit auf ein Gericht, das Sühnestrafe aufzuerlegen vermag, bedeutet natürlich weder, daß christliche Ethik deshalb die Verkündigung sittlicher Normen aus dem Geist von Gerechtigkeit und Liebe, noch die entsprechende kritische Beurteilung sozialer, faktisch geltender Normen, noch den Aufruf zu Umkehr und Sühne bzw. zu verzeihender Liebe gegenüber demjenigen, der Schaden stiftete,[276] hintanstellen würde. Wohl aber bedeutet es, daß sie dazu auf die Überzeugung durch Argument, Vorbild und Zeugnis vertraut und formelle wie informelle Sanktion höchstens als letzte zwangsweise Schutzmaßnahme zuläßt.

4. Sitte und Brauch: eine ethische Norm?

Daß das alltägliche menschliche Zusammenleben mehr noch als durch formelle gesetzliche Normen durch die informelle Verhaltensregelung durch Sitte und Brauch bestimmt wird, zeigt die humanwissenschaftlich-soziologische Erhebung so gut wie die aufmerksame Beobachtung unseres Alltagsverhaltens. Nur fragt sich in Anbetracht der allen konkreten Normstrukturen eigenen Tendenz, Funktionalität ohne besondere Rücksicht auf Sittlichkeit sicherzustellen, wie weit dieser Form von Entscheidungshilfe ethische Bedeutung zugemessen werden darf. Daß diese nur in einer kritischen Aufnahme liegen kann, ergibt sich dann zwar aus den vorstehenden Überlegungen, daß sie aber so auch zu geschehen hat, wenn die Ethik sich nicht einer ungemein wichtigen Entscheidungshilfe begeben will, erhellt aus der praktisch aufbauenden Hilfestellung von Sitte und Brauch für eine sittliche Entscheidungsfindung. Dies gilt sogar abgesehen davon, daß, wie oben festgehalten, auch die posi-

dition nach der einen Lesart von Dtn 32, 35; vgl. auch oben Anm. 155). Vgl. dazu ferner als Besinnung auf ein christliches Strafrechtsverständnis: W. Molinski (Hrsg.), Versöhnen durch Strafen, Freiburg i. Br.–Göttingen 1979; E. Wiesnet, Die verratene Versöhnung, Düsseldorf 1980; sowie aus der Sicht des christlichen Strafrechtlers: P. Noll, Gedanken über Unruhe und Ordnung, Zürich 1985. Praktisch zum Problem vgl. Caritas-Schweiz, Reformprogramm zum Schweizerischen Strafwesen, Luzern 1983 (mit umfassender Literaturangabe).

[276] Vgl. dazu das Sonderheft ›Vergebung in einer unversöhnten Welt‹, Conc 22 (1986), Nr. 2.

tiven Gesetze ihre normative Wirkung nur dann zu zeitigen vermögen, wenn sie von einem allgemeinen Rechtsempfinden, vorab von der grundsätzlichen Haltung der Fairneß in „Treu und Glauben" getragen sind.[277] Damit liegt auf der Hand, daß mit solchen grundlegenden Gewohnheiten als normativer „Gesittung" auf der sozialen Ebene etwas Ähnliches angesprochen ist, wie es auf der individuellen Entscheidungsebene mit den Tugenden umschrieben worden ist.[278] Das heißt: Es handelt sich um ein in einer menschlichen Gemeinschaft akzeptiertes Brauchtum, das das normale Verhalten bestimmt, bei dessen Verletzung sich jemand „daneben benimmt" und sich so selbst an den Rand der Gemeinschaft versetzt. Manches liegt dabei noch nahe bei einem rein verhaltenspsychologisch erklärbaren Gruppenverhalten, anderes entspringt der kollektiven Erziehung in einem Sozialverband, und wieder anderes ist aus persönlichem Entschluß erworbenes, angenommenes oder fest eingeübtes Verhalten, wie es etwa beim Benehmen in der Subkultur einer freigewählten Gruppe oder bei der Berufsroutine von Fachleuten festgestellt werden kann. Dabei ist das durch solche Gesittung geregelte Verhalten durch diese Regelung an sich sittlich wiederum noch nicht bestimmt. Es gibt gruppenegoistisches, vorurteilsgeprägt ungerechtes, überhebliches Machtverhalten, das der Menschlichkeit tief eingewurzelt entgegensteht, wie es aufgeschlossene, konfliktbereinigende, auf Gerechtigkeit angelegte Gebräuche gibt; ja solche soziale Gewohnheiten können sogar in einem Gemeinwesen nach innen ausgleichend, nach außen aber konfliktfördernd wirken, wobei jede Gruppe stets dazu neigt, das eigene Verhalten positiv von dem der anderen abzuheben.

Angesichts der erheblichen regelnden Kraft, die von diesen früh und oft wenig bewußt internalisierten Sitten und Bräuchen auf das menschliche Verhalten und Entscheiden ausgeht, ergibt sich in Anbetracht dieser offensichtlichen, aber subjektiv bei sich selbst unbeachteten ethischen Unbestimmtheit daher die dringende Notwendigkeit des kritisch ethischen Umgangs mit dieser im konkreten Sozialverhalten stets wirksamen Norm von Sitte, Brauch und Umgang. Dies bedingt zunächst die Kenntnis bzw. Bewußtmachung der faktisch wirksamen Brauch-Normen, auch auf Grund genauerer

[277] In diesem Sinn verweist auch das positive Recht selbst auf „Treu und Glauben" als sein grundlegendes Interpretationsprinzip (vgl. etwa Schweiz. Zivilgesetzbuch, Art. 2).

[278] Vgl. oben Abschnitt C. II, 2.

humanwissenschaftlicher Erhebung,[279] namentlich deren Beurteilung im Licht der sittlichen Zielsetzungen, wie sie vor allem in den Menschenrechtskatalogen aufscheinen. Eine demokratische Urteilsfindung, die nach dem Prinzip *vox populi, vox dei* über Sitte und Brauch befindet und von da aus auch zu positiv rechtlichen Regelungen gelangt, reicht dafür jedoch trotz ihrer korrigierenden Funktion im Rechtsstaat und entgegen einer häufig pragmatisch vertretenen politischen Ansicht nicht aus. Es bedarf vielmehr der ethischen Überprüfung und Kritik, wie sie vom engagierten einzelnen, vor allem aber auch von der auf das Liebesgebot des Evangeliums verpflichteten kirchlichen Gemeinschaft als einer ethischen Instanz in der Gesellschaft wahrgenommen werden sollte. Kaum irgendwo sonst ist die stimulativ kritische Funktion christlicher Verpflichtung daher so gefordert wie in dieser gesellschaftspolitisch kritischen Funktion der sittlichen, „gelegen oder ungelegen" vorgebrachten (2 Tim 4, 2) Beurteilung von Brauch und Sitte oder – was dasselbe ist – der öffentlichen Meinung in den Belangen der Sittlichkeit. Wo es allerdings gelingt, gegen allen Hang zu nationalen oder sonstwie gruppenbedingten Egoismen und gegen alle entsprechenden Vorurteile ein Klima selbstverständlicher Mitmenschlichkeit, zumindest sektoriell – man denke nur etwa an die weltwirtschaftlichen Belange – aufzubauen, da würde diese christlich aufbauende Kritik die einzelnen Entscheidungen in einer Weise auszurichten und zu stützen beginnen, daß Gerechtigkeit und Frieden über den Stand realutopischer Ideale hinaus zu sozialethisch-realpolitischen Wegmarken werden könnten. – Sitte und Brauch in diesem Sinn zu beeinflussen, bestehende Ansätze zu fördern und Gegenteiliges kritisch zu entlarven und abzubauen, gehört daher zu den Grundanliegen einer normativen Ethik aus dem Geist des Evangeliums.

[279] Daß zeitkritische Literatur aus der Sicht von Dichtern und Schriftstellern diesbezüglich oft zusätzliche Einblicke in eingerastetes Fehlverhalten auch der eigenen Volksgruppe bietet, sollte allerdings von der Ethik ebenfalls zur Kenntnis genommen werden.

VI. Die sittliche Bewältigung der konkreten Entscheidungssituation

1. Die Grenzen konkreter Normen

Normen haben den Zweck, die menschlichen Entscheidungen auf Grund früherer sittlicher Erfahrung und vermittels ethischer Einsicht und Überlegung auf die sittlichen Zielsetzungen auszurichten und gleichzeitig das handelnde Subjekt bei alltäglichen Entschlüssen so zu entlasten, daß ausreichend Zeit und Verfügbarkeit für einmalige, weittragende oder unvorhergesehene Ausnahmeentscheide frei bleibt. Möglichst konkrete Normen, sei es als formelle gesetzliche Anweisungen, sei es als tragende ethische Struktur in Sitte und Brauch, würden dieser Entlastungsaufgabe besonders gut gerecht, wenn sie nicht als je präzisere immer zugleich auch ein schmaleres Wirklichkeitsfeld abdecken würden und so an ihrem Rand die möglichen Ausnahmesituationen zunähmen. So hilfreich daher konkret gesetzliche Normen sind, ein Patentrezept, das die Entscheidung auf ein bloßes Anwendungsproblem der Normen reduzieren würde, sind sie nicht. Im Gegenteil, eine auf die Spitze getriebene Gesetzesanwendung zeitigt nach dem seit der Antike bekannten Grundsatz *summum ius, summa iniuria* geradezu jene Unmenschlichkeit, die auch Jesus einer undifferenzierten, buchstäblichen Gesetzestreue gewisser Pharisäer vorwarf.

Zwar vermögen verschiedene im Verlauf der Jahrhunderte immer wieder vorgeschlagene Praktiken der Gesetzesanwendung deren ordnende Funktion noch etwas weiter in Richtung der konkreten Entscheidungswirklichkeit zu verfeinern. So hat man etwa die eigentlich aus der richterlichen Praxis zur gleichen Beurteilung gleichgelagerter einzelner gesetzter Handlungen entstandene sog. *Kasuistik* sozusagen auf die Zukunft hin umzudrehen versucht nach dem Prinzip: Wenn diese Lösung in jenem Fall Sittlichkeit zu gewährleisten vermochte, dann sollte die gleiche Lösung für eine (wenigstens weitgehend) gleichgelagerte aktuelle Entscheidungssituation ebenfalls ausreichen. Insofern hier geglückte Erfahrung von Sittlichkeit ansatzhaft generalisiert wird und so längerfristig sogar eine neue Norm entstehen könnte, ist dieses Vorgehen ohne Zweifel nützlich. Es wird deshalb nicht nur in klassischen Handbüchern als eigentliche ethische Methode häufig vorgeschlagen, sondern auch im gewöhnlichen Alltag ständig eingesetzt. Nur entgeht einem so sehr leicht die herausfordernde Neuheit einer Entscheidungssituation, da man ja alles auf schon Gehabtes zu reduzieren sucht, um so eine bekannte Patentlösung anwenden zu können. Was daher in ruhigen Zeiten und für alltägliche Routineentscheide ein brauchbares Vorgehen darstellt, hilft für die wirklich problematischen Entscheidungssituationen kaum weiter.

In ähnlicher Weise vermögen aber auch die in der klassischen Normenethik vorgeschlagenen Methoden der sog. *„Moralsysteme“*[280] zur Behebung des Zweifels, ob eine einmal als richtig anerkannte allgemeinere Norm hier und jetzt auch tatsächlich das sittlich Geforderte umschreibe, kaum weiterzuhelfen. Zwar ist es richtig, daß Normen nie bloß legalistisch, sondern immer nach Billigkeit (d.h. nach „Epikeia“[281]) zu interpretieren und anzuwenden sind. Aber wie diese Billigkeit dann zu verstehen ist, darüber gehen die Meinungen auch dann (und zwar bis heute) auseinander, wenn man einen starren Gesetzesrigorismus ebenso ablehnt wie einen sich um keine Norm kümmernden Laxismus. So meinen die einen, die sog. „Tutioristen“, erst wenn es „sicherer“ sei, daß die von der Norm geforderte Entscheidung der Menschlichkeit widerspreche, während eine neu gefundene Lösung ihr diene, sei man sittlich dazu ermächtigt, der Norm zuwiderzuhandeln, während die Vertreter der Gegenposition, die sog. „Probabilisten“, behaupten, dies sei schon zu verantworten, wenn die die Norm durchbrechende Lösung als die „wahrscheinlich“ der Sittlichkeit angemessenere erscheine. Daß bei diesen Vorschlägen, die teilweise noch Untergruppierungen entwikkelten,[282] der Charakter des jeweiligen Ethikers bzw. dessen Schule für die Bevorzugung eines dieser Systeme eine wichtige Rolle spielt, steht außer Zweifel. Ängstlichkeit an sich oder gegenüber gewissen konkreten Gefährdungen, wie heute etwa die Bedrohung der Umwelt, läßt auch dann zur tutioristischen Seite neigen, wenn der Verzicht auf neue Lösungen schon bestehende Schäden leicht ver-

[280] Für deren nicht bloß historische, sondern auch noch in der aktuellen methodologischen Debatte in der Moraltheologie relevante Bedeutung bzw. für die sich darin ausdrückende existenzielle Bedeutung, die der Entscheidungsfreiheit zugemessen wird, vgl. F. Furger, Was Ethik begründet, a. a. O.

[281] Vgl. G. Virt, Epikie – Verantwortlicher Umgang mit Normen, Mainz 1983.

[282] So muß etwa für „Probabilioristen“ die neue Lösung „wahrscheinlicher“ Sittlichkeit garantieren als die der Norm folgende, während die „Äquiprobabilisten“ nur eine gleich große Wahrscheinlichkeit fordern.

größern kann, während probabilistische Tendenzen leicht eine fortschrittsgläubige Unbekümmertheit auslösen können.[283] Auch bewirkt die Tendenz zu sicherer Ordnung einen Hang zu möglichst lückenloser gesetzlicher Regelung, welche dann Gegenpositionen rasch der laxistischen Auflösung von Sittlichkeit bezichtigt, während eine ethischer Dynamik verpflichtete Haltung entsprechend für alle anderen vorsichtigeren Ansichten zum Vorwurf des Rigorismus neigt.

Da es trotz solcher Kontroversen keiner Seite je gelang, die andere auszustechen oder gar einer kirchlichen Verurteilung zuzuführen, muß man wohl annehmen, daß ein solcher präzisierender Umgang mit Gesetzen und Regeln eine gewisse und sich gegenseitig korrigierende Vielfalt des Vorgehens zuläßt. Nur eines ist dann aber unmöglich, nämlich die Annahme, es gebe eine Praktik, über einen möglichst ausgeklügelten Umgang mit Normen der eigenverantwortlichen Bewältigung individueller und damit der verallgemeinernden Gesetzespraxis prinzipiell nie voll zugänglicher Situationen in einer persönlichen Entscheidung ausweichen zu können. Mag dann, was für ruhige Zeiten angemessen sein kann, der Tutiorismus dieses Feld unerläßlicher Entscheidungen entlastend etwas mehr einschränken oder der Probabilismus, was für Epochen eines raschen gesellschaftlichen Wandels wohl günstiger ist, es etwas ausweiten, das Problem bleibt grundsätzlich dasselbe: Normen sind bis in ihre weitesten Verästelungen richtungweisende Entscheidungs*hilfen*, den Entscheid selbst – denn auch die Zustimmung oder Ablehnung der Norm ist noch ein Entscheid – ersparen sie keinesfalls.

Dies bedeutet aber nichts anderes, als daß die von den Unsicherheiten bzw. Irrtumsmöglichkeiten im Gewissensentscheid angestoßene Überlegung über Normen zwar eine sehr große klärende Hilfestellung für den persönlichen Entscheidungsprozeß erschlossen hat. Sei es, indem der Entscheidungsfindung wesensgerechte Rahmenbedingungen zu ihrer Menschlichkeit und damit ihrer prinzipiellen Sittlichkeit aufgezeigt wurden, sei es, daß präzisierend aus Erfahrung, Überlegung und Einsicht kultur- und zeitbezogene weitere konkrete Weisungen erarbeitet werden konnten. Die Entscheidungsanforderung als solche aber, d.h. die Herausforderung des

[283] Vgl. dazu als aktuellen Anwendungsfall dieser alten Tendenzen die Positionen in der sog. „SDI-Debatte": F. Furger, Probleme der ethischen Urteilsfindung, in: F. Furger, E. Nagel (Hrsg.), SDI im Spannungsfeld von Politik und Ethik, Köln 1986.

Menschen als einer freien, nach Gottes Ebenbild geschaffenen Person zu einer im Rahmen der gottgewollten Schöpfungsordnung liegenden Selbstgestaltung seiner Existenz im konkret geschichtlichen, mitmenschlichen und materiellen Bezugsrahmen bleibt. – Der Kreis der ethischen Überlegung schließt sich: Von der Klärung von Entscheidungsstruktur und Entscheidungsfähigkeit im Gewissen, welche nach den Normen als Richt-Hilfen rief, führt diese Überlegung in der Frage nach der konkreten Anwendung solcher Normen zurück zur nun allerdings geklärten, eigenverantwortlichen Entscheidungsherausforderung.

2. Normen: ein Leerlauf? – Situationsethische Zweifel

Wenn Normen einem somit die Entscheidungsverantwortung doch nicht abnehmen können, aber in scheinbar lückenlosen Gesetzesstrukturen diesen Anschein erwecken können oder sogar, freilich unter Gefahr der Zerstörung sittlicher Freiheit und Verantwortlichkeit (und damit des Menschen als Person und Ebenbild Gottes), dies zur Herrschaftsausübung vorgeben, dann stellt sich die Frage, ob die Einführung solcher Normstrukturen trotz aller Hilfestellungen, die sie erschließen, nicht doch einen Irrweg darstelle, dessen Wegweiser, wo sie als Wesensstrukturen benannt sind, nichtssagende tautologische Selbstverständlichkeiten ausdrücke, während alles weitere nur unnötige, wenn nicht gefährliche Beeinträchtigung freier Verantwortlichkeit darstelle.

Neben den früheren Ansätzen haben vor allem verschiedene sog. „situationsethische“ Strömungen in den letzten Jahrzehnten einen solchen Verdacht geäußert und vorgeschlagen, ganz aus der das Gewissen des Menschen in Anspruch nehmenden Entscheidungssituation heraus, das hier und jetzt als das Richtige Erkannte, bzw. das vom je persönlichen Anruf Gottes Geforderte, in die Tat umzusetzen, und zwar ohne weitere Rücksicht auf bestehende Normen, die ohnehin nur vergangene Verhältnisse, wenn nicht gar manifeste Unrechts- und Privilegienstrukturen festschreiben würden. Die gegenüber den Greueln des II. Weltkriegs wie gegen Ausbeutung und Ungerechtigkeit des Kolonialismus weitgehend wirkungslosen Normen der christlichen bzw. der diese säkularisierenden bürgerlichen Ethik schienen einen solchen Verdacht auch aus geschichtlicher Erfahrung zu stützen: Was S. Kierkegaard († 1855) aus religiösen Gründen als radikalen Voluntarismus vorschlug, nämlich, daß der Mensch unter dem souveränen, gegebenenfalls alle Normen durchschlagenden Anruf Gottes situativ gegen jede Norm zu handeln sich veranlaßt sehen könne und daher das Religiöse das Sittliche u. U. (wie bei Abraham, der seinen Sohn Isaak zu opfern bereit war[284]) aufzuheben vermöge, das vertrat, nun allerdings säkularisiert im Namen einer unbedingten Freiheit, J. P. Sartre († 1980) in seinem Existenzialismus, der das subjektive Lebensprojekt eines Menschen als freies und unbedingtes Ziel menschlichen Tuns über alle begrenzenden Normen stellt[285]. In der protestantischen Theologie meldete sich ebenfalls von Kierkegaardschen Ansätzen her zudem unter den Stichworten der sog. "New Morality" eine Strömung zu Wort, die sich ebenfalls allein auf die letztlich in Gott gründende Herausforderung der konkreten Situation an das je persönlich individuelle Gewissen berief.[286]

So verständlich nun aber diese Reaktion auf die Wirkungslosigkeit einer rationalistisch erstarrten Kasuistik oder einer säkularisierten bürgerlichen Ethik war, und sosehr das von den theologischen Ansätzen der Situationsethik herausgestellte charismatische Moment des Glaubens an den herausfordernden Anruf Gottes unverzichtbar zu einer christlichen Ethik gehört, so sehr wird hier die durch die begrenzte Erkenntnismöglichkeit verursachte wie die interessenbedingte Irrtumsgefahr solcher spontanen und unkontrol-

[284] Vgl. die pseudonyme Schrift: J. de Silentio, Furcht und Zittern, von 1843.

[285] Vgl. J. P. Sartre, L'existencialisme est un humanisme, Paris 1954, sowie dessen Drama ›Le Diable et le bon Dieu‹ (1951).

[286] Vgl. dazu oben Abschnitte A. II, 5 und D. I, 3; als europäische Vertreter dieser Richtung wäre zu verweisen auf E. Grisebach († 1945) und besonders K. Barth († 1968) der, typisch für diese Sicht, einmal festhält: „Es gibt Situationen, in denen die Tötung keimenden Lebens nicht Mord, sondern geboten ist" (Kirchliche Dogmatik, Bd. III/4, Zürich 1951, 480) sowie zugespitzt dazu G. Barczay, Revolution in der Moral, Zürich 1967; aber auch bei H. Thielicke († 1986) fehlen solche Ansätze nicht völlig. – Unter den Vertretern der amerikanischen "New Morality" sei vor allem verwiesen auf J. Fletcher, Situation Ethics – New Morality, Philadelphia 1966; ders., Moral Responsibility, ebd. 1967 (dt. Leben ohne Moral, Gütersloh 1967 u. 1969); P. L. Lehmann, Ethics in a Christian Context, New York 1963 (dt. Ethik als Antwort – Methode einer Koinonia-Ethik, München 1963); H. Cox, The Secular City, New York 1965 (dt. Stadt ohne Gott, Stuttgart 1966); J. A. T. Robinson, Honest to God, London 1963 (dt. Gott ist anders, München 1965), bes. Kap. 6. – Zum Ganzen der "New Morality" vgl. P. Schmitz, Die Wirklichkeit fassen, Frankfurt a. M. 1972.

lierten Gewissenseinsicht unterschätzt. Zu viele jeder Menschlichkeit hohn sprechende Entscheide sind im Verlauf der Geschichte unter Berufung auf das christliche Gewissen gefällt worden, als daß man einem solchen Ansatz bedenkenlos folgen könnte.[287] Tatsächlich haben nicht nur Vertreter der direkt betroffenen kasuistischen sog. „Handbuch-Moral" auf die situationsethischen Ansätze kritisch ablehnend reagiert,[288] sondern auch besonnene, für die Reformbedürftigkeit ihrer Disziplin aufgeschlossene christliche Ethiker meldeten ihre Bedenken an;[289] sogar unter den Vertretern der New-Morality-Schule zeichnete sich bald eine Entwicklung ab, die bei aller Anerkennung der notwendigen persönlichen Spontaneität der menschlichen Tatantwort auf einen in den Bedürfnissen der konkreten Lebenssituation als einem „Zeichen der Zeit" erkannten Anruf Gottes doch zur Vermeidung subjektivistischer Abirrungen auf die unerläßliche Bedeutung normativer Rahmenbedingungen erneut hinzuweisen begann[290].

[287] Man denke nur etwa an die Kreuzzugspredigten eines Bernhard von Clairvaux († 1153), an den Aufruf M. Luthers († 1546) zur Niederschlagung der Bauernaufstände, an Phänomene bis hin zu Exzessen in zeitgenössischen Jugendsekten.

[288] So vor allem der Berater Papst Pius' XII. in moraltheologischen Fragen, F. Hürth, mit seinen Kommentaren zu dessen einschlägigen Stellungnahmen, Per RMCL 41 (1952), 223–249, und ebd. 45 (1956), 140–204, der für den von Dichtern und Philosophen geäußerten Tadel an den gerade im Umfeld des II. Weltkrieges manifest gewordenen Mängeln der kasuistischen sog. „Handbuchmoral" kaum Verständnis zeigte. Vgl. dazu näher auch F. Furger, Gewissen und Klugheit, a. a. O.

[289] So auch der damalige Ethiker-Kollege Barths in Basel, H. v. Oyen († 1980), der kritisch gegen die Sicht seines Kollegen festhielt: „Bedenklich müssen uns die Folgerungen einer solchen Haltung scheinen, weil das Handeln hier völlig dem individuellen Gewissen in dessen Vernehmen der Gottesstimme überantwortet wird. Wir wissen, wie fatal ein derartiges Hören auf die Gottesstimme ist, die so souverän, aber auch so widerspruchsvoll reden kann." Siehe ZEvE 1 (1957), 6.

[290] Vgl. dafür etwa H. R. Niebuhr, The Responsible Self, New York 1963, oder P. Ramsey, Deeds and Rules in Christian Ethics, New York 1967, und besonders J. M. Gustafson, Christ and the Moral Life, New York 1968, der sich in einer zwar kritischen, aber für die eigentlichen Anliegen der Situationsethik offenen Haltung den die personalen Momente ebenfalls neu ernst nehmenden katholischen Moraltheologen (bes. B. Häring, aber damit auch J. Fuchs und K. Rahner) ausdrücklich nahe weiß (vgl. A. R. Jonson,

So sehr also die unter dem Stichwort der Situationsethik gegen eine Vergesetzlichung von Ethik und Moraltheologie wirksam gewordene Hervorhebung des personalistischen Moments der eigenverantwortlichen und als individuell nie begrifflich voll einholbaren Gewissensentscheidung bewahrt zu werden verdient, und sosehr eine unter dem Eindruck der sprach- und argumentationsanalytischen Ethik nicht ganz auszuschließende neuerliche Einengung auf eine auf die Normbegründungsproblematik beschränkte christliche Ethik einen Rückfall bedeuten müßte,[291] so sehr verweist doch gerade auch die interne Entwicklung der situationsethischen Debatte auf die korrektive wie direktive Notwendigkeit normativer Strukturen.

3. *„Prinzipien und Imperative"*

Unter diesem Stichwort hat seinerzeit K. Rahner (†1984) diese der menschlichen Existenz letztlich allein angemessene gegenseitige Ergänzungsnotwendigkeit von allgemeinen normativen Leitsätzen als „Prinzipien" und von in diesen sich persönlich spezifizierend einfügenden, je persönlichen Verpflichtungen als den der je eigenen göttlichen Berufung entsprechenden „Imperativen" bezeichnet und für eine so das subjektiv einmalige wie das objektiv verallgemeinerbare Moment gleicherweise ernst nehmende sittliche Überlegung den Namen „Existentialethik" geprägt.[292] Ohne daß diese Terminologie Allgemeingut christlicher Ethik geworden wäre, hat sich dieses Verständnis doch gerade auch in der vom II. Vatikanischen Konzil (1962–65) ausgelösten und in mannigfachen ökumenischen Kontakten verstärkten moraltheologischen Erneuerung im wesent-

Responsibility in Modern Religious Ethics, Washington 1968, s. dort vorab das Vorwort von J. M. Gustafson).

[291] Die Tatsache, daß die Gewissensproblematik in den beiden ersten Bänden von A. Hertz u. a. (Hrsg.), Handbuch der christlichen Ethik, Freiburg i. Br. 1978, nicht direkt angesprochen war und erst nach verschiedentlich geäußerter Kritik im Ergänzungs-Band III eine ausführlichere Darstellung fand, zeigt die Realität dieser Gefahr ebenso an wie ein Vergleich zwischen der noch stark vom Aufbruch der 1960er Jahre geprägten Fassung einer moraltheologischen Einführung von F. Böckle, Grundbegriffe der Moral, Aschaffenburg 1966, mit dessen den Gewissenstraktat der Psychologie zuweisenden ›Fundamentalmoral‹, München 1977.

[292] Vgl. K. Rahner, Das Dynamische in der Kirche, a. a. O.

lichen durchgesetzt: Normen sind als wegweisende Leuchten für eine verantwortungsvolle Entscheidung in konkreter Situation unerläßlich; wer auf deren Licht verzichtet, handelt blind; wer aber glauben sollte, das Licht ersetze die eigenen Entscheidungsschritte, würde in festen normativen Vorgegebenheiten erstarren. Von einer Dynamik des Lebensvollzugs aus Glaube und Liebe im Sinn des Evangeliums könnte bei solcher Starrheit nicht mehr die Rede sein, von einem als von Gott ausgehenden Appell verstandenen sittlichen Anspruch aus den Zeichen der Zeit ebensowenig. Die Normen würden letztlich, statt Entscheidungshilfe zu sein, die Entscheidung selbst ersetzen.

Normen ohne das damit zu eigener Entscheidung findende Gewissen führen zum Erstarren des sittlichen Lebens, während das Gewissen ohne die stützende Richtungweisung der Normen in die Beliebigkeit abglitte. Erst im komplementären Zusammenspiel von Prinzip und Imperativ erwächst Sittlichkeit im dynamischen Sinn des Evangeliums. Christliche Ethik ist damit letztlich nicht mehr, aber auch nicht weniger als die reflektierende Klärung dieser Zusammenhänge mit dem einzigen Ziel der dadurch leichter möglichen sittlichen Entscheidung zu jenem verwirklichenden Lebensvollzug, der für den Menschen als dem von Gott angesprochenen Ebenbild Antwort auf dessen ihn unbedingt einfordernden Anspruch ist.

LITERATURVERZEICHNIS

Literatur zu Teil A

Auer, A.: Autonome Moral und christlicher Glaube, Düsseldorf ²1984.
Böckle, F.: Grundbegriffe der Moral, Aschaffenburg 1966.
–: Fundamentalmoral, München 1977.
Böckle, F., J. Feiner, J. Trütsch (Hrsg.): Fragen der Theologie heute, Einsiedeln 1957.
Demmer, K., B. Schüller (Hrsg.): Christlich glauben und handeln, Düsseldorf 1977.
Furger, F.: Anspruch Christi und Handeln des Menschen, Freiburg i. d. Schweiz 1972.
–: Begründung des Sittlichen – Ethische Strömungen der Gegenwart, Freiburg i. d. Schweiz 1975.
–: Was Ethik begründet – Deontologie oder Teleologie. Hintergrund und Tragweite einer moraltheologischen Auseinandersetzung, Zürich 1984.
Furger, F., J. Pfammatter (Hrsg.): Fragen christlicher Ethik, Theol. Berichte Bd. 4, Zürich 1975.
Furger, F., J. Pfammatter (Hrsg.): Gott – eine unausweichliche Frage, Theol. Berichte Bd. 12, Zürich 1983.
Gründel, J., F. Rauh, V. Eid (Hrsg.): Humanum (Festschrift R. Egenter), Düsseldorf 1972.
Hersch, J.: Le droit d'être un homme, Lausanne/Paris 1968.
Höffner, J.: Kolonialismus und Evangelium, Trier ²1969.
Honecker, M.: Zweireichelehre und Sozialethik: Sozialethik zwischen Tradition und Vernunft, Tübingen 1977.
Kertelge, K. (Hrsg.): Ethik im Neuen Testament, Freiburg i. Br. 1984.
Kleber, K. H.: Einführung in die Geschichte der Moraltheologie, Passau 1985.
Merks, K. W.: Theologische Grundlegung der sittlichen Autonomie – Strukturmomente eines 'autonomen' Normbegründungsverständnisses im lex-Traktat der ›Summa theologiae‹ des Thomas von Aquin, Düsseldorf 1978.
Pieper, A.: Ethik und Moral – eine Einführung in die praktische Philosophie, München 1985.
Pinckaers, S. T.: Les sources de la morale chrétienne, sa méthode, son contenu, son histoire, Fribourg 1985.
Rawls, J.: Eine Theorie der Gerechtigkeit, Frankfurt a. M. 1975 (engl. 1971).

Schelkle, K. H.: Theologie des Neuen Testaments, Bd. 3: Ethos, Düsseldorf 1970.
Schüller, B.: Die Begründung sittlicher Urteile – Typen ethischer Argumentation in der Moraltheologie, Düsseldorf ²1980.
Schulz, S.: Neutestamentliche Ethik, Zürich 1987.
Wendland, H. D.: Ethik des Neuen Testaments, Göttingen 1970.
Würthwein, E., O. Merk: Verantwortung, Stuttgart 1982.

Literatur zu Teil B

Amery, C.: Das Ende der Vorsehung oder die gnadenlosen Folgen des Christentums, Reinbek 1973.
Derr, T. S.: Ecology and Human Liberation, New York 1973.
Drewermann, E.: Strukturen des Bösen. Die jahwistische Urgeschichte in exegetischer, psychoanalytischer und philosophischer Sicht, Paderborn 1976.
Foucault, M.: Les mots et les choses, Paris 1966.
Furger, F.: Ethik der Lebensbereiche, Freiburg i. Br. 1985.
Haag, H.: Vor dem Bösen ratlos?, München 1978.
Haas, A. (Hrsg.): Teilhard de Chardin Lexikon, Bd. 2, Freiburg i. Br. 1971.
Hengstenberg, H. E.: Philosophische Anthropologie, Stuttgart 1966.
Höffe, O. (Hrsg.): Einführung in die utilitaristische Ethik (Klassische und zeitgenössische Texte), München 1975.
Kern, H., M. Pottmeyer, M. Seckler (Hrsg.): Handbuch der Fundamentaltheologie, Bd. 4: Theologische Erkenntnislehre, Freiburg i. Br. 1986.
Landmann, M.: Philosophische Anthropologie, Berlin 1964.
Lersch, P.: Aufbau der Person, München 1964.
Möller, J.: Menschsein, ein Prozeß, Düsseldorf 1979.
–: Tractatus ontologicus – Prolegomena zu einer Metaphysik der Freiheit, Düsseldorf 1981.
Pesch, O. H.: Frei-Sein aus Gnade, Freiburg i. Br. 1983.
Ricœur, P.: Die Fehlbarkeit des Menschen. Symbolik des Bösen und Phänomenologie der Schuld, Freiburg i. Br. 1971.
Rombach, H. (Hrsg.): Die Frage nach dem Menschen, Freiburg i. Br. 1966.
Schinzer, R.: Ethik ohne Gesetze, Göttingen 1986.
Schiwy, G.: Der französische Strukturalismus, Reinbek 1969.
Teilhard de Chardin, P.: Comment je vois, Paris 1948.

Literatur zu Teil C

Auer, A.: Christsein im Beruf, Düsseldorf 1966.
Bärenz, R.: Das Gewissen – Sozialpsychologische Aspekte zu einem moraltheologischen Problem, Würzburg 1978.

Biemer, G., A. Biesinger (Hrsg.): Christwerden braucht Vorbilder, Mainz 1983.
Chadwick, H.: Betrachtungen über das Gewissen in der griechischen, jüdischen und christlichen Tradition, Bonn 1974.
Demmer, K.: Die Lebensentscheidung, ihre moraltheologischen Grundlagen, Paderborn 1973.
Eger, J.: Durch Gewissensbildung zur Gewissensreife, Freiburg i. Br. 1969.
Feldmann, C.: Träume beginnen zu leben. Große Christen unseres Jahrhunderts, Freiburg i. Br. 1983.
Fessard, G.: La dialectique des «Exercices spirituels» de Saint Ignace de Loyola, Paris 1956.
Furger, F.: Gewissen und Klugheit, Luzern 1965.
–: Der Beruf. Selbstverwirklichung in Welt und Gesellschaft, Freiburg i. d. Schweiz 1969.
–: Anspruch Christi und Handeln des Menschen, Freiburg i. d. Schweiz 1972.
–: Vorentscheidung, Vorsatz, Wollen, Augsburg 1973.
Frielingsdorf, K., G. Switek (Hrsg.): Entscheidung aus dem Glauben, Mainz 1978.
Gascard, J. R.: Neue Jugendreligionen, Freiburg i. Br. 1984.
Gerber, R., A. K. Vogel: Du mußt nur Deinen Kopf abgeben, Zürich 1984.
Golser, K.: Gewissen und objektive Sittenordnung, Wien 1975.
Hertz, A., u. a. (Hrsg.): Handbuch der christlichen Ethik, 3 Bde., Freiburg i. Br. 1978–82.
Hildebrand, D. v.: Christliche Ethik, Düsseldorf 1959 (engl. 1952).
Hoffmann, J.: Moraltheologische und moralpädagogische Grundlegung, Düsseldorf 1979.
Hoffmann, P., V. Eid: Jesus von Nazareth und eine christliche Moral. Sittliche Perspektiven der Verkündigung Jesu, Freiburg i. Br. 1975.
Klomps, H.: Tugenden des modernen Menschen, Augsburg 1969.
Kohlberg, L.: Zur kognitiven Entwicklung des Kindes, Frankfurt a. M. 1974.
Kramer, H.: Unwiderrufliche Entscheidungen im Leben des Christen, Paderborn 1973.
Kranz, K.: Politische Heilige, 3 Bde., Augsburg ^{2}1964, 1959 und 1963.
–: Sie lebten das Christentum, Regensburg 1978.
Laun, A.: Das Gewissen, oberste Norm sittlichen Handelns, Innsbruck 1984.
Lenz, S.: Das Vorbild, Hamburg 1973.
Meadows, D. (Hrsg.): Grenzen des Wachstums, New York–Stuttgart 1972.
MacIntyre, A.: Der Verlust der Tugend, Frankfurt a. M. 1987.
Mieth, D.: Die neuen Tugenden – ein ethischer Entwurf, Düsseldorf 1984.
Milgram, S.: Das Milgram-Experiment – Zur Gehorsamsbereitschaft gegenüber Autorität, Reinbek 1974.

Moloney, F.J.: Disciples and Prophets. A Biblical Model for the Religious Life, London 1980.
Müller, S.E.: Personal-soziale Entfaltung des Gewissens im Jugendalter, Mainz 1984.
Novak, A.J.: Gewissen und Gewissensbildung heute, Wien 1978.
Ossowska, M.: Gesellschaft und Moral – Die historische und soziale Bedingtheit sittlicher Grundhaltungen, Düsseldorf 1972.
Piaget, J.: Das moralische Urteil beim Kind, Zürich 1954 (franz. 1932).
Pieper, J.: Das Viergespann Klugheit, Gerechtigkeit, Tapferkeit, Maß, München 1964.
Rahner, K.: Das Dynamische in der Kirche, Freiburg i.Br. 1958.
Reiners, H.: Grundintention und christliches Tun, Freiburg i.Br. 1966.
Riesman, D.: Die einsame Masse, Reinbek 1958 (engl. 1950).
Rotter, H.: Die Berufung – Elemente christlicher Spiritualität, Wien 1983.
Scheler, M.: Der Formalismus in der Ethik und die materiale Wertethik, Halle 1916 (Bern [5]1966).
Schneider, M.: Unterscheidung der Geister. Die ignatianischen Exerzitien in der Deutung von E.Przywara, K.Rahner und G.Fessard, Innsbruck 1983.
Schottky, A., T. Schoenacker: Was bestimmt mein Leben? – Klärung der vier Grundmotive menschlichen Verhaltens, München 1976.
Schwager, R.: Das dramatische Kirchenverständnis bei Ignatius von Loyola, Einsiedeln 1970.
Stachel, G., D.Mieth: Ethisch handeln lernen, Zürich 1978.
Stoeckle, B.: Handeln aus dem Glauben, Freiburg i.Br. 1977.
Sustar, A.: Gewissensfreiheit, Zürich 1967.
Szondi, L.: Freiheit und Zwang im Schicksal des Einzelnen, Bern 1968, [2]1977.
Wojtyla, K.: Primat des Geistes, München 1980.

Literatur zu Teil D

Albertz, H. (Hrsg.): Die Zehn Gebote, 10 Bde., Stuttgart 1985ff.
Apel, K.O. (Hrsg.): Sprachpragmatik und Philosophie, Frankfurt a.M. 1976.
Auer, A.: Autonome Moral und christlicher Glaube, Düsseldorf [2]1984.
Baier, K.: Der Standpunkt der Moral, Düsseldorf 1974 (engl. 1958).
Barczay, G.: Revolution in der Moral, Zürich 1967.
Barth, K.: Kirchliche Dogmatik, Bd. III/4, Zürich 1951.
Ben-Chorin, S.: Bruder Jesus, München 1967.
–: Die Tafeln des Bundes, Tübingen 1979.
Biesenbach, H.: Zur Logik der moralischen Argumentation. Die Theorie R.M. Hares und die Entwicklung der analytischen Ethik, Düsseldorf 1982.
Böckenförde, E. W., F. Böckle (Hrsg.): Naturrecht in der Kritik, Mainz 1973.

Böckle, F.: Grundbegriffe der Moral, Aschaffenburg 1966.
–: Fundamentalmoral, München 1977.
– (Hrsg.): Das Naturrecht im Disput, Düsseldorf 1966.
Böckle, F., C. Holenstein (Hrsg.): Die Enzyklika in der Diskussion, Zürich 1968.
Boff, L.: Kirche: Charisma und Macht, Düsseldorf 1985.
Bollnow, O. F.: Einfache Sittlichkeit, Göttingen 1947.
Capone, D.: Intorno alla verità morale, Napoli 1951.
Caritas-Schweiz: Reformprogramm zum Schweizerischen Strafwesen, Luzern 1983.
Cox, H.: The Secular City, New York 1965 (dt. Stadt ohne Gott, Stuttgart 1966).
Craemer-Ruegenberg, I.: Moralsprache und Moralität – Zu Thesen der sprachanalytischen Ethik. Diskussion, Kritik, Gegenmodell, Freiburg i. Br. 1975.
David, J.: Das Naturrecht in Krise und Läuterung, Köln 1967.
Deissler, A.: Ich bin dein Gott, der dich befreit hat, Freiburg i. Br. 1975.
Demmer, K., B. Schüller (Hrsg.): Christlich glauben und handeln, Düsseldorf 1977.
Dosenberger, A., u. a.: Die Zehn Gebote – Gesetze des Lebens, Friedberg 1979.
Ebeling, G.: Die Zehn Gebote in Predigten ausgelegt, Tübingen 1973.
Fletcher, J.: Situation Ethics – New Morality, Philadelphia 1966.
–: Moral ohne Normen?, Gütersloh 1967.
–: Moral Responsibility, Philadelphia 1967 (dt. Leben ohne Moral, Gütersloh 1967 und 1969).
Flusser, D.: Jesus, Reinbek 1968.
Frankena, W. K.: Analytische Ethik. Eine Einführung, München 1972 (engl. 1963).
Fürst, W.: Wahrheit im Interesse der Freiheit. Eine Untersuchung zur Theologie J. B. Hirschers (1788–1865), Mainz 1979.
Furger, F.: Politische Theologie erst heute?, Freiburg i. d. Schweiz 1972.
–: Bewaffnet gewaltlos?, Freiburg i. d. Schweiz 1981.
–: Die Zehn Gebote – Spielregeln des Lebens, Freiburg i. d. Schweiz 1983.
Furger, F., C. Strobel-Nepple: Menschenrechte und katholische Soziallehre, Freiburg i. d. Schweiz 1985.
Furger, F., E. Nagel (Hrsg.): SDI im Spannungsfeld von Politik und Ethik, Köln 1986.
Galparsoro Zurutuza, J. M.: Die vernunftbegabte Natur, Norm des Sittlichen und Grund der Sollensforderung. Systematische Untersuchung der Naturrechtsethik Gabriel Vasquez', Bonn 1972.
Ginters, R. (Hrsg.): Relativismus in der Ethik, Düsseldorf 1978.
Gnilka, J.: Herders Theol. Kommentar, Bd. X, Freiburg i. Br. 1971.
Gornik, H. A. (Hrsg.): Du sollst in Freiheit leben, Freiburg i. Br.–Offenbach 1986.

Gründel, J., H. v. Oyen: Ethik ohne Normen, Freiburg i. Br. 1970.
Gustafson, J. M.: Christ and the Moral Life, New York 1968.
Gutiérrez, G.: Theologie der Befreiung, München–Mainz 1973.
Hare, R. M.: Die Sprache der Moral, Frankfurt a. M. 1972 (engl. 1952).
–: Freiheit und Vernunft, Düsseldorf 1973 (engl. 1963).
Harth, W.: Christlicher Dienst an der Welt, Paderborn [2]1979.
Hartmann, N.: Ethik, Berlin 1926.
Herr, T.: Zur Frage nach dem Naturrecht im deutschen Protestantismus der Gegenwart, Paderborn 1972.
–: Naturrecht aus der kritischen Sicht des Neuen Testaments, Paderborn 1976.
Hersch, J. (Hrsg.): Le droit d'être un homme, Paris 1968.
Hertz, A., u. a. (Hrsg.): Handbuch der christlichen Ethik, 3 Bde., Freiburg i. Br. 1978–82.
Hilpert, K.: Ethik und Rationalität. Untersuchungen zum Autonomieproblem und zu seiner Bedeutung für die theologische Ethik, Düsseldorf 1980.
Höffe, O. (Hrsg.): Einführung in die utilitarische Ethik, München 1975.
Höffe, O., u. a. (Hrsg.): Johannes Paul II. und die Menschenrechte, Freiburg i. d. Schweiz 1981.
Höffner, J.: Christliche Gesellschaftslehre, Kevelaer [7]1978.
–: Kolonialismus und Evangelium, Trier [2]1969.
Höver, G.: Erfahrung und Vernunft, Düsseldorf 1981.
Hoffmann, P., V. Eid: Jesus von Nazareth und eine christliche Moral – Sittliche Perspektiven der Verkündigung Jesu, Freiburg i. Br. 1975.
Huber, W.: Folgen christlicher Freiheit, Neukirchen 1983.
Hug, G.: Wo liegt die Grenze der persönlichen Freiheit?, Zürich 1976.
Jonson, A. R.: Responsibility in Modern Religious Ethics, Washington 1968.
Kaulbach, F.: Ethik und Metaethik, Darmstadt 1974.
Kerber, W. (Hrsg.): Sittliche Normen – Zum Problem ihrer allgemeinen und unwandelbaren Geltung, Düsseldorf 1982.
Kertelge, K. (Hrsg.): Ethik im Neuen Testament, Freiburg i. Br. 1984.
Kleber, K. H.: Gerechtigkeit als Liebe. Die Moraltheologie Herkulan Oberrauchs OFM (1728–1808), Düsseldorf 1982.
Kroh, W.: Kirche im gesellschaftlichen Widerspruch, München 1982.
Küng, H.: Unfehlbar? – Eine Anfrage, Zürich 1970.
Laun, A.: Die naturrechtliche Begründung der Ethik in der neueren katholischen Moraltheologie, Wien 1973.
Lehmann, P. L.: Ethics in a Christian Context, New York 1963 (dt. Ethik als Antwort – Methode einer Koinonia-Ethik, München 1963).
Limbeck, M.: Die Ordnung des Heils – Untersuchungen zum Gesetzesverständnis im frühen Judentum, Düsseldorf 1971.
–: Aus Liebe zum Leben, Stuttgart 1981.
Lochman, J. M.: Wegweisung der Freiheit, Gütersloh 1979.

Lohfink, N.: Bibelauslegung im Wandel. Die Zehn Gebote ohne Berg Sinai, Frankfurt a. M. 1967.
Lorenzen, P.: Normative Logic and Ethics, Mannheim 1969.
Luhmann, N.: Soziologische Aufklärung I., Opladen 1974.
Merks, K. W.: Theologische Grundlegung der sittlichen Autonomie, Düsseldorf 1978.
Messner, J.: Das Naturrecht, Innsbruck 1950, [5]1966.
Molinski, W. (Hrsg.): Versöhnen durch Strafen, Freiburg i. Br.–Göttingen 1979.
Moore, G. E.: Principia ethica, Stuttgart 1970 (engl. 1903).
Morsey, R.: Zeitgeschichte in Lebensbildern, Bd. I, Mainz 1973.
Müller, A., S. H. Pfürtner, B. Schnyder (Hrsg.): Natur und Naturrecht, Freiburg i. d. Schweiz 1972.
Münk. H. J.: Der Freiburger Moraltheologe F. G. Wanker (1758–1824) und I. Kant, Düsseldorf 1985.
Musulin, J. (Hrsg.): Proklamationen der Freiheit, Frankfurt a. M. 1959.
Nell-Breuning, O. v.: Gerechtigkeit und Freiheit, Wien 1980.
Niebuhr, H. R.: The Responsible Self, New York 1963.
Noll, P.: Gedanken über Unruhe und Ordnung, Zürich 1985.
Noth, M.: Die Gesetze im Pentateuch: Gesammelte Studien zum AT, München [3]1966.
Ott, W.: Der Rechtspositivismus, Berlin 1976.
Pesch, O. H.: Die Zehn Gebote, Mainz 1976.
Peschke, K. H.: Naturrecht in der Kontroverse. Kritik evangelischer Theologie an der katholischen Lehre von Naturrecht und natürlicher Sittlichkeit, Salzburg 1967.
Piegsa, J.: Freiheit und Gesetz bei F. X. Linsenmann (1835–1898), Düsseldorf 1974.
Prichard, H. D.: Moral Obligation, Oxford 1949.
Ramsey, P.: Deeds and Rules in Christian Ethics, New York 1967.
Rawls, J.: Theorie der Gerechtigkeit, Frankfurt a. M. 1975 (engl. 1971).
Reiner, H.: Grundlage, Grundsätze und Einzelnormen des Naturrechts, München 1964.
–: Die goldene Regel: Die Grundlagen der Sittlichkeit, Meisenheim am Glan [2]1974.
Reiter, J.: Der Moraltheologe Ferdinand Probst (1816–1899). Eine Studie zur Geschichte der Moraltheologie im Übergang von der Romantik zur Neuscholastik, Düsseldorf 1978.
Ricken, F.: Allgemeine Ethik, Stuttgart 1983.
Robinson, J. A. T.: Honest to God, London 1963 (dt. Gott ist anders, München 1965).
Ross, W. D.: The Right and the Good, Oxford 1930.
Sartre, J. P.: L'existentialisme est un humanisme, Paris 1954.
Schelauske, H. D.: Naturrechtsdiskussion in Deutschland. Ein Überblick über zwei Jahrzehnte 1945–65, Köln 1968.

Schelkle, K.H.: Herders Theol. Kommentar, Bd. XIII/2, Freiburg i. Br. [2]1964.
–: Theologie des Neuen Testaments, Bd. 3: Ethos, Düsseldorf 1970.
Schillebeeckx, E.: Gott, die Zukunft des Menschen, Mainz 1969.
Schilling, A.: Die Zehn Gebote, Luzern 1983.
Schlier, H.: Herders Theol. Kommentar, Bd. VI, Freiburg i. Br. 1977.
Schmitz, P.: Die Wirklichkeit fassen, Frankfurt a. M. 1972.
Schüller, B.: Die Herrschaft Christi und das weltliche Recht. Die christologische Rechtsbegründung in der neueren protestantischen Theologie, Rom 1963.
Schüngel-Staumann, H.: Der Dekalog – Gottes Gebot, Stuttgart 1973.
Schulze, H.: Theologische Sozialethik, Gütersloh 1979.
Schwartländer, J.: Menschenrechte – eine Herausforderung der Kirche, München 1979.
Schwemmer, O.: Philosophie der Praxis, Frankfurt a. M. 1971.
Smend, R., U. Luz: Gesetz, Stuttgart 1981.
Söhngen, G.: Gesetz und Evangelium: Ihre analoge Einheit theologisch-philosophisch-staatsbürgerlich, Freiburg i. Br.–München 1957.
Staatslexikon III, Art. „Menschenrechte" u. „Naturrecht", Freiburg i. Br. [7]1987.
Steinbuch, K. W.: Mensch – Technik – Zukunft, Stuttgart 1971.
Stevenson, C. L.: Ethics and Language, Yale 1944.
Theiner, J.: Die Entwicklung der Moraltheologie zur eigenständigen Disziplin, Regensburg 1970.
Theissen, G.: Soziologie der Jesusbewegung, München 1977.
–: Studien zur Soziologie des Urchristentums, Tübingen 1979.
Thoma, C.: Christliche Theologie des Judentums, Aschaffenburg 1978.
Urban, C.: Nominalismus im Naturrecht, Düsseldorf 1979.
Utz, F.: Sozialethik, Bd. I, Heidelberg [2]1964.
Verdroß, A.: Statisches und dynamisches Naturrecht, Freiburg i. Br. 1971.
Virt, G.: Epikie – Verantwortlicher Umgang mit Normen, Mainz 1983.
Wendland, H. D.: Ethik des Neuen Testaments, Göttingen 1970.
Wenke, K. E. (Hrsg.): Probleme sittlichen Urteilens – Ansätze und Grundzüge evangelischer Sozialethik in der Gegenwart, Bochum 1986.
Wiesnet, E.: Die verratene Versöhnung, Düsseldorf 1980.
Wittgenstein, L.: Tractatus logico-philosophicus, London 1922 (dt. Frankfurt a. M. 1960).
–: Schriften III, Frankfurt a. M. 1967.
Wolf, Erik: Das Problem der Naturrechtslehre, Karlsruhe [3]1964.
Wolf, Ernst: Gottesrecht und Menschenrecht, München 1954.
Wolf, J. C.: Sprachanalyse und Ethik, Bern 1983.
Würthwein, E., O. Merk: Verantwortung, Stuttgart 1982.

REGISTER

Namen

Sachen

NACHWORT ZUR ZWEITEN AUFLAGE

1. Warum ein Nachwort

Die Neuauflage einer theologischen Einführung zehn Jahre nach ihrem ersten Erscheinen stellt den Verfasser vor die Frage: Soll bloß die Bibliographie nachgeführt werden oder legt sich eher eine Überarbeitung des Ganzen nahe? Wenn hier keine dieser Alternativen, sondern der Mittelweg eines ergänzenden Nachworts (verbunden mit der Ergänzung des Literaturverzeichnisses) gewählt wurde, so hat dies seinen Grund erstens darin, daß nach einer wohlwollenden Annahme von Aufbau und Auswahl der zur ›Einführung in die Moraltheologie‹ damals vorgelegten Systematik das Buch sich mit einigen „politisch bedingten“ Anpassungen auch als Nachdruck in der DDR als brauchbar erwies.[1]

Eine Neufassung drängte sich unter diesen Umständen aber auch aus einem zweiten Grund nicht auf: Zwar brachte eine genaue Aufarbeitung der moraltheologischen Neuerscheinungen von 1978–1995[2] manche wertvolle Ergänzung und Vertiefung auch für die sogenannte „Fundamentalmoral“, also die theologisch-ethische Grundlagenreflexion. Jedoch blieben – von gewissen Kritiken abgesehen, auf die hier zurückzukommen sein wird – die Ansätze der in den 1950er Jahren einsetzenden und in der durch das II. Vatikanische Konzil gesamtkirchlich wirksam gewordenen „Erneuerung der Moraltheologie“ im wesentlichen weiterhin bestimmend. Statt also neu anzusetzen – was einem ohnehin meist nur bedingt gelingt –

[1] Vgl. die Lizenzausgabe im Benno-Verlag, Leipzig 1990. Es war dies übrigens die letzte theologische Publikation dieses einzigen katholischen Verlags in der DDR, die noch unter deren Zensurbedingungen hergestellt wurde. Als solches wurde es aber dann erst nach der Wende ausgeliefert und konnte so in der Zeit des Umbruchs einen gewissen Dienst tun. Der Wissenschaftlichen Buchgesellschaft, die durch das großzügige Überlassen der Rechte an den Ostverlag dies erst ermöglicht hat, sei hier – wenn auch spät – ein besonderer Dank dafür ausgesprochen.

[2] Vgl. dazu: F. Furger, Literatur-Bericht: Christlich-theologische Ethik – angefragt und in Frage gestellt, Th. d. Ggw. 39/40 (1996/97) in 4 Folgen (Hefte 96/2–97/1).

scheint es daher klüger, die inzwischen eingetretenen Verschiebungen von Schwerpunkten und neugesetzten Akzenten in diesem Nachwort aufzugreifen und zu thematisieren.

Vor den Herausforderungen der gesellschaftlichen Umwälzungen der ersten Hälfte des 20. Jahrhunderts[3] war die Moraltheologie in eine Krise des Ungenügens gekommen. Deren vom II. Vatikanischen Konzil gedeckte Erneuerung (allerdings gegen nicht unerheblichen Widerstand[4]) erfolgte, im Vergleich zu den klassischen, nachtridentischen Moralhandbüchern mit ihrer vor allem auf die Beichtseelsorge bezogenen Kasuistik und einem zur Verrechtlichung neigenden Selbstverständnis, im wesentlichen in zwei Richtungen: Einmal wurde da von einem auch humanwissenschaftlich differenzierten Menschenbild her das Gewissen, das in der Gesetzeskasuistik zu einer Ja/Nein-Instanz gegenüber normativ vorgegebenen Lösungen zu verkümmern drohte, als die eigentliche, personal letztverantwortliche Entscheidungsinstanz herausgearbeitet und so als Kern der sittlichen Persönlichkeit vorgestellt.

Entsprechend erwiesen sich dann alle sittlichen Normen als Richtlinien für den persönlichen Lebensentscheid. Aus oft generationenalter Lebenserfahrung wie aus reflektierter Einsicht in prinzipielle Zusammenhänge stellen sie praktisch unerläßliche Weisungen für eine gelingende Selbstverwirklichung des Menschen als einem Individuum in Gemeinschaft und Gesellschaft bereit. Niemals aber dürfen sie diesen persönlichen Entscheid ersetzen oder gar aufheben. Normen sind daher – so das zweite Ergebnis dieser Erneuerung – dem Gewissen hilfreich zugeordnet, ihm aber keinesfalls als eine Art Herr übergeordnet.

Die vor zehn Jahren vorgelegte ›Einführung in die Moraltheologie‹ wußte sich ganz dieser Erneuerung verpflichtet, welche in ihren wesentlichen Merkmalen der biblischen wie der großen theologischen Tradition der Kirchenväter und der Hochscholastik ent-

[3] Man denke an die beiden Weltkriege mit deren Ursprung im „Christlichen Europa", an die Entkolonialisierung und Globalisierung der Märkte, die ökologische und demokratische Überlast, die ungerechte Verteilung von Reichtum und Ressourcen, aber auch an die Emanzipation der Frauen und die allgemeine Demokratisierung usw.

[4] Vgl. dazu K. Gloser, Gewissen und objektive Sittenordnung, Wien 1975 bes. auch für die Auseinandersetzung um die entsprechende Konzilsvorlage „de ordine morale", die sich freilich nicht durchzusetzen vermochte und einer offenen Umschreibung im Dekret zur Priesterbildung „optatam totius" (Nr. 16) weichen mußte.

spricht. Sie bemühte sich in diesem Sinne um eine den neuen Herausforderungen unserer Zeit entsprechende Weiterführung dieser lebendigen Tradition. Gerade weil der verantwortete Gewissensentscheid nie nur rein individuell isoliert gefunden und gefällt werden kann, bedarf er stets der aus dem mitmenschlichen sittlichen Erbe wachsenden Weisung, um nicht in die subjektive Beliebigkeit situationsethischer Vereinzelung des Ethos zu verfallen.

Daher kann sich die theologische Ethik auch nicht auf die Erarbeitung eines Normentraktates beschränken[5]. So unerläßlich die Auseinandersetzung mit der (metaethischen) Normbegründungsproblematik wie mit der konkrete Normen stets mitprägenden Kontextualität (also mit Geschichte, Kultur usw.) bleibt, so wenig darf die grundsätzliche Dienstfunktion der Norm am allein letztverantwortlichen Gewissensentscheid verlorengehen. Bewußt wurde daher im Aufbau der Einführung der (längere) Normtraktat dem grundlegenderen Gewissenstraktat bzw. den Überlegungen zur Heranbildung eines verantwortlichen christlichen Gewissens hintangestellt: Im Bewußtsein um die ihm von Gott als seinem Ebenbild geschaffenen Wesen gegebene Vernunft muß nämlich der Mensch aus eigener Einsicht und Verantwortung (d.h. in Rechenschaftspflichten gegenüber Gott seinem Schöpfer wie vor den Mitmenschen) je neu den im Blick auf seine letzten Ziele den jeweiligen konkreten Umständen angemessenen Entscheid in „theonomer Autonomie"[6] finden und fällen, wozu ihm Norm und Weisung, Tugend und Brauchtum wegweisende Hilfe sind.

An diesem Ansatz etwas zu ändern, besteht somit m.E. kein Anlaß, obwohl gegenüber dieser Eigenverantwortung, welche dem Menschen als sittlicher Person und gerade auch im Namen der christlichen Heilsbotschaft zugemutet wird, auch mehrfach Bedenken wegen Selbstüberheblichkeit sowie Kritik wegen der Gefahr selbstgefälliger Beliebigkeit erhoben wurden.[7] Wo es dabei nicht bloß um Mißverständnis und ungenaues Hinhören ging, zeugt solche Ablehnung aber oft genug von jenem Kleinglauben, den Jesus schon bei seinen Jüngern rügte und der einer christlichen Moraltheologie

[5] So beispielsweise – wenn auch später wieder relativiert – F. Böckle, Fundamentalmoral, München 1977.

[6] So: A. Auer, Autonome Moral und christlicher Glaube, Düsseldorf 1971 (1984: 2., erweiterte Auflage).

[7] Vgl. dazu etwa: A. Günthör, Anruf und Antwort, 3 Bände, Vallendar 1993/94 / italienisch: 1987) oder A. Lun, Aktuelle Probleme der Moraltheologie, Wien 1991.

bei aller Achtung vor der Sorge mancher Menschen angesichts einer verbreiteten Wertekrise nicht angemessen ist. Aufgrund der dem Evangelium Jesu Christi angemessenen Glaubenshoffnung auf dessen feste Heilszusage an die Menschen wird Moraltheologie vielmehr offenbleiben für neue weiterführende Impulse aus der stets fortschreitenden und in unseren Tagen immer globaler bedingten Geistesgeschichte. In diesem Sinn gilt es heute weitere Akzente zu setzen, und zwar:

- auf die theologische Vertiefung der ethischen Begründung
- auf die schon in den Ansätzen größere Betonung der gesellschaftlich-sozialen Dimensionen gerade auch der christlichen Ethik
- auf das durch die weltweite geistesgeschichtliche Vernetzung größere Erfordernis der Beachtung kultureller Eigenart im Verständnis von Normen bis hin zu den Menschenrechten.

Darauf im einzelnen genauer hinzuweisen, ist Ziel dieses Nachwortes.

2. *Akzentuierung der Theologie*

Wenn in der nachkonziliaren Debatte zur Erneuerung der Moraltheologie sich das Bemühen so sehr um den seit der Aufklärung die menschliche Eigenverantwortlichkeit auszeichnenden Begriff der Autonomie drehte, so stand hinter diesem Bemühen um eine rational einsichtige Begründung sittlicher Normen keineswegs eine dem Evangelium zuwiderlaufende Anpassung an den Zeitgeist, der gesetzte Autoritäten und Normen als Momente einer vorgegebenen göttlichen Schöpfungsordnung einfach über Bord werfen wollte. Vielmehr stand dahinter ein durchaus theologisches Motiv, das im Sinn der seit dem frühmittelalterlichen Kirchenlehrer Anselm von Canterbury († 1104) traditionellen Umschreibung der Theologie als „fides quaerens intellectum“[8] in einer weltanschaulich pluralistischen Gesellschaft seine letzten Wertfundamente offenlegen will und plausibel zu machen sucht. Es wurde entsprechend stets neu und genuin theologisch herausgestellt, daß die von der Moderne für den Menschen als Person zu Recht reklamierte Freiheit und Würde gegenüber allen menschlichen Machtanmaßungen in politischen wie in geistigen Belangen – die Zensur jeder Information steht da zumeist parallel zum Ausschluß von jedem Recht auf gesellschaft-

[8] D.h.: ein Glaube, der sein Verstehen sucht.

liche Mitbestimmung – nur dann nicht in Willkür und Beliebigkeit ausartet, wenn sie in einer letzten Weltdimension gründet. Daher habe man um der Autonomie als solcher willen stets von einer „theonomen Autonomie" auszugehen.

Manche Ansätze, die auch in der beginnenden nachaufgeklärten Philosophie (K. Jaspers, G. Marcel, L. Kolakowski u. a.) anklingen, wurden vor allem schöpfungstheologisch im Rückgriff auf das biblische Menschenbild[9] vertieft und theologisch erläutert. Sosehr damit die kasuistischen Modelle der traditionellen Schulhandbücher der „Moral" mit ihren stark formaljuristisch geprägten Denkmustern überwunden waren und so deutlich der Anforderung des II. Vatikanischen Konzils, Moraltheologie „reicher von den Quellen der Bibel her" zu bedenken, entsprochen wurde, so sehr rief dieser vielversprechende Aufbruch dennoch nach weiteren Vertiefungen.

Vor allem wurde so immer deutlicher, wie sehr das biblische Verständnis von Menschen und damit auch die von Gott in seiner Schöpfung gestiftete Ordnung dynamisch zu verstehen sind, d.h., wie sehr die oft so wechselhafte Geschichte der Menschen und Völker stets auch Heilsgeschichte ist. Nicht nur die Anwendung sittlicher Normen und Weisungen in den konkreten Entscheidungen des Lebens, sondern auch die Norm selber ist einbezogen in den Wandel der Geschichte. Sie ist dazu bestimmt, Mitmenschlichkeit immer besser und feinfühliger zu ermöglichen, wie sich dies etwa für die Entwicklung der sozialen Stellung der Frau vom stark sachlichen nomadischen Recht im Dekalog bis zum feinfühligen Verständnis Jesu im Umgang mit Frauen leicht zeigen läßt. Zugleich aber stehen Normen auch immer neu, als einzelne wie auch als Rechtsordnung und oft sogar noch unter dem Schein des Rechts, in der Gefahr, zu verkommen. Die stets neuen Warnungen der Propheten wie die Mahnungen des Paulus an junge Christengemeinden (wie z.B. an jene in Korinth) gegen die Ausbeutung der Schwächeren, gegen Sklaverei und Wucher wie auch gegen die richterliche Willkür geben für solches Unrecht im Schein des Rechtes den eindrücklichen Beweis.

Vollends deutlich wird diese Dynamik aber im evangelischen

[9] So vor allem nach Genesis 1 und 2, aber auch – und darin deutlicher ethisch-normativ vom Dekalog wie vom deuteronomischen Gesetzeswerk her, aber auch tugend- und gewissensethisch aus der prophetisch-neutestamentlichen Tradition von der persönlichen Umkehr (der „Metanoia") in Lebensentscheid und Zeugnis.

Leitmotiv vom „Reich Gottes", das im biblischen Verständnis als das hier und jetzt mit der Menschwerdung Gottes in Jesus, dem Christus, schon angebrochene, aber in der Vollendung noch ausstehende, verkündigt wird und das daher wie das „Senfkorn zum großen Busch wachsen" bzw. wie der „Sauerteig die ganze Teigmasse durchdringen" oder wie „Salz die ganze Speise würzen" soll. Eben deshalb haben die an diesen Jesus glaubenden Jünger diese Botschaft „bis an die Grenzen der Erde" weiterzutragen. Christliche Lebensgestaltung in der Entscheidung des Einzelnen wie im gesellschaftlichen Aufbau politischer Strukturen stehen daher unter der Herausforderung dieser Spannung vom schon angebrochenen Reich Gottes her auf das noch ausstehende hin. Somit stehen sie unter dem, was die theologische Fachsprache mit „eschatologischem Vorbehalt" umschreibt. Der Ausdruck stammt als solcher aus der reformatorischen Tradition der Theologie. Er signalisiert zugleich, wie sehr gerade auch die christliche Ethik mittlerweile in eine ökumenische Dynamik hineingewachsen ist.

Zugleich aber macht das Leitbild vom angebrochenen, aber noch ausstehenden Gottesreich deutlich, wie wenig sich eine christlich-theologische Ethik auf die individuellen und zwischenmenschlichen Belange der Lebensgestaltung beschränken darf. Vielmehr gilt es stets, auch die gesellschaftlichen Strukturen und Institutionen, also Rechts- und Wirtschaftsordnung, Staatsaufbau und Verbandsstrukturen usw. in die Überlegungen einzubeziehen. Christliche Ethik ist damit wesentlich stets auch Sozialethik, die daher als „Moraltheologie gesellschaftlicher Belange" zu verstehen ist und entsprechend über das Bemühen und die pastoral-praktische Umsetzung hinaus der kritisch-systematischen Reflexion in der Moraltheologie als ganzer bedarf.

Diese heilsgeschichtlich-dynamische Dimension ist zwar sowohl für das Normverständnis wie für die Überlegungen zur persönlichen Entscheidungsbegründung schon bei der ersten Auflage dieser Einführung wegweisend gewesen. Sie verdient aber, nicht zuletzt im Umfeld der dort zwar in differenzierter Form vertretenen und m.E. für das vom Menschenrechtsbewußtsein geprägte, heutige Ethos-Umfeld unverzichtbaren Überlegung zum sogenannten Naturrecht, dennoch eine eigene und besondere Akzentuierung. Denn die von Gott geschaffene Wesensstruktur von Mensch und Welt (also die „natura" im Vollsinn des lateinischen Begriffs des den Menschen existenziell prägenden Wesens) ist keinesfalls statisch bzw. „essentialistisch" zu verstehen. Vielmehr ist sie stets in der genannten heilsgeschichtlichen Dynamik mit ihren Chancen und – in Anbetracht der in der Jetztzeit noch fortdauernden Anfälligkeit des Menschen zur Sünde, d. h. zu Egoismus und Überheblichkeit – auch in ihrer Gefährdung zu fassen. Vor allem aber bedarf die im Reich-Gottes-Gedanken so deutlich anklingende gesellschaftliche Dimension jeder Moraltheologie in Anbetracht der allgemeinen Entfaltung im Bereich der christlichen Ethik ebenfalls einer zusätzlichen Akzentuierung.

3. Christliche Ethik: personal und sozial

Während die traditionellen kasuistischen Moralhandbücher die einzelne menschliche Tat, den „actus humanus" vorrangig im Auge hatten,[10] erarbeitete die erste Phase der Erneuerung der Moraltheologie (nicht zuletzt im Rückgriff auf die viel reichere mittelalterliche und frühneuzeitliche Tradition) eine gesamtpersonale Kriteriologie zur Gewissensbildung und Entscheidungsfindung für den Gläubigen, der sein Leben als Nachfolger Christi versteht. Nicht mehr der einzelne Akt in retrospektiver Beurteilung stand so im Mittelpunkt des Interesses, sondern prospektiv die existenziell persönliche Lebensgestaltung des Glaubenden, wie sie vor allem Karl Rahner in seiner Besinnung auf die ignatianischen Exerzitien als Existential-Ethik thematisiert hatte.[11] Noch immer aber bildete der Einzelne, die individuelle Person, den Schwerpunkt der Reflexion. Die stets wesentlich mitprägende soziale und gesellschaftliche Dimension blieb weiterhin im Hintergrund, zwar unbestritten, aber als solche doch nicht angemessen thematisiert.

Dies hat sich inzwischen – und zwar gerade auch theologisch – wesentlich geändert. Erste Anstöße dazu finden sich ohne Zweifel schon in der christlichen Auseinandersetzung mit der Arbeiterproblematik zur Zeit der Industrialisierung im 19. Jahrhundert, wo gerade auch engagierte Christen sich verpflichtet sahen, vom Glauben her nach Antworten auf die sog. „Soziale Frage" zu suchen. In der ersten päpstlichen Sozialenzyklika ›Rerum novarum‹ von Papst Leo XIII. (1891) erhielten diese Bemühungen auch kirchenoffiziell eine

[10] Dies natürlich vor allem auch, um in der Beichtseelsorge ein möglichst objektives Maß für eine angemessene Beurteilung solcher Akte bereitzustellen.

[11] Vgl. dazu besonders: K. Rahner, Das Dynamische in der Kirche, Freiburg 1958.

Bestätigung. Sozialphilosophisch begründet, erreichten diese Impulse 1931 im Lehrschreiben von Papst Pius XI.: ›Quadragesimo anno‹ eine systematische Form, die sie als „Soziallehre der Kirche" erscheinen ließ. Vor allem im deutschsprachigen Raum ergaben sich daraus in der Praxis ordnungspolitisch wirksame Konsequenzen, während die Verbindungen zur Moraltheologie so wenig bedacht wurden, daß der Hinweis von Papst Johannes Paul II., diese Lehre sei doch eigentlich „ein Teil der Moraltheologie"[12], bei manchen einiges Erstaunen auslöste.

Im romanischen Kulturraum dagegen führte vor allem im besonders stark säkularisierten Frankreich der christliche Neuaufbruch nach dem desillusionierenden Schock des Zweiten Weltkrieges unter den Nationen des sog. „Christlichen Abendlandes" auch im Bereich der christlichen Ethik zu einer Neubesinnung. Auch hier bewegte die Frage nach der persönlichen Entscheidungsfindung und der Bildung eines eigenverantwortlichen Gewissens die Menschen.[13] Zugleich aber forderte die gerade in Frankreich sich weiter dringend stellende „soziale Frage" engagierte Christen erneut persönlich heraus. Die vom Belgier Joseph Cardijn, dem Gründer der katholischen Arbeiterjugend, geforderte «révision de vie» verstand sich so zuerst als in und aus dem Glauben stammende Reflexion (um nicht zu sagen Gewissenserforschung) über das eigene und persönliche Weltengagement aus dem Geist des Evangeliums. Nur stand dabei dann nicht nur die persönliche Entscheidungsfindung als solche, sondern stets auch bewußt deren gesellschaftliche Auswirkung im Zentrum der Überlegung. Dabei bildeten das „Sehen" als exakte, auch um wissenschaftliche Objektivität bemühte Erhebung der gesellschaftlichen Umstände ebenso wie das „Urteilen", d.h. die im Licht der christlichen Leitwerte kritische Lagebeurteilung, und das „Handeln" eine griffige Kurzformel für die angewandte Denkmethode, die im übrigen mit ihrem Dreischritt den traditionellen Erkenntnisstrukturen des Thomas von Aquin (sinnliche Erkenntnis, intellektuelle Aufarbeitung, Ausdehnung auf den Vollzug) voll entspricht.

Diesen Ansätzen nahe standen aber auch die in manchem umstrittene Bewegung der Arbeiter-Priester in den 1950er Jahren bzw. die

[12] So in der Enzyklika ›Sollicitudo rei socialis‹ (1987), Nr. 41.

[13] Vgl. dazu die Anfragen seitens der Katholischen Jugend Frankreichs an Papst Pius XII. bzw. dessen entsprechende Antworten von 1952 und 1956 (vgl. dazu im einzelnen: F. Furger, Gewissen und Klugheit, Luzern 1965).

innerkirchliche «Mission de France» und beeinflußten zusammen die damals im französischsprachigen Europa studierenden Lateinamerikaner. In ihre Heimat zurückgekehrt, führten diese jene Wende von einer jenseits- und individuumbezogenen zu einer auf das Diesseits mit seinen Ungerechtigkeiten und auf die – die Nöte der Armen und die globalen Ungerechtigkeiten ermöglichenden – gesellschaftlichen Strukturen ausgerichteten (Moral-)Theologie herbei, die unter der Bezeichnung „Befreiungstheologie" bald weltweit diskutiert werden sollte. In diesem Horizont kann dann aber das in seinem „Reich" von Christus den Menschen zugesagte Heil nicht mehr nur als individuelle Erlösung verstanden werden. Heil ist vielmehr stets zugleich und ebensosehr auch der mitmenschlichen Gemeinschaft zugesagt. „Befreiung" aus den verknechteten Strukturen der Sünde zu Freiheit, Frieden und Gerechtigkeit wird daher bewußt auch als gesellschaftsbezogenes Werk verstanden. Die Befreiung des Gottesvolkes aus der Knechtschaft in Ägypten, der Zug durchs Rote Meer und der Bund Gottes mit dem Volk am Sinai mit den damit verbundenen Gerechtigkeitsweisungen in den sogenannten Zehn Geboten als der befreienden Bundessatzung werden so zu den Leitsymbolen der stets ebenso sozialen wie individuellen Heilszusage Gottes an die Menschen, in deren konkrete innerweltlich-geschichtliche Verwirklichung sie sich aktiv einbezogen wissen müssen. Das heißt, theologische Ethik ist entsprechend immer auch, ja unter Umständen sogar primär Sozialethik. Politik als Weltengagement und Gottesverbundenheit als Mystik bedingen sich um ihrer jeweiligen Echtheit willen somit notwendigerweise gegenseitig.[14]

In Anbetracht der parallel zur Gerechtigkeitskrise im Wohlstandsgefälle – besonders in den Nord-Süd-Unterschieden zwischen den Nationen sowie in dem vor allem in den ärmeren Ländern selber horrenden innernationalen Ungleichgewicht – zunehmend spürbaren Umweltkrise weitet sich diese zunächst menschlich-soziale Dimension ökologisch in eine dem biblischen Verständnis

[14] Vgl. dazu die am konkreten Lebensbeispiel der französischen Mystikerin und Sozialarbeiterin Madeleine Delbrêl thematisierte und systematisch modellhaft thematisierte Untersuchung von M. Heimbach-Steins, Unterscheidung der Geister, Münster 1994. Unreflektiert aber treffend wurde diese Zuordnung von „Mystik und Politik" auch als Titel der Festschrift für den Münsteraner „Politischen Theologen" J.B. Metz verwendet: vgl. E. Schillebecks (Hrsg.), Mainz 1988.

nicht weniger vertraute, kosmische Dimension aus: Christliche Weltverantwortung erhält ethisch so immer deutlicher eine globale, dem zur Weltgestaltung berufenen Ebenbild Gottes spezifische schöpfungsweite Herausforderung. Das auch allgemein verspürte, umfassende „Prinzip Verantwortung“[15] wird so im Licht des Glaubens erst recht zum ethischen Anspruch unserer Epoche. Wie die Menschenrechte als rein individuelle Freiheitsrechte ohne ihre Ergänzung durch die sozialen Menschenrechte, dank denen die Gewährleistung von Freiheit real überhaupt erst möglich wird, sich selber aufheben, so droht beiden heute ohne die Sorge um die Bewahrung der gesamten Schöpfung die Selbstzerstörung. Was sich aus der Krise als „Soziale Frage“ im 19. Jahrhundert in Europa ergab und wenigstens theoretisch im UNO-Katalog der Menschenrechte von 1948 weltweiten Konsens fand, ruft heute, noch bevor diese erste Herausforderung weltweit auch nur ansatzhaft zu einer umfassenden realen Lösung gefunden hat, nicht weniger dringlich nach einer zweiten, nun ökologischen Rahmenordnung, wenn der wirtschaftlich-technologische Fortschritt weiter zum Wohl der Menschheit, also zur innerweltlichen Heilsdimension des biblischen Gottes-Reiches dienen und nicht in die Zerstörung der Schöpfung münden soll.

Auch diese ethischen Einsichten waren der bisherigen ›Einführung in die Moraltheologie‹ nicht einfach fremd. Aber ihre gegenseitige Vernetzung, wo stets das eine das andere mitbedingt, ist in den zehn Jahren seit deren erstem Erscheinen doch soviel drängender geworden, daß das, was damals noch additiv nacheinander als jeweils neu dazukommendes Problem angesprochen wurde, heute nur noch als ethischer Komplex bedacht werden darf. Wer anstehende Fragen daher nur als Einzelprobleme wahrnimmt und deontologisch einzelne Forderungen erhebt, statt teleologisch-verantwortungsethisch die Totalität der Folgen einer Maßnahme für direkt betroffene Einzelne wie (u. U. indirekt) die menschheitsweite Gesellschaft und die stets mitbetroffene Umwelt einzubeziehen, handelt sittlich fahrlässig und steht damit natürlich auch im Widerspruch zum umfassenden Heilswillen Gottes. Moraltheologie muß also stets in dieser breiten Perspektive gelesen und verstanden werden.

[15] So der Philosoph Hans Jonas mit seinem breite Kreise aufrüttelnden „Versuch einer Ethik für das technologische Zeitalter“ als Buch mit diesem Titel: Frankfurt a. M. 1979.

4. Globalisierung der theologisch-ethischen Fragestellung

Was eben in der Akzentuierung der ethischen Fragestellungen auf die gesellschaftlichen wie vor allem auf die ökologischen Belange schon anklang, verdient noch einen zusätzlichen Hinweis: Meist sind die heutigen Probleme weder räumlich noch zeitlich klar begrenzt. Fast immer erweisen sie sich rasch als global und in den Auswirkungen als langfristig wirksam. Solange es sich dabei um sachlich weitgehend objektivierbare Probleme handelt, lassen sich – den guten Willen zu einvernehmlichen Lösungen (obwohl alles andere als selbstverständlich) einmal vorausgesetzt – brauchbare Regelungen noch ohne allzu große Schwierigkeiten finden. Was sich seinerzeit für den internationalen Post- und Telegraphenverkehr weltweit befriedigend regeln ließ, konnte so etwa für die Sicherheit der internationalen Luftfahrt hundert Jahre später ebenfalls funktional bis hin zu einer globalen Code-Sprache zwischen Flugzeugen und ortsfesten Leitstellen am Boden zufriedenstellend gelöst werden.

Solche Lösungen ermöglichen über die jeweils anstehenden konkreten Probleme hinaus Erfahrungen mit geglückter internationaler Kommunikation unter Menschen unterschiedlichster Herkunft und wirken über die jeweiligen Sachfragen hinaus friedenstiftend. Somit sind sie auch ethisch ungemein wertvoll; dies sollte gerade die christliche Moraltheologie keinesfalls übersehen. Jedoch darf man nicht außer acht lassen, daß solche Verständigungen immer dann viel schwieriger werden, wenn es darum geht, die gerechtere Verteilung knapper Güter anzustreben. Wo stärkere Partner ihre privilegierten Positionen als wohlerworbenes Recht verteidigen und auf wohlverstandene Eigeninteressen mit durchaus auch sozialen Nebenwirkungen pochen, erleiden oft genug auch völlig unschuldig Schwächere Unrecht und Verweigerung der ihnen ethisch gerechterweise zuzugestehenden Chancengleichheit.

So schwierig der Umgang mit solchen Problemen in der konkreten Wirklichkeit sich aber auch ausnimmt, so sehr sind doch wenigsten theoretisch die Lösungswege auch für solche Probleme einigermaßen bekannt. Internationale Abkommen wie die Welthandelsorganisation (WTO), die den freien Marktzutritt ohne behindernde Protektionismen sicherstellen sollen, oder erste Klimakonventionen, welche die Begrenzung von Schadstoffemissionen international festzuschreiben versuchen, deuten in die richtige Richtung. Dies gilt auch dann, wenn sich bei der konkreten Durchsetzung immer wieder Mängel zeigen und stärkere Partner für sich Sonderregelungen durchzusetzen versuchen. Ähnliches läßt sich aber auch feststellen für zunächst wirtschaftliche, dann aber bei deren Gelingen auch für politische Zusammenschlüsse, wie sie – und da sogar besonders erfolgreich – die „Europäische Union“ seit bald einem halben Jahrhundert aufgebaut hat. Wenn dank des Aufbaus solcher gesellschaftlichen Strukturen Kriege unter Nationalstaaten, die sich noch (wie etwa Frankreich und Deutschland) vor kurzem als Erbfeinde verstanden, der heutigen Generation nicht einmal mehr als denkbar erscheinen, so zeigt dies, welch hoher sozialethischer Wert einem solchen Bemühen um globalisierende Kommunikationsstrukturen zukommt. Daß ihnen daher, und erneut auch theologisch (d.h. im Zeichen der friedenstiftenden Botschaft des Evangeliums) seitens der Moraltheologie, besondere Aufmerksamkeit gebührt, versteht sich und braucht entsprechend im Vergleich zu früheren Überlegungen zur Sache denn auch nicht mehr eigens herausgestellt zu werden.

Gerade im Zug dieser ethischen erfreulichen Globalisierungstendenzen, in denen sich auf manchen Ebenen auch schon so etwas wie ein „Weltethos im Keim“ abzuzeichnen beginnt, macht sich jedoch zugleich eine zwar altbekannte, aber doch unerwartete Problematik bemerkbar: Während man nämlich nach den Greueln des II. Weltkriegs geglaubt hatte, in einer wenigstens pragmatisch-politisch allgemein einsichtigen und daher weltweit von allen Nationen anerkannten UNO-Menschenrechtscharta eine erste Basis für ein Frieden und Menschlichkeit sicherndes Weltethos gefunden zu haben, so zeigte es sich in den letzten Jahren zunehmend, daß sich auch schon dieser noch sehr prekäre Konsens so sehr einer abendländischen, europäisch-amerikanischen Geisteskultur verdankt, daß er anderen Kulturkreisen, sobald sich deren eigenes Selbstbewußtsein von früheren, vorab kolonialen Abhängigkeiten einigermaßen emanzipiert und verselbständigt hat, keineswegs mehr als plausibel erscheint. Der Vorwurf aus dem Fernen Osten wie auch aus Afrika, die Menschenrechte seien letztlich wenig anderes als ein letzter Versuch neokolonialer, nun geistig-kultureller Vereinnahmung, mag, wie in China, aber auch im Mund hoher Kasten Indiens, auch der Absicherung totalitärer Herrschaftsstrukturen und fest etablierter sozialer Privilegien dienen. Ihn aber mit solchen (an sich durchaus berechtigten) Hinweisen auch schon für erledigt zu halten, wäre trotzdem ebenso unklug wie unfair. Denn wer weiß, mit wieviel Mangel an Feingefühl (um nicht von Überheblichkeit und Arroganz zu reden) konkrete, in Europa gewachsene Formen von Rechtsordnung und Demokratie etwa in ehemalige afrikanische Kolonien übertragen wurden, wer sieht, wie in benachbarten Staaten mit an sich ähnlichen Stammeskulturen auf der einen Seite einer von den fremden Mächten seinerzeit willkürlich gezogenen Grenze die Tradition des französischen «Code Napoléon», auf der anderen aber das englische "Common law" die Rechtstradition bestimmt, der begreift die Bedenken, welche gegen eine Weltcharta von konkreten Menschenrechten erhoben werden. Dies gilt um so mehr, als über alle möglichen Sonderregelungen für im Rahmen der gleichen UNO-Weltorganisation wirtschaftlich aufstrebende Gruppen oft nicht einmal ein chancengleicher Zutritt zu den Weltmärkten sichergestellt werden kann. Aber selbst wenn solche Einseitigkeiten überwunden werden könnten, wäre damit eine solche bis in konkrete Gesellschaftsordnungen einheitliche Menschenrechtsordnung keineswegs ein anzustrebendes Ideal. Denn die Vielfalt von Kulturen, die auch die politische Kultur einschließt, stellt für die Menschheit ohne Zweifel auch eine Bereicherung dar, die zudem, da keine menschliche Lebensform allein das Ideal darstellt oder gar von der Anfälligkeit für Fehler frei wäre, auch die Chance gegenseitiger Korrektur bietet.

Gerade die christliche Ethik müßte von ihrem integrativen Menschenbild her, das zudem in der Kirche mit unterschiedlichen Ämtern und Charismen rechnet,[16] eine solche vielfältige Einheit unter den Menschen begrüßen, zumal sie in ihrer sozialethischen Ausprägung dem gerade da besonders betonten Subsidiaritätsprinzip gemäß die eigenständige Verwirklichung der Interessen der je kleineren Gruppe stets ausdrücklich geschützt hat. Vor allem aber hat sie es in ihrer genuinen Naturrechtstradition verstanden, zwischen einem ausnahmslos, d.h. universal gültigen, „primären" und einem nur mehr „im allgemeinen" geltenden, „sekundären" Naturrecht zu unterscheiden. Dabei wären zu dem letzteren – neben den schon von den mittelalterlichen Theologen dazu gezählten Geboten der die mitmenschlichen Belange betreffenden sog. „Zweiten Tafel" des Dekalogs – konsequenterweise auch die ebenfalls mit diesen Belangen befaßten Menschenrechte zuzuordnen. Daß auf dieser Ebene in Notsituationen Ausnahmen (wie etwa die Tötung bei Notwehr oder der sogenannte Mundraub beim Diebstahl) zugelassen werden müssen, hat christliche Ethik schon immer gewußt. Um so verständlicher ist es, daß für die ja noch wesentlich differenzierteren modernen Menschenrechte ähnliches gelten muß und so auch kulturelle Unterschiede, etwa in Form der konkreten demokratischen Mitentschei-

[16] Vgl. dazu: 1 Kor 12,12–31.

dung in politischen Belangen oder hinsichtlich des Schutzes von Privateigentum, denkbar sind. Entsprechend wurde solches denn auch in päpstlichen Lehrschreiben deutlich herausgearbeitet.[17]

Die alte Unterscheidung zwischen primärem und sekundärem Naturrecht, die leider auch in neuesten moraltheologischen Studien[18] noch immer kaum Beachtung findet, erhält so zunehmende Bedeutung für eine die kulturübergreifende Wirklichkeit der allgemeinen Menschheitswerte schützende, „primäre" Forderung. Einen eindrücklichen Beleg dafür geben die Gerechtigkeitsstudien des den kommunitaristischen Ethikströmungen in den USA nahestehenden Soziologen und seinem Judentum bewußt verpflichteten Philosophen Michael Walzer, in welchen das jeweils kulturell gruppenbezogene Ethos herausgearbeitet wird als eines, welches von einem übergreifenden "covering law" als ethische Basis notwendigerweise getragen wird.[19] In diesem Denkmodell bleiben die unbedingten menschheitsweiten Standards ebenso gewahrt wie deren kulturbezogene Ausprägung, ohne die ein inhaltlich reiches, die menschlich unterschiedlichen Integritäten (gerade auch jene von Minderheiten) wahrendes Weltethos[20] undenkbar ist. Daß damit keinem kulturell bedingten ethischen Relativismus das Wort geredet wird und entsprechende, auch innerkirchlich gelegentlich geäußerte Befürchtungen[21] also grundlos sind, versteht

[17] Vgl. dazu etwa die Apostolische Konstitution ›Octogesima adveniens‹ von Papst Paul VI. aus dem Jahr 1971 (Nr. 3f., 42–44).

[18] So auch in der sonst sehr ausführlichen Studie zu einer „universalen Ethik in einer geschichtlichen Welt" von E. Schockenhoff, Naturrecht und Menschenwürde, Mainz 1996. Interessant dagegen ist deren Berücksichtigung seitens des Afrikaners B. Bujo, Die ethische Dimension der Gemeinschaft, Freiburg (Schweiz) 1993.

[19] Vgl. dazu M. Walzer, Sphären der Gerechtigkeit, Frankfurt a. M. 1992 sowie dessen Aufsatzsammlung zum gleichen Thema: Lokale Kritik – globale Standards, Hamburg 1996.

[20] Vgl. dazu die entsprechende, interreligiös angelegte Initiative von H. Küng, deren Grundlinien er in seiner ›Erklärung zum Weltethos‹ (zusammen mit K. J. Kuschel, München 1993) dargelegt hat – Grundlinien, in welchen allerdings von solchen Differenzierungen noch wenig greifbar wird.

[21] Vgl. dazu die grundsätzliche Fundamental-Ethik-Enzyklika ›Veritatis splendor‹ von Papst Johannes Paul II. aus dem Jahr 1993 sowie in kritischer Auseinandersetzung damit: D. Mieth (Hrsg.), Moraltheologie im Abseits, Freiburg 1994. – Die hier vorgetragene Sicht widerspricht übrigens auch nicht dem in den Enzykliken vertretenen Postulat von konkreten, sogenannten „intrinsece mala", also von aus sich heraus ausnahmslos unsittlichen

sich unter der Voraussetzung des alle sekundären Normen übergreifenden "covering law" als dem universell gültigen, primären Naturrecht eigentlich von selbst. Eben deshalb sei an dieser Stelle nochmals hervorgehoben, daß in Anbetracht dieser neuen globalen Herausforderungen das alte naturrechtliche Lehrstück nach einer neuen und sorgfältigen Relektüre ruft.

5. *Ansätze und Desiderate zur weiteren Vertiefung*

Aus dieser theologischen Akzentuierung erfährt auch die im Zusammenhang mit der Autonomiedebatte gestellte Frage nach dem spezifisch Christlichen einer christlichen Ethik über die damals betonte „formal-motivierend" prägende Funktion des Glaubens für den christlichen Handlungsvollzug hinaus eine weitere Vertiefung (vgl. A. III. 4). So erhält die kenotisch-inkarnatorische Dimension, die seinerzeit vor allem von J. Reiter in seiner Synthese der diesbezüglichen Überlegungen herausgestellt worden war,[22] in der heilsgeschichtlichen Dynamik einen neuen Akzent. Indem nämlich weltgeschichtlich-kulturelle geistesgeschichtliche Entwicklungen in ihren scheinbar ganz säkularen Strukturen Spuren von Heilswirklichkeit transparent werden lassen, wird eine theologisch reflektierende Ethik diese als kritisch stimulierendes Ferment besonders ernst zu nehmen haben.

So erhält die eben genannte, differenzierte menschenrechtliche Überlegung in ihrer innerweltlichen Plausibilität zugleich eine theologische Bedeutung als genuines Strukturelement für eine vom Leitbild des schon angebrochenen, aber auf Vollendung hin sich entfaltenden Gottesreiches. Ja sogar wirtschafts- und betriebswissenschaftliche Erkenntnisse über den letztlich auch ökonomischen Nutzen menschengerechter Organisation von Markt und Wettbe-

Akten. Wenn solche nämlich nicht a priori aus vermeintlich direkter Wesenseinsicht in die konkrete Sachlage behauptet werden (was auch in der Enzyklika nicht vertreten wird), sondern auf Grund langer und sorgfältig evaluierter Erfahrung, die vernünftigerweise eine Ausnahme wirklich als nicht mehr denkbar erscheinen läßt, dann lassen sich – wie es etwa für eine mögliche sittliche Berechtigung von Folter zuträfe – einzelne Akte gerade auch in pastoraler Verkündigung wirklich als „praktisch ausnahmslos unsittlich", also als in diesem Sinne „intrinsece mali" vertreten.

[22] Vgl. J. Reiter, Modelle christozentrischer Ethik, Düsseldorf 1984.

werb oder auch schon von innerbetrieblichen Abläufen vermögen so transparent zu werden auf ihre tieferen Dimensionen der unbedingten Achtung der menschlichen Würde. Das heißt, sie können über eine bloß ertragsorientierte Motivation durch diesen Bezug zu letzten Werten in ihrer eigentlich ethischen Wertigkeit stabilisiert werden. Theologische Identität vermittelt sich so in innerweltlicher Kommunikabilität bzw. in nüchtern wissenschaftlich erhobener Sachgerechtigkeit und vermag sich so personal in einer Weise auf Transzendenz hin aufzuschließen, daß sich zwar daraus noch keine absoluten ethischen Forderungen ergeben – was methodologisch ohnehin nur über naturalistische Trugschlüsse machbar wäre –, die aber doch ethisch denkbare Pisten in Richtung von Gottesreich-Verwirklichung erschließen können.[23]

Wo diese Vertiefung zudem über die individualethische Erkenntnisweise hinaus in gemeinschaftlichem Suchen nach sittlichen Parametern weitergedacht wird, erschließen sich auch sozialethisch-theologische Erkenntniswege, die besonders sensibel für aktuelle Nöte und Sorgen sozial schwächerer Gruppen Verbesserungsstrategien anzudenken vermögen. Sowohl die Basisgruppen, von denen vor allem in der Befreiungstheologie für die eigenständige Entwicklung marginalisierter und ausgebeuteter Schichten (also von „Armen" im Sinn des Evangeliums) gesprochen wird, als auch die gemeinschaftliche Suche nach Vorgehensweisen zur Sicherung von gesellschaftlicher wie ökologischer Gerechtigkeit im Zeichen einer, nun aber gemeinschaftlich verstandenen „Unterscheidung der Geister" müßten daraufhin künftig neu und intensiv untersucht und bedacht werden.[24] Dies ist um so dringender, als unter weltkirchlichen Dimensionen betrachtet in anderen Kulturkreisen das typisch abendländische, vom personalen Individuum her die ethischen Probleme angehende Denkmodell existenziell fremd wirkt und gemeinschaftlich unternommene Zugänge vertrauter sind.[25]

[23] Vgl. dazu vor allem: K. Demmer, Gottes Anspruch denken, Freiburg (Schweiz) 1993.

[24] Vgl. dazu vor allem: die philosophisch dem Kommunitarismus nahestehende Überlegung von P. Henriot und J. Holland, Social Analysis-Linking Faith and Justice, Washington 1983 und davon angeregt M. Heimbach-Steins, Unterscheidung der Geister (a. a. O.), so wie schon früher noch wenig differenziert: H. Büchele, Christlicher Glaube und praktische Vernunft, Düsseldorf 1987.

[25] Vgl. dazu für ein afrikanisch geprägtes Verständnis die Darlegung des

Gerade dieser letzte Hinweis zeigt aber zugleich, wie sehr eine christliche Moraltheologie mit ihrer abendländischen Tradition sich auch ihrer aufklärungsbedingten Denkmuster bewußt zu werden hat. So unerläßlich in Anbetracht der Verzögerungen in der Rezeption der neuzeitlichen geistigen Strömungen seitens vor allem der katholischen Theologie die besonders in der Autonomiedebatte eingeleitete kritische Rezeption der Aufklärung war (und teilweise nach wie vor bleibt), so wenig darf die postmodern berechtigte Kritik theologisch nun einer analogen Verzögerung anheimfallen. Der Einbezug des stets irrational Bösen in die moraltheologische bzw. zuvor schon in die anthropologische Überlegung versucht diesem Anliegen schon seit einiger Zeit Rechnung zu tragen.[26] Die Auseinandersetzung mit aktuellen philosophischen, vor allem den rationalismuskritischen Strömungen wie etwa dem hier schon mehrfach genannten Kommunitarismus gehört jedoch nicht weniger dazu[27] und steht damit übrigens ganz in der Tradition der katholischen Moraltheologie, die sich in ihren Ursprüngen im Hochmittelalter wesentlich im Dialog mit der damaligen neu-aristotelischen Philosophie entwickelte. Daß in all diesen Demarchen die Untersuchungen zunehmend in einem selbstverständlichen ökumenischen Austausch vorankommen, darf als erfreuliche Feststellung hervorgehoben werden, nicht zuletzt, weil eben dadurch eine weit mehr als nur wünschenswerte Ausrichtung von Moraltheologie stabilisiert wird, die für ihre Glaubwürdigkeit in einem pluralistischen Umfeld unerläßlich ist.

Gerade auch für diesen ökumenischen Dialog wäre jedoch eine genaue geistesgeschichtliche Kenntnis der Entwicklungen der zuerst gemeinsamen, aber schon im Spätmittelalter sehr differenzierten und dann vom 16. Jahrhundert an konfessionell getrennten

in der Schweiz lehrenden, aber aus Zaire stammenden Moraltheologen B. Bujo (a. a. O.).

[26] Vgl.: H. Halter (Hrsg.), Was ist das Böse?, Zürich 1988; sowie hier in der ersten Auflage den Abschnitt A. III. 2.

[27] Neben Aufsätzen bei den Befreiungstheologen und jenen von – da zum Teil zu wenig differenziert – E. Drewermann, Psychoanalyse und Moraltheologie, 3 Bände, Mainz 1980–84; vgl. vor allem: T. Hausmanninger (Hrsg.), Christliche Sozialethik zwischen Moderne und Postmoderne, Paderborn 1993 sowie – da allerdings der noch weit weniger „postmodernen" Diskursethik nahestehend –: W. Lesch; A. Bondolfi (Hrsg.), Theologische Ethik im Diskurs, Tübingen 1995.

moraltheologischen Traditionsentwicklungen ungemein nützlich. Zwar wurden dazu in den letzten Jahren zahlreiche Einzelstudien zu einzelnen Forscherpersönlichkeiten oder zu bestimmten Sachproblemen vor allem als Dissertationen erarbeitet und so der Blick für Zeitbedingtes und Bleibendes geschärft. Gerade eine Einführung wie die hier vorliegende zehrt wesentlich von deren Erkenntnissen. Dennoch macht sich in der Fülle von oft recht zufällig gewählten Einzelthemen das Fehlen einer systematischen Synthese in einer Disziplingeschichte der Moraltheologie gerade auch im Blick auf eine als Einleitung ins Fach konzipierte Übersicht schmerzlich bemerkbar. Dies als Desiderat an die Forschung am Schluß dieses Nachworts zur 2. Auflage meiner ›Einführung in die Moraltheologie‹ anzumelden, wird daher auch zum persönlichen Anliegen.

Münster, im November 1996 Franz Furger

LITERATURERGÄNZUNGEN

Zu A: Einleitung (Ziel, Entstehung Methologie)

Birch, B.C./Rasmussen, L.L.: Bibel und Ethik im christlichen Leben, München 1993.
Demmer, K.: Gottes Anspruch denken, Freiburg (Schweiz) 1993.
Fuchs, J.: Für eine menschliche Moral (Aufsätze, 3 Bände), Freiburg (Schweiz) 1988–91.
Günthör, A.: Anruf und Antwort, 3 Bände, Vallendar 1993/94.
Hauerwas, S.: Evangelische Ethik als kirchliches Zeugnis, Neukirchen-Vluyn 1993.
Heimbach-Steins, M.: Unterscheidung der Geister, Münster 1994.
Honecker, M.: Einführung in die theologische Ethik, Berlin 1990.
–: Grundriß der Sozialethik, Berlin 1995.
Krämer, A.: Integrative Ethik, Frankfurt a.M. 1992.
Merklein, H. (Hrsg.): Neues Testament und Ethik, Freiburg 1989.
Pfürtner, S.: Ethik in der europäischen Geschichte, 2 Bände, Stuttgart 1988.
Reiter, J.: Modelle christozentrischer Ethik, Düsseldorf 1984.
Römelt, J.: Vom Sinn moralischer Verantwortung, zu den Grundlagen christlicher Ethik in komplexer Gesellschaft – Handbuch der Moraltheologie Band 1, Regensburg 1996 (Band 2 und 3 in Vorbereitung).
Rotter, H.: Person und Ethik, zur Grundlegung der Moraltheologie, Innsbruck 1993.
Schnackenburg, R.: Die sittliche Botschaft des Neuen Testaments, 2 Bände, Freiburg 1986 und 1988.

Zu B: Der im Sollen geforderte Mensch

Engadiner Kollegium (Hrsg.): Menschenbilder im Wandel – Menschenbilder im Dialog, Zürich 1995.
Halter, H. (Hrsg.): Was ist das Böse, die Karriere des Bösen von Kant bis Nietzsche, Zürich 1988.
Rauchfleisch, U.: Psychoanalyse und theologische Ethik, Freiburg (Schweiz) ²1994.
Ulrich, H.G. (Hrsg.): Freiheit im Leben mit Gott, Gütersloh 1993.
Wils, J.P.: Die große Erschöpfung, Paderborn 1993.

Zu C: Der personale Entscheid (Gewissen)

Höven, G./Honnefelder, L. (Hrsg.): Der Streit um das Gewissen, Paderborn 1993.
Kaufmann, F. X.: Der Ruf nach Verantwortung, Freiburg 1992.
Schockenhoff, E.: Das umstrittene Gewissen, Mainz 1990.
Spescha, P.: Mündiges Christsein, Freiburg (Schweiz) 1992.
Thiele-Dohrmann, K.: Abschied vom Gewissen?, Hamburg 1991.

Zu D: Normen

Büchele, H.: Christlicher Glaube und praktische Vernunft, Düsseldorf 1987.
Ernst, W. (Hrsg.): Gerechtigkeit in Gesellschaft, Wirtschaft und Politik, Freiburg (Schweiz) 1993.
Fraling, B. (Hrsg.): Natur im ethischen Argument, Freiburg (Schweiz) 1990.
Furger, F.: Christliche Sozialethik, Stuttgart 1991.
Gillen, E.: Wie Christen ethisch denken und handeln, Freiburg (Schweiz) 1989.
Habisch, A./Pöner, U. (Hrsg.): Signale der Solidarität, Paderborn 1994.
Schockenhoff, E.: Naturrecht und Menschenwürde, Mainz 1996.
Tanner, K.: Der lange Schatten des Naturrechts, Stuttgart 1993.
Walzer, M.: Sphären der Gerechtigkeit, Frankfurt a. M. 1992.